JN437606

여호와여 내가 주께 대한 소문을 듣고 놀랐나이다
여호와여 주는 주의 일을 이 수년 내에 부흥하게 하옵소서
이 수년 내에 나타내시옵소서
진노 중에라도 긍휼을 잊지 마옵소서

하박국 3:2

송이꿀
교회부흥설교
6

송이꿀 교회부흥설교 6

1판1쇄 발행 2010년 03월 05일
2쇄 발행 2024년 12월 25일

지은이 김경윤
펴낸이 박성숙
펴낸곳 도서출판 예루살렘
주 소 10252 경기도 고양시 일산동구 고봉로 776-92
전 화 031-976-8970
팩 스 031-976-8971
이메일 jerusalem80@naver.com
등 록 1980년 5월 24일(제16-75호)

ISBN 978-89-7210-503-9 03230
책값 뒤표지에있습니다.

도서출판 예루살렘은 말씀과 성령안에서 기도로 시작하며
영혼이 풍요로워지는 책을 만드는 데 힘쓰고 있으며
문서선교 사역의 현장에서 하나님 나라의 비전을 넓혀가겠습니다.

나의 힘이신 여호와여 내가 주를 사랑하나이다(시 18:1)

송이꿀
교회부흥설교
6

김 경 윤 지음

머리말

지구에서 가장 먼 별 자리는 지구로부터 약 130억 광년(퀘이사가 120광년)이나 된다고 합니다.

시편 기자가 광대하신 하나님을 찬양했듯 우리도 하나님을 찬양하지 않을 수 없습니다. 더욱 놀랍고 감사한 것은 이 위대하신 주님이 인간으로 오셔서 우리를 위하여 대신 죽으시고 부활하셔서 새 생명을 주신 사랑입니다. 그리고 자녀로 삼아주신 은혜입니다.

이 하나님을 아버지로 모시고 산다는 것 자체가 감격이요 기쁨입니다.

더 이상 무엇을 바라겠습니까? 오직 주님 한 분만으로 만족하고 주님의 말씀이 모든 것이라는 생각에 온 몸이 전율을 느낍니다.

한 권의 성경의 사람이 되어 순종하며 살아가는 삶이 얼마나 부요한 삶인가! 주님을 높이며 영혼을 살리는 일이 얼마나 보람 있는 삶인가! 난 다시 태어난다 해도 목사가 되리다. 이런 마음으로 목회를 즐기고 있습니다.

본 책자는 주보에 올렸던 설교 요약입니다.

출판은 생각조차 하지 않았으나 이재섭 목사님의 권유로 출판하게 되었습니다. 기쁨 보다는 오히려 두려움과 부끄러움뿐입니다. 그러나 한 가지 소망은 제 자신이 받았던 은혜가 읽는 모든 분들에게 동일하기를 원하는 바입니다

사실 저는 은퇴할 때까지 성경 66권을 다 설교하기 위하여 진행하고 있

습니다. 성경 전체 1189장을 한 밤중에 약 한 시간 이십 분에 걸쳐 묵상하면 얼마나 기쁘고 즐거운지 모릅니다. 새벽에 한 장 한 장 묵상하며 주님과 교제를 나누며 성도님들에게 복음을 선포하고, 시간을 따로 정하여 부교역자들과 함께 나누는 기쁨은 말로 다 할 수 없답니다.

저는 R.O.T.C 육군 장교 시절 갑작스런 폐결핵으로 마산 통합 병원에 후송되었습니다.

굵고 짧게 살기 위하여 폐 절단 수술을 원했으나 수술 중 혈압이 떨어져 수술을 중단 하고 좌절 속에 재수술을 기다리는 중 집회 참석의 권유를 받고 주의 은혜로 완치되어 인격적으로 주님을 만난 후 목사가 되었답니다. 선교사로 파송되어 선교 현장을 체험 하게 되었으며, 존경하는 조경일 원로 목사님의 뒤를 이어 받아 목포 창조교회에서 장로님들과 온 성도님들을 섬길 수 있게 되었습니다.

모든 것이 주의 섭리 가운데 은혜로 되어졌습니다. 오직 주님만 높이며 그 이름 증거하고 싶습니다. 한 권의 성경의 사람이 되고 싶습니다.

이 요약 설교집이 나오기까지 목회의 동역을 이룬 장로님들과, 기도와 물질로 도와주신 여러 분들과, 수고를 아끼지 아니하시고 용기를 주신 예루살렘 출판사 사장님, 이재섭 목사님, 그리고 항상 곁에서 수고하는 사랑하는 아내와, 창조 교회 부교역자님들께 감사드립니다.

모든 영광을 오직 주님께 돌립니다.

미말의 종이 더 잘 섬길 수 있는 기회가 오도록 기도해 주십시오. 혹이나 잘못된 부분이 있으면 언제든지 지적해 주십시오. 잘 받아들여 더 성장해 나가겠습니다. 감사합니다.

2010년 3월

김 경 윤 목사 드림

목 차

송이꿀
교회부흥설교

화평을 이루는 교회

《행13:1-3》

안디옥 교회에 선지자들과 교사들이 있으니 곧 바나바와 니게르라 하는 시므온과 구레네 사람 루기오와 분봉 왕 헤롯의 젖동생 마나엔과 및 사울이라 주를 섬겨 금식할 때에 성령이 이르시되 내가 불러 시키는 일을 위하여 바나바와 사울을 따로 세우라 하시니 이에 금식하며 기도하고 두 사람에게 안수하여 보내니라

하나님은 교회에게 화평케 하는 직책을 주셨습니다. "모든 것이 하나님께로서 났으며 그가 그리스도로 말미암아 우리를 자기와 화목하게 하시고 또 우리에게 화목하게 하는 직분을 주셨으니"(고후5:18). 이 직책을 가장 잘 이루었던 교회는 안디옥 교회입니다.

안디옥 교회는 세계의 평화를 이루는 첫 번째 교회요 주님의 뜻을 가장 잘 이루는 교회입니다. 지역의 복음화와 동시에 세계복음화를 위해 최초 선교사를 파송하며 성공적인 선교를 이루는 교회가 되었습니다. 이 교회가 오늘날 모든 교회의 모델입니다. 어떻게 이러한 교회로 서게 되었을까요?

1. 일꾼을 중히 여기는 교회

안디옥 교회가 서게 된 것은 스데반의 일로 일어난 환난을 인하여 흩어진 구브로와 구레네의 몇 성도들로 인해 이루어진 교회입니다. 이들은 확실한 그리스도의 일꾼이었습니다. 오늘 본문에 나타난 5명의 일꾼 중 구레네 사람 루기오를 기록한 것은 참 중요한 내용입니다.

바나바와 사울을 제외하면 3명입니다. 그 중에 루기오는 최초 개척 멤버 중 하나로 보아도 당연하리라 생각합니다. 이는 일꾼 중심으로 교회가 세워졌고 일꾼을 길러 내는데 총력 집중하였던 것을 느낄 수 있습니다. 시작

과 과정과 결과가 좋게 될 수 있는 유일한 길은 좋은 일꾼이 있어야 하며, 또한 일꾼을 중히 여기는 교회가 될 때 화평을 이루는 참된 교회로 설 수 있습니다.

2. 기도를 중히 여기는 교회

"주를 섬겨 금식할 때에 성령이 이르시되 내가 불러 시키는 일을 위하여 바나바와 사울을 따로 세우라 하시니"(2절). 오직 주의 일을 위해 금식하고 기도하고 있는 교회의 모습입니다. 기도는 주님과의 교통이요 교제입니다. 우리의 뜻을 주님께 올리고 주님의 뜻을 받아 순종하기를 결단하는 시간이 기도의 시간입니다.

교회의 모든 것은 기도로 시작되어야 합니다. 안디옥 교회는 기도하는 교회였습니다. 곧 주의 뜻을 바로 알고 그 뜻을 이루어 가기 위해 노력하는 교회였습니다.

3. 성령의 인도를 받는 교회

안디옥 교회는 하나님 중심, 일꾼 중심이 되었습니다. 이 일꾼들은 말씀을 사랑하며 오직 기도에 전력했고 성령 충만을 받았습니다.

무슨 일을 하든지 온전히 성령 인도를 받았습니다. 성령의 음성을 들었습니다. 성령의 인도로 안수하여 선교사로 세웠습니다. "주를 섬겨 금식할 때에 성령이 이르시되 내가 불러 시키는 일을 위하여 바나바와 사울을 따로 세우라 하시니"(행 13:2).

바나바와 사울은 선교 현장에 나갈 때 성령의 인도 따라 갔습니다. 화평을 이루는 교회는 성령의 인도를 받는 교회입니다. 성령의 인도를 받는 성도는 율법을 벗어나 성숙한 상태입니다.

교회의 비밀을 아십니까?

《엡 2:11-22》

그러므로 생각하라 너희는 그 때에 육체로는 이방인이요 손으로 육체에 행한 할례를 받은 무리라 칭하는 자들로부터 할례를 받지 않은 무리라 칭함을 받는 자들이라

하나님은 이 땅에 교회를 세우셨습니다. 교회의 비밀을 바로 아는 성도는 행복합니다. 복된 삶을 누리며 평강의 삶을 살 수 있습니다. 자손 대대로 복을 받습니다. 그 비밀이 무엇일까요?

1. 교회는 그리스도의 몸입니다

예수 그리스도께서 죽고 부활 승천 후 하나님 우편 보좌에 앉으시고 성령님을 이 땅에 보내서서 성령 안에서 교회를 세우셨습니다. 그러므로 그리스도는 교회의 머리시며 교회는 그의 몸입니다.

몸은 그의 생명의 표현이요 힘의 상징입니다. 그리스도의 몸인 교회는 그리스도의 새 생명 얻은 성도들의 모임입니다.

교회는 그리스도의 권세와 능력이 나타난 곳이며, 그 권세와 능력을 나타내야 하는 기관입니다.

예수님은 음부의 권세가 이길 수 없는 곳이 교회라 하였습니다. 우리는 그 몸의 지체들입니다. 각 지체는 교회의 머리되신 주님의 뜻에 따라 행동해야 합니다. 또한 그리스도의 몸된 교회를 세워나가는 일에 열심을 다해야 합니다.

교회 안에 있는 우리는 새 생명으로 살아가야 하며, 그리스도의 능력을 힘입고 그의 이름의 권세로 세상을 이길 수 있습니다.

2. 가족 공동체입니다

예수님을 영접한 우리 모두는 전 세대를 통하여 모든 성도가 하나님을 아버지라 부릅니다. 그러므로 그리스도가 만형이 되며 우리 모두는 형제자매이며 하나님의 양자된 자들입니다.

본문에서 외국인도 아니며 손님도 아닌 하나님의 권속이라 하였습니다. 권속이란 가족이란 의미가 있습니다. 그러므로 교회 안에 있는 우리 모두는 사랑하며 하나님의 뜻에 순종해야 합니다. 이것이 행복이며 삶의 의미입니다.

3. 사명이 있는 공동체입니다

주님은 교회를 통하여 생명을 살리며 시대를 이끌어 갑니다. 그러므로 제자들에게 너희는 세상으로 들어가라고 하였습니다. 바로 세상의 소금이 되고 빛이 되어야 합니다. 또한 착한 행실로 하나님께 영광 돌려야 합니다

"이같이 너희 빛이 사람 앞에 비치게 하여 그들로 너희 착한 행실을 보고 하늘에 계신 너희 아버지께 영광을 돌리게 하라" (마 5:16).

또한 세상 속에서 생명 운동을 일으켜 하나님 나라를 세우라고 하였습니다. 이 명령에 순종하는 자들에게 세상 끝날까지 함께 하시겠다는 약속을 하셨습니다. 이것이 교회의 비밀입니다.

교회는 그리스도의 몸이며 가족 공동체이며 사명이 있는 공동체입니다.

"너희도 성령 안에서 하나님이 거하실 처소가 되기 위하여 그리스도 예수 안에서 함께 지어져 가느니라" (엡 2:22).

땀과 눈물로 세운 교회

《행 18:1-11》

그 후에 바울이 아덴을 떠나 고린도에 이르러 아굴라라 하는 본도에서 난 유대인 한 사람을 만나니 글라우디오가 모든 유대인을 명하여 로마에서 떠나라 한 고로 그가 그 아내 브리스길라와 함께 이달리야로부터 새로 온지라 바울이 그들에게 가매 생업이 같으므로 함께 살며 일을 하니

고린도 교회의 부흥의 이면에는 땀과 눈물이 들어있습니다. 바울이 아덴에서 실패한 경험을 가지고 어떠한 땀과 눈물의 배경 속에 고린도 교회를 이루어 나갔는지 알아보고 이 비밀을 우리의 것으로 가지길 원합니다.

1. 오직 복음으로만

아덴은 새로운 학문과 철학에 심취해 있던 도시입니다. 바울이 예수 그리스도와 부활의 복음을 전하면서 그들과 변론하고 쟁론하였던 것을 보십시오. 열매가 없었습니다. 그러나 아레오바고에서 오직 살아 계신 하나님과 재판장 되신 그리스도를 증거할 때는 열매가 다시 나타났습니다.

이것을 상기하면서 고린도전서에서는 복음을 전파할 때 아름다운 말과 지혜의 권하는 말로 아니하고 오직 예수그리스도와 십자가만 알기를 원했고 전하기를 작정하였습니다(고전2:1-5 참조). 바로 복음으로만 승부를 건 결과 브리스길라 부부와 같은 자가 사명자로 변했고 유스도와 회당장 그리스보가 주 안으로 들어오게 되었습니다.

2. 좋은 평신도 동역자들의 땀과 눈물

로마의 대 핍박으로 인하여 고린도에 이사온 브리스길라와 아굴라 부부

와 같은 제자가 있었습니다. "그 후에 바울이 아덴을 떠나 고린도에 이르러 아굴라라 하는 본도에서 난 유대인 한 사람을 만나니 글라우디오가 모든 유대인을 명하여 로마에서 떠나라 한 고로 그가 그 아내 브리스길라와 함께 이달리야로부터 새로 온지라 바울이 그들에게 가매"(1-3절).

그들은 바울을 위하여 목이라도 (생명을 건 일꾼) 내어 놓을 수 있는 일꾼이었습니다.

"너희는 그리스도 예수 안에서 나의 동역자들인 브리스가와 아굴라에게 문안하라 그들은 내 목숨을 위하여 자기들의 목까지도 내놓았나니 나뿐 아니라 이방인의 모든 교회도 그들에게 감사하느니라"(롬16:3-4).

얼마나 뜻깊은 만남이었습니까. 또한 디도 유스도는 자신의 집을 내어놓기까지 한 봉사자였습니다. "거기서 옮겨 하나님을 경외하는 디도 유스도라 하는 사람의 집에 들어가니 그 집은 회당 옆이라"(행 18:7).

3. 좋은 팀 사역 동역자들의 땀과 눈물

바울의 아덴 사역의 실패 원인은 지식적인 태도와 홀로 사역했기 때문이라 생각됩니다. 실라와 디모데가 마게도냐에서 고린도로 내려와 합세하였을 때에는 바울의 입에서 나오는 말씀은 더욱 권세가 있었고, 성령의 강력한 역사로 고린도 교회가 세워지는 원동력이 되었습니다.

"실라와 디모데가 마게도냐로부터 내려오매 바울이 하나님의 말씀에 붙잡혀 유대인들에게 예수는 그리스도라 밝히 증언하니"(행18:5).

아름다운 동역이 땀과 눈물로 아름다운 교회가 이루어졌습니다. 교회에서도 좋은 목사님, 강도사님, 전도사님이 서로 한 목표를 향해 사역의 땀을 흘릴 때 반드시 아름다운 교회를 이루게 될 것입니다.

당신은 어떻게 사십니까?

《마 5:13-16》

너희는 세상의 소금이니 소금이 만일 그 맛을 잃으면 무엇으로 짜게 하리요 후에는 아무 쓸 데 없어 다만 밖에 버려져 사람에게 밟힐 뿐이니라 너희는 세상의 빛이라 산 위에 있는 동네가 숨겨지지 못할 것이요

하나님 백성은 하나님 백성으로서의 의무와 사명이 있습니다. 하나님 백성으로서의 의무와 사명은 무엇이며 어떻게 살아야 합니까?

1. 소금의 직분을 감당해야 합니다

예수님은 성도들을 향하여 너희는 세상의 소금이라 하셨습니다(13절). 소금의 기능은 부패를 방지하는 역할을 합니다. 그리고 적극적으로는 맛을 내는데 사용됩니다. 그런데 주님은 너희가 세상의 소금이라 하였습니다. 세상은 죄악의 세상을 말씀하신 것입니다 그러므로 이것을 종합해 볼 때 성도는 세상에 살면서 의를 추구하는 적극적인 삶을 살아야 하는 것은 물론이거니와 성도가 존재하는 곳에는 더 이상 죄를 짓지 않도록 영향력 있는 삶을 살아야 할 것을 강조하고 있습니다.

또한 공동체 안에서 나보다 남을 낫게 여기며 섬김과 봉사, 그리고 나눔을 통해 공동체의 분위가 살아나도록 모든 일을 기쁨으로 감당해야 할 책임이 있습니다(롬 12:10,11). 여러분이 있으므로 죄가 억제되며 분위기 자체가 좋아집니까? 여러분 때문에 살 맛난다는 분들이 생겨납니까?

2. 빛의 사명을 감당해야 합니다

너희는 세상의 빛이라 하였습니다(14~16절). 등경 위에 있는 등불은 집

안 모든 사람들에게 비칩니다. 불빛으로 인하여 사물을 분별할 수 있습니다. 마찬가지로 성도들의 삶 자체가 모든 주위의 본이 되어서 사람들의 생각에 하나님 나라 백성들이 불신자들과 다른 것을 분별할 수 있게 해야 합니다. 과연 하나님 백성은 전혀 다른 것을 느낄 수 있게 생활해야 합니다.

선한 행실을 보고 하나님을 볼 수 있도록 해야 합니다. 월드컵 축구 경기에 열심을 다해 싸워 주었던 선수들 때문에 한국은 세계에 알려지고 위상은 크게 높아졌습니다. 우리의 삶과 하나님의 이름은 직결되어 있습니다. 또한 빛의 사명이 있습니다. 빛은 어두움을 몰아냅니다. 불신자들은 세상신이 마음을 어둡게 하여 하나님을 알지 못하게 하며 죄악 된 삶을 살게 합니다. 그러므로 성도는 복음으로 죄와 사탄의 권세를 물리쳐야 합니다.

3. 당신은 어떻게 사십니까

사람들에게 영향력을 줄 수 있는 삶을 살아야 합니다. 내가 있는 곳의 사람들이 의를 추구하며 죄를 미워할 수 있도록 해야 합니다. 그리고 자신의 삶과 주님의 이름이 직결되어 있음을 알고 매사에 조심하며, 적극적으로 살아야 합니다. 서로를 위해 살아야 하며 결국은 하나님의 영광이 나타나는 삶을 살아야 합니다. 또한 빌립 집사와 같이 소망이 없는 사마리아에 찾아가서 복음의 빛을 발하여 예수 믿고 구원 얻게 하며 복음의 능력으로 육체적인 각종 질병과 정신적으로 귀신들려 있는 모든 사람이 정상인으로 회복 될 수 있도록 해야 합니다.

예수님은 영적인 복을 가르쳐 주시고 곧바로 어떻게 살아야 할 원리를 가르쳐 주셨습니다. 그러므로 우리들은 조그마한 일에서부터 선한 삶으로 사회에 영향력을 끼치고 복음을 전하여 어두움 속에서 소망 없이 살아가는 불신자들을 구해내야 합니다(행 8:4-30 참조).

누가 보아도 복 있는 자

《시146:1-5》

할렐루야 내 영혼아 여호와를 찬양하라 나의 생전에 여호와를 찬양하며 나의 평생에 내 하나님을 찬송하리로다 귀인들을 의지하지 말며 도울 힘이 없는 인생도 의지하지 말지니 그의 호흡이 끊어지면 흙으로 돌아가서 그 날에 그의 생각이 소멸하리로다 야곱의 하나님을 자기의 도움으로 삼으며 여호와 자기 하나님에게 자기의 소망을 두는 자는 복이 있도다

어려운 삶의 현장 속에서도 누가 보아도 참 복 있는 사람이구나 인정받을 수 있는 생활이 되어야 합니다. 어떤 사람을 복 있는 자라 합니까?

1. 영혼의 찬양이 넘치는 성도

항상 찬양이 넘치는 자입니다. 시편 기자는 "나의 생전에 여호와를 찬양하며 나의 평생에 내 하나님을 찬송하리로다"(2절)고 다짐했습니다. 인간의 구조는 육체와 영혼으로 되어 있습니다.

그러므로 주의 영은 우리의 영혼 속에 함께 하십니다. 누구나 찬양하는 것이 아니라 구속의 은혜에 감격이 있는 자가 그 영혼이 찬양하며 항상 주와 동행하는 삶을 살아가는 성도가 항상 찬양합니다. 이런 성도는 누가 보아도 복 있는 자로 인정합니다.

2. 하나님을 배경으로 삼는 성도

하나님의 사람의 특징은 사람들의 권세를 의지하지 않는 것입니다. 시편 기자는 그 이유를 분명히 밝혔습니다.

"그의 호흡이 끊어지면 흙으로 돌아가서 그 날에 그의 생각이 소멸하리로다"(4절). 그가 계획하던 모든 것이 다 백지로 돌아가기 때문입니다. 심

지어 그 자리에 다른 사람이 앉아서 자신이 세워놓은 계획을 가지고 일하기도 합니다.

그러나 살아 계신 하나님은 영원하십니다. 그리고 전능하시고 모든 것을 알고 행하여 가십니다. 그의 뜻을 변개치 않고 계획한 목표를 이루어 가시기 때문입니다.

그 하나님을 나의 하나님으로 삼고 의지하는 자는 힘이 있고 능력이 나타납니다. 그 누구도 두려워하지 않습니다. 바울은 감옥에서도 "내게 능력 주시는 자 안에서 내가 모든 것을 할 수 있느니라"(빌 4:13)고 고백했습니다. 바울은 감옥에서도 찬송을 부르고 간수를 전도했습니다(행 16:19-40).

3. 하나님께 소망을 두는 성도

예수님은 어리석은 부자를 가리켜 말했습니다. 창고에 그득한 소출 때문에 그는 '내 영혼아 평안할지어다' 라고 자신을 위로하였고 기뻐하였습니다. 소망이 물질에 있었고 그것 자체가 행복이었습니다.

그러나 주님은 "오늘밤 네 생명을 거두면 그것이 누구의 것이 되겠느냐"(눅 12:16-21) 하셨습니다. 그렇습니다. 아침 안개 같은 인생이 영원하신 하나님, 기도하면 응답하시는 하나님께 소망을 두지 않는다면 불안과 공포에 시달리게 됩니다.

"야곱의 하나님을 자기의 도움으로 삼으며 여호와 자기 하나님에게 자기의 소망을 두는 자는 복이 있도다"(5절).

주께 소망을 두는 자는 항상 위에서 주시는 평강의 복을 누리며 살 수 있습니다. 언제 어디서나 소망 속에 살아갑니다.

축복을 누리는 신앙의 법칙

《대상 29:10-15》

다윗이 온 회중 앞에서 여호와를 송축하여 이르되 우리 조상 이스라엘의 하나님 여호와여 주는 영원부터 영원까지 송축을 받으시옵소서 여호와여 위대하심과 권능과 영광과 승리와 위엄이 다 주께 속하였사오니 천지에 있는 것이 다 주의 것이로소이다 여호와여 주권도 주께 속하였사오니 주는 높으사 만물의 머리이심이니이다

본문은 다윗의 기도입니다. 성도는 하늘에 속한 모든 신령한 복을 이미 받은 하나님의 자녀입니다. 그러므로 우리의 삶을 그리스도 안에서 누리며 살아야 합니다. 이것이 주님의 뜻입니다. 어떻게 하면 이 축복을 누리며 살 수 있을까요? 그것은 법칙을 바로 알고 잘 적용만 하면 됩니다.

1. 알아야 합니다

하나님을 바로 알고 내 자신을 알면 됩니다. 다윗은 이 두 가지를 잘 알았습니다. 그는 이새의 여덟 째 아들로 태어나 양을 치는 목동으로 성장했습니다. 그러나 하나님은 그를 선택하여 왕으로 기름을 부으셨고 그의 삶을 책임져 주셨습니다. 다윗은 그 누구보다도 하나님을 바로 알고 자신을 잘 알았습니다(15절).

인생은 유한하며 반드시 죽어야 한다는 사실입니다. 단 한순간도 머무름이 없이 늙어가고 쇠퇴해 가는 게 인생입니다. 그 누구도 예외가 될 수 없습니다. 영원하시고 권세가 무한하신 창조주 하나님의 손에 권세와 능력이 있음을 알아야 합니다. 성도들은 하나님의 위대하심과 이에 비해 자신이 초라한 존재임을 분명히 알 때 누구를 믿고 의지해야 할 대상인가를 알 수 있습니다.

2. 믿어야 합니다

창조주 하나님은 절대 주권을 가지고 계심을 믿어야 합니다.

그러므로 모든 것이 주께 속하였고 천지에 있는 것이 다 주의 소유이며(11절), 부귀와 명예가 다 주의 손에 달려 있음을 믿고 의지할 때 어떤 상황 속에서도 인내하며 주신 축복을 누리며 살 수 있고 다른 사람에게는 관용할 수 있습니다.

그래서 다윗은 "나의 힘이 되신 여호와여 내가 주를 사랑하나이다"(시 43:2) 고백하였고, 요셉은 자신의 생을 드려 하나님의 시간(카이로스)을 기다리며 인내하여 어떤 어려운 환경에서도 복을 누리며 승리했습니다.

3. 드려야 합니다

"나와 내 백성이 무엇이기에 이처럼 즐거운 마음으로 드릴 힘이 있었나이까 모든 것이 주께로 말미암았사오니 우리가 주의 손에서 받은 것으로 주께 드렸을 뿐이니이다"(29:14).

삶 자체를 바로 알아야 합니다. 다윗의 삶은 주의 영화로운 이름을 높이며 찬양하는 삶을 살았습니다. 그러므로 자신을 드리고 물질을 드리며 자신의 모든 지식을 주를 위해 사용하였습니다. 모든 것이 주께로 말미암았사오니 우리가 주의 손에서 받은 것을 가지고 도로 드릴 뿐이지만 우리 또한 기뻐해야 합니다.

이 땅의 모든 것이 주님의 지키심이 없이는 존재할 수 없습니다. 주님은 우리를 지키시는 자입니다. 모든 환난을 면케 하시며 우리의 출입을 영원히 지키십니다. 우리가 주님께 모든 것을 드릴 때 우리의 삶과 영혼을 만족케 하시며 지키십니다.

소원 성취의 비결

《시37:1-11》

악을 행하는 자들 때문에 불평하지 말며 불의를 행하는 자들을 시기하지 말지어다 그들은 풀과 같이 속히 베임을 당할 것이며 푸른 채소 같이 쇠잔할 것임이로다 여호와를 의뢰하고 선을 행하라 땅에 머무는 동안 그의 성실을 먹을 거리로 삼을지어다 또 여호와를 기뻐하라 그가 네 마음의 소원을 네게 이루어 주시리로다 네 길을 여호와께 맡기라 그를 의지하면 그가 이루시고 네 의를 빛 같이 나타내시며 네 공의를 정오의 빛 같이 하시리로다 여호와 앞에 잠잠하고 참고 기다리라 자기 길이 형통하며 악한 꾀를 이루는 자 때문에 불평하지 말지어다

인간은 영혼과 육체로 되어 있습니다. 육체 속에 있는 영혼을 하나님이 부르시면 사흘이면 육체는 썩어집니다. 생명은 우리의 것이 아닙니다. 생명의 주관자가 하나님입니다. 마찬가지로 우리의 소원도 우리의 것이 아니며 그 주인공은 주님입니다. 주님이 잘 되게 해야 잘 됩니다. 그러므로 성도는 영혼이 잘 되어야 하며 소원하는 바가 잘 성취되어야 복됩니다. 어떻게 하면 소원 성취가 잘 이루어질까요?

1. 하나님을 기쁘시게 해야 합니다

“또 여호와를 기뻐하라 그가 네 마음의 소원을 이루어 주시리로다”(시37:4). 언제 무슨 일을 하든지 “주를 기쁘시게 할 것이 무엇인가 시험하여 보라”(엡5:10)는 말씀대로 분별해야 하며 가려서 행동해야 합니다. 그러므로 바울은 너희 몸을 하나님이 기뻐하시는 거룩한 산 제물로 드리라 하였고, 너희는 이 시대를 본받지 말고 오직 마음을 새롭게 하여 하나님의 선하시고 기뻐하신 뜻이 무엇인지 분별하도록 하라고 하셨습니다.

우리 모든 성도님들은 오직 하나님을 기쁘시게 해야 합니다. 하나님의

말씀이 하나님의 뜻입니다. 하라 하는 것은 하고 하지 말라 하는 것은 안 하는 것이 하나님을 기쁘시게 하는 것입니다.

2. 믿음대로 살아야 합니다

"이에 예수께서 대답하여 이르시되 여자여 네 믿음이 크도다 네 소원대로 되리라 하시니 그 때로부터 그의 딸이 나으니라"(마15:28).

주님은 우리의 믿음을 보시고 믿음대로 행할 때 역사를 일으킵니다. 우리가 상상할 수 없는 것도 하나님은 하실 수 있습니다. 하나님은 일을 행하시고 그 일을 진행시켜 성취하시는 분입니다. 그러므로 우리는 그의 말씀을 믿고 살아야 합니다.

세상을 살아가는 사람들의 삶은 두 가지입니다. 하나는 이성으로 사는 것이고 또 다른 하나는 신앙으로 사는 것입니다. 이성으로 사는 사람들은 자기의 힘과 지혜와 자신의 생각대로 합니다. 그러나 신앙인은 오직 한 분이신 하나님을 섬기며 그 말씀을 붙들고 기도합니다. 믿음의 기도는 역사하는 힘이 큽니다(약5:13~18).

3. 감사하는 자에게 복을 주십니다

감사로 하나님께 제사를 드리며 지존하신 이에게 네 서원을 갚으며 환난 날에 나를 부르라 내가 너를 건지리니 네가 나를 영화롭게 하리로다 (시50:14-15). 신앙인은 모든 것에 감사해야 합니다. "하나님께서 지으신 모든 것이 선하매 감사함으로 받으면 버릴 것이 없나니" (딤전 4:4).

"범사에 감사하라 이것이 그리스도 예수 안에서 너희를 향하신 하나님의 뜻이니라" (살전 5:18). 하나님의 뜻대로 순종하며 살아가는 주의 종이 축복하고 기도하면 역사가 나타납니다(신21:5, 민23:20).

부름에 합당한 삶

《엡 4:1-6》

그러므로 주 안에서 갇힌 내가 너희를 권하노니 너희가 부르심을 받은 일에 합당하게 행하여 모든 겸손과 온유로 하고 오래 참음으로 사랑 가운데서 서로 용납하고 평안의 매는 줄로 성령이 하나 되게 하신 것을 힘써 지키라 몸이 하나요 성령도 한 분이시니 이와 같이 너희가 부르심의 한 소망 안에서 부르심을 받았느니라 주도 한 분이시요 믿음도 하나요 세례도 하나요 하나님도 한 분이시니 곧 만유의 아버지시라 만유 위에 계시고 만유를 통일하시고 만유 가운데 계시도다

하나님은 그리스도 예수 안에서 우리를 부르셔서 자녀 삼으셨습니다. 주님이 원하시는 것은 부름에 합당한 삶을 살기 원하십니다. 여기에서 합당하다(헬, 악시오스)는 문자적 의미는 "다른 들보를 하나 더 세워" 입니다. 이 말은 자녀들이 살아가는 삶 속에서 어떤 기준을 잘 세워 그 기준에 의해 살아가야 되는가를 나타낸 것입니다.

그러므로 삶의 모든 기준은 예수 그리스도입니다. 그래서 바울은 로마서 8:29절에서 하나님의 부르심의 목적을 그 아들의 형상을 본받게 하려 함이라고 밝혔습니다. 예수님은 맏아들입니다.

어떻게 하면 부름에 합당한 삶을 살 수 있을까요?

1 성령 충만해야 합니다

본문 2-3절에서 서로 용납하고 하나되게 하신 것을 힘써 지키라고 하셨습니다. 이를 위해서는 모든 겸손, 온유, 오래 참음, 사랑 가운데서 이루라고 하신 것입니다.

이 모든 것은 성령의 열매입니다. "오직 성령의 열매는 사랑과 희락과 화

평과 오래 참음과 자비와 양선과 충성과 온유와 절제니 이같은 것을 금지할 법이 없느니라" (갈 5:22,23).

2. 예수 그리스도가 기준이 되어야 합니다(자녀로서)

예수님은 제자들과 3년을 동거하며 하나님 나라를 선포하셨고, 마지막 성찬식을 거행하시기 전에 서로 종노릇 할 수 있도록 본을 보이셨습니다 (요13:12-15).

또한 성찬 예식을 마치신 후에는 사랑의 새 계명을 주셨습니다(요13:34-35).

그리스도는 하나님과 동일한 본체이십니다. 그러나 그는 종의 모양으로 일하셨고 섬겼으며, 인류를 가슴에 품고 사랑하시기 때문에 십자가에 달려 돌아가셨습니다.

3. 일꾼으로 사명을 감당하는 삶을 살아야 합니다

우리를 하나님 나라의 일꾼으로 부르셨습니다.

곧 복음전파입니다. "그러나 너희는 택하신 족속이요 왕 같은 제사장들이요 거룩한 나라요 그의 소유가 된 백성이니 이는 너희를 어두운 데서 불러내어 그의 기이한 빛에 들어가게 하신 이의 아름다운 덕을 선포하게 하려 하심이라" (벧전2:9).

이 일을 위하여 지상명령(마28:16 -20)을 주셨습니다. 또 이를 이루기 위해 오순절날 성령이 임하셨습니다.

"오직 성령이 너희에게 임하시면 너희가 권능을 받고 예루살렘과 온 유대와 사마리아와 땅 끝까지 이르러 내 증인이 되리라 하시니라" (행 1:8).

우리를 택하신 목적

《엡 1:3-6》

찬송하리로다 하나님 곧 우리 주 예수 그리스도의 아버지께서 그리스도 안에서 하늘에 속한 모든 신령한 복을 우리에게 주시되 곧 창세 전에 그리스도 안에서 우리를 택하사 우리로 사랑 안에서 그 앞에 거룩하고 흠이 없게 하시려고 그 기쁘신 뜻대로 우리를 예정하사 예수 그리스도로 말미암아 자기의 아들들이 되게 하셨으니 이는 그가 사랑하시는 자 안에서 우리에게 거저 주시는 바 그의 은혜의 영광을 찬송하게 하려는 것이라

하나님께서 우리를 선택하심은 세상이 이루어지기 이전임을 생각할 때 정말 감사하지 않을 수 없습니다.

"곧 창세 전에 그리스도 안에서 우리를 택하사"(3절). 감격적인 말씀이지요. 우리를 왜 선택하셨는지 그 목적을 알 때에 그 목적대로 살 수가 있으며 하나님으로 인하여 더욱 복을 누리고 감사하며 살아갈 수 있습니다.

1. 선택의 의미

많은 인류 가운데서 어떤 이들을 선택함을 의미합니다. 다른 많은 사람들로부터 그들이 분류되고 구별되었음을 뜻합니다.

이렇게 특별히 하나님의 기쁘신 뜻에 의해 선택하심은 하나님이 하나님 자신을 위하여 선택하셨으며, 그 선택된 자를 부르셔서 하늘에 신령한 복과 땅의 기름진 소산으로 축복을 하신 것입니다(3절). 이사야 선지자는 선택된 자의 부름을 지명하여 불렀다고 하였습니다.

"내가 너를 지명하여 불렀나니 너는 내것이라"(사43:1)

2. 선택의 목적

거룩하고 흠없게 하여 영광을 받으시려고 "우리를 택하사"(3)의 의미는 하나님이 하나님 자신을 위하여 택하였다는 뜻입니다.

곧 하나님이 거룩하시기 때문에 세상과 구별되도록 성도로 부르셔서 말씀으로 새롭게 하시며 흠도 없고 겁도 없게 만드셔서 여호와의 성호를 영원히 찬양하게 하며 경배하게 하려고 하신 것입니다.

그래서 하나님은 성도를 "내 것"(사 43:1)이라고 하셨고, 사도 바울은 너희 몸은 성령의 전이라고 가르치면서 너희는 너희의 것이 아니라고 강하게 강조하고 있습니다(고전 6:19-20).

우리 모든 성도는 주의 것(롬 14:7-8)임을 확실히 알고 주의 뜻을 깨닫고 사나 죽으나 주를 위해 살아야겠습니다. 이때에 성도들의 마음에 평강과 기쁨이 있는 것입니다. 그리고 행복합니다.

3. 어떻게 살아야 합니까

"거룩"이란 단어의 본래의 의미는 아무도 꾸짖을 수 없는 순결한 의미를 가지고 있습니다.

성도는 아무도 꾸짖을 수 없는 순결한 삶을 살도록 노력해야 합니다.

① 그의 입술의 명령을 어기지 아니하고 순종하며

② 그의 말씀을 일정한 음식보다 귀히 여기며

③ 우리의 행동이 그 말씀따라 살며 좌우로 치우치지 않을 때(욥 23:10-14) 선택한 목적에 합당한 삶이요, 거룩한 백성이 되어가는 것입니다.

여호와를 의뢰하는 자의 축복

《렘 17:5-8》

여호와께서 이와 같이 말씀하시니라 무릇 사람을 믿으며 육신으로 그의 힘을 삼고 마음이 여호와에게서 떠난 그 사람은 저주를 받을 것이라 그는 사막의 떨기나무 같아서 좋은 일이 오는 것을 보지 못하고 광야 간조한 곳, 건건한 땅, 사람이 살지 않는 땅에 살리라 그러나 무릇 여호와를 의지하며 여호와를 의뢰하는 그 사람은 복을 받을 것이라 그는 물 가에 심어진 나무가 그 뿌리를 강변에 뻗치고 더위가 올지라도 두려워하지 아니하며 그 잎이 청청하며 가무는 해에도 걱정이 없고 결실이 그치지 아니함 같으리라

축복을 받는 것은 어느 누구도 싫어하는 사람이 없을 것입니다.

그러나 축복을 받기는커녕 저주를 받는다면 그 또한 바라는 사람이 없을 것입니다.

예레미야 선지자는 여호와의 약속과 경고를 무시하고 자신과 사람을 의지하여 하나님을 반역하는 행동을 하고 있는 유대 백성들에게 회개를 촉구하여, 저주 받은 자의 진리를 제시하면서 여호와를 의뢰하고 의지하는 자의 축복을 강론하고 있습니다.

여호와를 의뢰하는 자의 축복은 물가에 심기운 나무와 같다고 말씀하셨습니다.

1. 뿌리가 강변에 뻗치는 축복입니다

갈증 나는 자에게 가장 필요한 것은 시원한 냉수입니다. 나무에 뿌리가 있는 것은 수분을 흡수하고 그 나무를 지탱하게 하는 데 있습니다.

강변을 향하여 그 나무의 뿌리는 한없이 뻗어갑니다. 그리고 그 나무는 왕성하게 성장하고 아름다운 열매를 맺도록 합니다.

"누구든지 목마르거든 내게로 와서 마시라"(요 7:37). 생수의 강이 넘치는 예수를 향한 삶은 풍족한 삶이요 갈함이 없는 삶입니다.

2. 잎이 청청하는 축복입니다

나무의 건강은 잎을 보면 알 수 있습니다. 그리스도인의 삶은 성령충만의 삶 속에서만 생기가 있고 활력소가 있음을 볼 수 있습니다.

나무가 자라나는 데에 필요한 양분을 주고 환경을 잘 가꾸어 주면 나무는 더욱 건강하게 커나갑니다. 이렇듯 하나님의 가꾸심에 민감하게 반응하여 산다면 분명 더욱 단단한 믿음과 승리가 있습니다.

그러나 영양분을 얻지 못하는 나무는 서서히 말라 죽게 됩니다. 우리는 오직 하나님으로부터 영양분을 받아 건강한 영적 상태를 유지할 수 있고, 사망에서 생명으로 옮겨질 수 있는 것입니다.

이 영적 건강은 오직 예수님만을 의뢰하고 신뢰하는 믿음에서 오는 것입니다. "나를 믿는 자는 성경에 이름과 같이 그 배에서 생수의 강이 흘러 나오리라 하시니"(요7:38).

3. 결실이 그치지 아니하는 축복입니다

주인을 가장 기쁘게 해주는 나무는 아름다운 열매를 계속 산출해 내는 나무입니다. 여호와를 의뢰하는 자는 성령의 열매를 풍성이 맺게 됩니다.

모든 삶에 열매를 맺어 하나님께 기쁨이 되고 주위의 모든 이들에게도 기쁨을 주는 자가 됩시다.

영생의 비밀

《요3:1-16》

그런데 바리새인 중에 니고데모라 하는 사람이 있으니 유대인의 지도자라 그가 밤에 예수께 와서 이르되 랍비여 우리가 당신은 하나님께로부터 오신 선생인 줄 아나이다 하나님이 함께 하시지 아니하시면 당신이 행하시는 이 표적을 아무도 할 수 없음이니이다 예수께서 대답하여 이르시되 진실로 진실로 네게 이르노니 사람이 거듭나지 아니하면 하나님의 나라를 볼 수 없느니라

예수님은 밤에 찾아온 유대인 관원인 니고데모에게 영생의 비밀을 가르쳐 주셨습니다. "영생" 이란? 하나님을 알지 못하는 죄인들이 하나님을 만나 교제하며 천국을 누리며 사는 것을 말합니다. 또한 죽은 이후에도 천국에 들어가 하나님 앞에서 영원히 사는 복된 삶을 말합니다. 영생의 비밀은 무엇일까요?

1. 무엇이 거듭나야 합니까

"육으로 난 것은 육이요 영으로 난 것은 영이니 내가 네게 거듭나야 하겠다 하는 말을 놀랍게 여기지 말라" (6,7절)고 말씀하셨습니다. 우리의 영혼이 거듭나야 합니다. 사람은 육체와 영혼으로 되어 있습니다. 그러므로 우리의 영혼이 성령과 만나는 것을 거듭났다라고 말합니다. 그러므로 예수님은 밤에 찾아온 니고데모에게 거듭남의 비밀을 말씀하신 것입니다.

니고데모는 종교의 지도자였습니다. 하나님의 말씀을 가르칠 뿐 아니라 모든 종교 생활을 지도할 수 있는 지도자이며 기도를 생활화하여 살고 있는 자였습니다(요 3:1-15). 사람이 거듭나지 않고는 천국을 알 수 없고 들어갈 수도 없기 때문에 니고데모에게 강조한 것입니다.

주님께서 오늘 우리들에게 너는 거듭나야 한다고 말씀하십니다. 내 영혼

이 하나님을 진정으로 아버지라 부를 수 있고 찬양하며 감사하고 예배를 즐거워하며 예수님 전하기를 기뻐하는 자는 영혼이 거듭난 자들입니다.

2. 거듭남의 주체는 무엇입니까

예수님은 말씀하시기를 오직 성령으로 거듭나야 한다고 말씀하셨습니다. 성령께서 오셔서 죄인임을 깨닫게 해 주시고 믿게 하시고 믿는 자에게 들어오셔서 영혼의 주인이 되십니다. 거듭나는 것은 사람이 하는 일이 아닙니다. 오직 성령의 역사로만 되어집니다.

그러므로 예수님은 제자들에게 현장으로 나가기 전에 가르쳐 주신 것이 있습니다. 교회에 성령의 역사가 나타난 교회가 되어야 교회 안에 들어오는 불신자들이 예수님을 만나게 됩니다. 개인적으로는 성령의 충만함을 받아야 생명을 살릴 수 있는 자가 됩니다. 내 가족이 다 구원받으려면 어떻게 해야겠습니까? 성령님이 역사 하시도록 기도해야 합니다.

3. 어떻게 영생을 얻을 수 있습니까

믿어야 합니다. 예수님이 우리의 죄를 대신 짊어지시고 십자가에 달려 죽으신 것과 사흘만에 다시 살아나신 것을 믿어야 합니다. 하나님은 세상을 이처럼 사랑하셨습니다. 아들을 십자가에 죽으시기까지 하시며 믿는 자을 구원하시는 사랑입니다. 구원받는 데는 구별이 없습니다.

누구든지 믿는 자마다 멸망치 않고 영생을 얻습니다. 그 이유는 하나님이 약속하신 약속이기 때문입니다. 이스라엘 백성들이 불순종하여 불 뱀에 물려 죽게 되었을 때에 하나님은 모세에게 구리 뱀을 만들어서 장대에 달게 하셨고 그를 보는 자들에게 생명을 얻게 하였습니다(14절). 이것은 하나님이 하신 그 약속을 믿었기 때문입니다.

나를 보내소서

《사 6:5-8》

그 때에 내가 말하되 화로다 나여 망하게 되었도다 나는 입술이 부정한 사람이요 나는 입술이 부정한 백성 중에 거주하면서 만군의 여호와이신 왕을 뵈었음이로다 하였더라 그 때에 그 스랍 중의 하나가 부젓가락으로 제단에서 집은 바 핀 숯을 손에 가지고 내게로 날아와서 그것을 내 입술에 대며 이르되 보라 이것이 네 입에 닿았으니 네 악이 제하여졌고 네 죄가 사하여졌느니라 하더라 내가 또 주의 목소리를 들으니 주께서 이르시되 내가 누구를 보내며 누가 우리를 위하여 갈꼬 하시니 그 때에 내가 이르되 내가 여기 있나이다 나를 보내소서 하였더니

우리에게는 다 들을 수 있는 귀가 있습니다. 그러나 하나님의 음성을 들을 수 있는 귀는 하나님의 사랑을 입은 자라야만 가질 수 있습니다. 여러분은 하나님의 음성을 들을 수 있습니까?

이사야 선지자는 어떻게 하나님의 음성을 들을 수 있었습니까. 그의 삶에 하나님을 향한 믿음의 모습은 어떤 것이 있었을까요. 하나님의 마음을 알고 순종하는 자에게 큰 축복이 있습니다. 선지자로 부르심을 받은 이사야의 모습을 통하여 하나님의 음성을 듣고 하나님의 뜻대로 반응하여 영광을 돌려드릴 수 있는 신실한 성도가 되어야겠습니다.

1. 만군의 여호와이신 왕을 보았습니다

이사야는 선지자로 부르는 하나님의 음성을 들을 수 있는 자였을 뿐만 아니라 그 부름에 기꺼이 순종하여 하나님의 큰 뜻을 이루는 귀한 선지자의 사명을 감당하였습니다.

죄 없는 천사들일지라도 감히 접근하지 못하고 발과 얼굴을 가리우고 창

화하며 완전하신 삼위 하나님께 거룩송으로 찬양할 때 왕 중의 왕이신 하나님의 임재 앞에 겸손해지며 죄인임을 깊이 깨닫게 되었습니다.

2. 죄인임을 고백할 때 사죄의 은총을 입었습니다

이사야는 예배의 사람이요 하나님을 경외하는 자였을지라도 거룩하신 하나님의 임재 앞에서는 부정한 입술의 소유자임을 깊이 애통하고 자신이 멸망당할 것 같은 두려움이 쌓이게 되었습니다.

이때에 사랑의 하나님께서 그의 불로 정화시켜 주십니다. 우리 자신들은 예배와 경배 속에서 많이 이러한 깊은 체험을 할 수가 있습니다. 진정코 거룩하신 하나님 앞에 설 때 많이 죄악된 우리의 모습을 토설할 수 있습니다.

3. 하나님의 부름에 응답하셨습니다

하나님께서는 자신의 죄악을 깨닫고 전능자이시고 만군의 여호와이신 하나님을 진정한 왕으로 인정하며 그 왕의 명령에 순복하겠다는 의지가 일어날 때에 큰 사역자로 삼으신 것을 볼 수 있습니다. 이사야는 하나님의 부름에 "나를 보내소서" 라고 반응하였습니다.

자신의 처지와 능력에 상관없이 하나님의 마음이 있는 곳에 자기 자신을 드리려는 믿음이 우리에게도 있어야겠습니다. 무모하게 일단 일을 시작하는 것이 아니라 시작부터 하나님의 마음을 알고 그 방향대로 순종하는 것이 참된 성도의 자세입니다.

이 시간 여러분을 일꾼으로 부르시는 하나님의 부르심에 응답하는 우리가 됩시다.

복된 나라 복된 백성

《시 33:8-22》

온 땅은 여호와를 두려워하며 세상의 모든 거민들은 그를 경외할지어다 그가 말씀하시매 이루어졌으며 명령하시매 견고히 섰도다 여호와께서 나라들의 계획을 폐하시며 민족들의 사상을 무효하게 하시도다 여호와의 계획은 영원히 서고 그의 생각은 대대에 이르리로다 여호와를 자기 하나님으로 삼은 나라 곧 하나님의 기업으로 선택된 백성은 복이 있도다 여호와께서 하늘에서 굽어보사 모든 인생을 살피심이여 곧 그가 거하시는 곳에서 세상의 모든 거민들을 굽어살피시는도다 그는 그들 모두의 마음을 지으시며 그들이 하는 일을 굽어살피시는 이로다

문학가 김소운은 6.25동란 때 일본의 대표적 종합지인 "중앙공론"에 "목근통신"이라는 일본인에게 보내는 편지 형식의 글을 실어 일본 지식인들의 폐부를 찌른 적이 있었습니다. "내 어머니가 문둥이일망정 나는 결코 클레오파트라와 바꾸지 않겠다." 나라를 사랑하는 뜨거운 심장의 표현이었습니다.

기독인들은 국가를 더 사랑해야 합니다. 정치에 혼선이 오고 외국에서 뭐라 해도 대한민국은 하나님이 지정해 주신 우리나라입니다. 이 나라 이 민족이 복된 나라 복된 백성이 되기 위해서는 만세반석 되시는 그리스도 위에 이 나라 교회들이 든든히 서야 합니다. 또한 기독교인들이 여러 분야에서 모범이 되어야 합니다.

1. 이 나라가 하나님의 소유인 것을 알게 해야 합니다

세계가 다 내게 속하였다고 말씀하신 하나님은 구체적으로 삼림의 짐승, 뭇산의 생축, 세계와 거기 충만한 것이 내 것(시50:10-12) 이라고 말씀하셨

고 은도 내 것이며 금도 내 것이라고 하셨으며, 년대와 거주의 경계를 정하셨다고 말씀하셨습니다(행17:25). 이 나라는 하나님의 지은 것입니다.

"여호와의 말씀으로 하늘이 지음이 되었으며 그 만상을 그의 입 기운으로 이루었도다" (시 33:6).

"태초에 하나님이 천지를 창조하시니라" (창 1:1). 하나님의 소유로 인정할 때 자연 훼손, 각종 오염, 땅 투기가 없는 복된 나라 복된 백성이 될 것입니다.

2. 하나님께서 이 나라를 통치하고 있음을 알게 해야 합니다

하나님께서 모든 나라들의 계획을 좌절시키고 민족들의 사상을 무효하게 만드십니다. 그러나 하나님의 계획은 한 치도 틀림이 없이 다 이루어 나가십니다(10:11). 나라의 흥망성쇠와 왕을 일으키시고 폐하시는 권세를 가지고 계십니다.

"많은 군대로 구원얻은 왕이 없으며 용사가 힘이 커도 스스로 구하지 못하는도다" (16). 하나님은 그를 경외하는 자 곧 그 인자하심을 바라는 자를 살피십니다. "여호와로 자기 하나님을 삼은 나라" 의 백성은 행복합니다.

3. 우리의 자세

스코틀랜드를 구한 종교개혁자 존 녹스는 이렇게 기도하였습니다.

"주여, 스코틀랜드를 저에게 주시든가 아니면 저를 불러가 주시든가 둘 중에 하나를 해 주십시오." 하나님은 "저희의 영혼을 사망에서 건지시며.. 기근에서 살게 하시는도다" (19절). 사망에서 생명으로 더 풍성한 삶으로 인도하시는 주님 앞으로 모든 백성을 인도하고자 하는 뜨거운 복음의 열정이 있어야겠습니다.

축복을 누리며 살자

《마 5:1-12》

심령이 가난한 자는 복이 있나니 천국이 그들의 것임이요 애통하는 자는 복이 있나니 그들이 위로를 받을 것임이요 온유한 자는 복이 있나니 그들이 땅을 기업으로 받을 것임이요 의에 주리고 목마른 자는 복이 있나니

천하 모든 만물에 법칙이 있고 기본 원리가 있듯이 신앙생활에도 생명의 원리가 있고 축복은 법칙이 있습니다. 하나님이 주신 복을 누리며 살기 원하십니까? 꼭 알고 행해야 할 것이 있습니다. 산상수훈에서 배우십시오. 반드시 복을 누리며 행복하게 살 수 있을 것입니다.

산상수훈 중 8복은 하나님 나라 백성의 신앙 자세를 가르쳐 주고 있다. 또한 이러한 자세를 가지고 주님을 따르는 자들에게 약속한 복입니다. 그러면 우리는 어떤 자세를 가져야 할까요?

1. 하나님을 나의 주인으로 섬기는 마음

"심령이 가난한 자는 복이 있나니 천국이 그들의 것임이요"(3절)라고 말씀하십니다. 영적인 축복 없이 성도의 축복은 없습니다. 마음이 가난하다는 것은 곧 마음의 주인이 없이는 아무것도 할 수 없다는 전적으로 무능한 자신임을 알고 구하는 마음입니다. 생명, 시간, 건강, 물질 이 모든 것의 주인은 하나님이십니다. 하나님을 나의 주인으로 모시고 사는 자는 그의 말씀을 순종합니다. 그리고 천국을 맛보며 살 수 있습니다.

요한복음 2장의 종들이 곧 심령이 가난한 자의 모습입니다. 예수님을 주인으로 모시고 절대적인 순종을 할 때 연회장도 알 수 없는 주님을 느끼며 기뻐할 수 있고 만족할 수 있습니다.

2. 애통하는 마음

"애통하는 자는 복이 있나니 그들이 위로를 받을 것임이요"(마 5:4). 모든 일을 남에게 탓을 돌리지 아니하고 자신을 돌아볼 때 하나님을 향한 뜨거운 열정이 없고 또한 열심히 하려고 노력하지만 나태한 자신의 모습과 성화 되지 못하여 자신의 유익과 자신의 이름을 내려는 어리석음이 깨달아지는 마음입니다.

그러므로 타락된 본성을 가진 자신을 애통해 하고 우는 자는 복이 있습니다. 자신의 죄를 알고 회개하는 자가 받은 복은 위로입니다. 하나님께 위로 받은 삶을 누리십시오. 먼저 툭하면 하나님을 대적하는 세상과 마귀의 종노릇하고 있는 자신의 연약한 모습을 아는 자의 자세입니다. 치료가 오직 주님께 있음을 알고 애통하며 기도하는 삶을 살아가는 자로 큰 위로가 주께로부터 옵니다.

3. 성령의 인도와 말씀으로 살기 원하는 마음

온유한 마음은 성령으로 길들여지는 마음입니다. "모세는 온유함이 지면의 모든 사람보다 승하더라"(민12:3)라고 성경은 평가합니다.

또한 "의에 주리고 목마른 자는 복이 있나니 그들이 배부를 것임이요"(마 5:6) 라고 말씀합니다. 영적인 양식과 음료는 다 주께로부터 옵니다. 의에 주리고 목마른 자는 곧 말씀을 사모하는 마음입니다. 그리고 그 말씀을 주야로 묵상하고 그 말씀에 힘을 얻고 만족을 얻는 자입니다. 반드시 풍성한 은혜를 받을 수 있습니다. 신앙 자세가 바른 자는 하나님으로부터 오는 복을 누리며 살 수 있습니다.

삶의 목적이 분명한 신앙생활

《살전 2:6-12》

또한 우리는 너희에게서든지 다른 이에게서든지 사람에게서는 영광을 구하지 아니하였노라 우리는 그리스도의 사도로서 마땅히 권위를 주장할 수 있으나 도리어 너희 가운데서 유순한 자가 되어 유모가 자기 자녀를 기름과 같이 하였으니 우리가 이같이 너희를 사모하여 하나님의 복음뿐 아니라 우리의 목숨까지도 너희에게 주기를 기뻐함은 너희가 우리의 사랑하는 자 됨이라 형제들아 우리의 수고와 애쓴 것을 너희가 기억하리니 너희 아무에게도 폐를 끼치지 아니하려고 밤낮으로 일하면서 너희에게 하나님의 복음을 전하였노라 우리가 너희 믿는 자들을 향하여 어떻게 거룩하고 옳고 흠 없이 행하였는지에 대하여 너희가 증인이요 하나님도 그러하시도다 너희도 아는 바와 같이 우리가 너희 각 사람에게 아버지가 자기 자녀에게 하듯 권면하고 위로하고 경계하노니 이는 너희를 부르사 자기 나라와 영광에 이르게 하시는 하나님께 합당히 행하게 하려 함이라

바울이 아테네에서 실패를 경험한 후 사도행전 17장에서 세워진 교회가 데살로니가 교회입니다. 데살로니가 교회는 믿음, 사랑, 소망이 뚜렷한 신앙의 색깔이 분명한 교회입니다.

바울이 데살로니가 성도들을 부모의 심정으로 기르는데, 그 이유는 삶의 목적이 분명한 신앙생활을 하도록 하기 위한 것이었습니다.

1. 영혼을 사랑하는 신앙생활

성도들에게서 영광을 받으려 하지 않았고(6절) 친어머니가 사랑하는 자녀를 기름과 같이 하였으며 아버지가 자식의 장래를 위하여 사랑으로 위로하고 권면하고 경계하였습니다.

어머니가 젖을 먹일 때 기분만 나빠도 자식들은 소화에 지장이 오고 건강에 지장이 오게 되었습니다. 그러므로 순전하고 신령한 젖, 곧 복음만 전할 뿐 아니라 사랑하기 때문에 목숨까지도 주기를 즐거워하였습니다. 이는

영혼을 사랑하기 때문이며, 그 영혼이 주만 바라보도록 하기 위해 생명도 아끼지 않았습니다.

2. 영적인 일에 수고와 애쓰는 신앙생활

바울은 복음전파를 위하여 생업을 가졌던 것을 봅니다. "형제들아 우리의 수고와 애쓴 것을 너희가 기억하리니 너희 아무에게도 폐를 끼치지 아니하려고 밤낮으로 일하면서 너희에게 하나님의 복음을 전하였노라"(9절). 사도 바울은 브리스가 부부와 함께 장막(텐트) 만드는 일을 하였습니다.

"생업이 같으므로 함께 살며 일을 하니 그 생업은 천막을 만드는 것이더라"(행 18:3). 그는 복음전파에 지장이 될까봐 누를 끼치지 아니하려고 밤낮으로 일하면서 하나님의 복음을 전하는 영적인 일에 수고와 애쓰는 삶을 살았습니다. 이는 성도들이 오직 주만 바라보며 하나님께 합당한 생활을 하도록 하기 위해서입니다.

바쁘다는 핑계로 교회의 영적인 일에 소홀하지 않습니까? 복음을 잘 깨달은 자는 불평 불만치 않고 자기에게 주어진 일에 최선을 다 합니다.

3. 믿는 자들에게 본을 보이는 신앙생활

주님은 공생애 마지막에 제자들의 발을 씻어 주시며 주로서 종노릇하는 법을 가르쳐 주셨고, 이것으로 본을 보이는 삶을 살라고 말씀하셨습니다. 바울은 "우리가 너희 믿는 자들을 향하여 어떻게 거룩하고 옳고 흠 없이 행하였는지에 대하여 너희가 증인이요 하나님도 그러하시도다"(살전2:10) 라고 하였습니다. 먼저 가장 가까운 사람에게 인정받아야겠습니다.

여러분 모두 아름다운 신앙의 승리자가 되시기 바랍니다.

소망을 가지라

《요14:6》

예수께서 이르시되 내가 곧 길이요 진리요 생명이니 나로 말미암지 않고는 아버지께로 올 자가 없느니라

삶의 어려운 순간에 나타나는 현상은 두 가지 입니다. 하나는 좌절하고 낙심하여 넘어지는 자요, 다른 하나는 오히려 소망의 닻을 인하여 도전하여 승리하는 자입니다.

성경은 "대저 의인은 일곱 번 넘어질지라도 다시 일어나려니와 악인은 재앙으로 말미암아 엎드러지느니라"(잠24:16)고 했습니다. 오늘 성도들이 소망을 가질 분명한 이유를 밝히겠습니다.

1. 길이 있기 때문

"내가 곧 길이요." 주님은 하나님 떠난 인간 곧 소망 없는 인간에게 하나님을 만나게 하는 유일한 길이라고 말씀하셨고 십자가에서 그 길을 열었습니다. 하나님과 원수된 우리 사이를 화목케 하셨고 하나님의 자녀가 되게 하셨습니다.

그러므로 성도들에게는 어떤 일이 있어도 함께 하시는 하나님이 계시므로 소망이 있습니다. 예수님의 이름으로 기도하면 응답 받을 수 있기에 소망이 있습니다.

아무리 사탄이 우는 사자와 같이 삼킬 자를 찾아도 예수 그리스도의 이름이 있기에 문제가 없습니다. 우리 믿는 모든 가족들은 이런 소망이 있기에 환란 중에도 즐거워할 수 있습니다(사 43:19).

2. 진리가 있기 때문

"내가 진리요." 진리는 오직 하나이며 누구든지 적용이 되는 보편성이 있습니다. 그리고 불변하며 시대를 초월하는 영원성이 있습니다(히 13:8).

만일 하나님 만나는 길과 축복 받는 길이 자주 변한다면 어떻게 되겠습니까? 하나님이 항상 함께 하지 아니하시고 우리를 떠나신다면 구원은 어찌 되겠습니까? 응답 받는 길이 어렵고 자주 바뀐다면 우리는 믿을 수도 없고 소망도 없습니다. 그러나 진리이신 변함없는 예수가 우리와 함께 하시기 때문에 우리가 좀 무능하고 부족할지라도 모든 성도에게 적용되므로 다 소망을 가지고 살아야 합니다.

3. 참 생명이 있기 때문

"내가 곧 생명" 이라고 주님은 말씀하셨습니다. 주님이 참 생명이며 하나님과 온전히 교제를 이루는 것이 생명입니다. 이스라엘 백성이 광야에서 하나님이 주신 만나로 살았듯이 성도들은 하나님으로부터 보냄을 받으신 참 떡이요 생명이신 예수님 때문에 오늘도 이 땅에서 천국을 누리며 살 수 있습니다. 아울러 세상 떠나는 순간 영원한 천국으로 들어가기 때문에 소망을 가지고 살아야 합니다.

베드로의 고백처럼 진리를 잘 알지 못하는 자들이 혹 주님을 떠날지라도 우리는 끝까지 주님 곁에 있어야겠습니다

"그 때부터 그의 제자 중에서 많은 사람이 떠나가고 다시 그와 함께 다니지 아니하더라 예수께서 열두 제자에게 이르시되 너희도 가려느냐 시몬 베드로가 대답하되 주여 영생의 말씀이 주께 있사오니 우리가 누구에게로 가오리이까" (요 6:66-68).

나의 포커스

《빌3:12-16》

내가 이미 얻었다 함도 아니요 온전히 이루었다 함도 아니라 오직 내가 그리스도 예수께 잡힌 바 된 그것을 잡으려고 달려가노라 형제들아 나는 아직 내가 잡은 줄로 여기지 아니하고 오직 한 일 즉 뒤에 있는 것은 잊어버리고 앞에 있는 것을 잡으려고 푯대를 향하여 그리스도 예수 안에서 하나님이 위에서 부르신 부름의 상을 위하여 달려가노라

여러분의 신앙의 포커스는 무엇입니까? 바울은 나의 포커스는 예수 그리스도라 하였습니다. 곧 예수 그리스도의 인격과 그의 사역에 초점을 맞추고 뒤엣 것은 잊어버리고 오직 앞에 있는 것만 잡으려고 달려간다고 하였습니다. 오늘 우리도 예수 그리스도가 초점이 되어 열심을 다하여 주를 좇아가는 신앙 생활하시기를 소원합니다. 그렇다면 구체적으로 무엇에 초점을 맞추어야 할까요?

1. 사랑입니다

예수님은 근본 하나님의 본체이시며, 그의 본질은 사랑입니다. 자기 사람들을 사랑하시되 끝까지 책임지는 사랑입니다. 그의 사랑은 자신을 십자가에 내어 준 아가페의 사랑입니다. 바울은 이 그리스도의 사랑을 알았고 그리스도를 아는 지식을 가장 고상하게 여겼습니다. 그리스도가 사랑 때문에 세상에 오셨고 사랑 때문에 인간의 죄짐을 짊어지시고 십자가에 죽으신 것을 바울은 알았습니다. 바울은 자신이 율법을 행함으로 구원 얻을 것으로 알고 교회를 핍박하였고, 윤리적으로 흠없이 살아간다고 장담하였던 그의 과거가 부끄럽게만 느껴졌고 자신이 가지고 있는 자랑거리들을 오히려 해로 여겼던 것입니다. 은혜받은 바울은 무엇이든지 내가 그리스도를 위하

여 다 해로 여길 뿐더러 배설물로 여긴 이유는 그리스도를 얻고 그에게 인정받기 위함이었습니다. 주의 사랑 안에 들어가십시오. 그리고 주의 사랑을 이웃에게 베푸십시오. 이것이 주님께 포커스를 맞추는 것입니다.

2. 믿음입니다

주님은 "내가 너를 사랑한다. 너도 나를 사랑해다오" 라고 하십니다. 그리고 나를 사랑하는 것은 곧 나를 믿는 것이라고 말씀하십니다.

예수님께 초점을 맞추는 삶은 예수님이 하나님이시며 인간인 사실을 믿어야 합니다. 그리스도께서 사랑하시기 때문에 우리를 위해서 하신 일을 믿어야 합니다. 내 죄를 대신 짊어지시고 십자가에 죽으시고 부활하신 것을 믿어야 합니다. 또한 오늘 이 시간 지금 성령으로 나와 함께 하심을 믿어야 합니다. 믿음이 큰 만큼 큰 능력이 나타납니다. 믿음이 있는 만큼 행복해지고 안식을 누립니다. 자신이 믿는 만큼 행동할 수 있습니다.

3. 순종입니다

예수님은 보내신 아버지의 뜻을 완성시켰습니다. 그는 십자가에 죽기까지 순종하였고, 마지막 십자가에서 다 이루었다 하시고 운명하셨으며 사흘만에 부활하셨습니다. 그러므로 하나님은 만왕의 왕 만주의 주로 세우셨습니다. 모든 무릎을 다 그 앞에 꿇게 하시고 예수를 주로 시인케 하였습니다. 바울은 그리스도의 순종이 자신의 것이 되기 원했습니다.

그는 죽기까지 순종하기를 원했으며 자신의 연약함을 인정하였습니다. 그러므로 주의 용서를 믿고 뒤에 것은 잊어버리고 당당히 일어서서 달려갔습니다(빌 3:11-16). 예수 그리스도는 그의 평생에 함께 하시고 능력을 주시고 승리케 하셨습니다.

어떻게 살아야 할까요?

《마 5:19-20》

그러므로 누구든지 이 계명 중의 지극히 작은 것 하나라도 버리고 또 그같이 사람을 가르치는 자는 천국에서 지극히 작다 일컬음을 받을 것이요 누구든지 이를 행하며 가르치는 자는 천국에서 크다 일컬음을 받으리라 내가 너희에게 이르노니 너희 의가 서기관과 바리새인보다 더 낫지 못하면 결코 천국에 들어가지 못하리라

인간의 선한 마음만으로 행복한 사회를 만들 수 없음을 우리는 잘 압니다. 오직 하나님의 법도를 따라 사는 것만이 우리가 세상에서 그리스도인답게 살아가게 할 것입니다.

율법의 확고부동한 진리를 말씀하신 주님은 계명을 지켜야 할 것과 바르게 가르쳐야 할 것을 요구하고 계십니다. 어떻게 하여야 바른 그리스도인의 삶을 살 수 있을까요?

1. 하나님의 말씀을 바르게 깨달아야 합니다

먼저 바른 진리에 서는 것이 중요합니다.

20절에서 서기관과 바리새인의 의로는 천국에 들어갈 수 없음을 밝혔습니다. 저들의 의는 율법의 본질을 떠나 자신들의 생각과 사고로 해석되기 때문에 말씀하신 하나님의 뜻과는 전혀 다른 것입니다.

곧 율법을 행함으로 의롭게 된다는 성경 해석을 함으로써 인간에게 짐만 더할 뿐 천국의 길을 막고 있는 결론에 도달합니다. 어떤 사람도 율법을 완전히 지킬 수가 없습니다.

"누구든지 온 율법을 지키다가 그 하나를 범하면 모두 범한 자가 되나니" (약 2:10). 우리는 먼저 이 진리를 깨닫고 하나님의 의를 찾아야 합니다.

2. 바른 의의 길에 서야 합니다

하나님의 요구하는 의가 무엇인지 알고 거기에 서야 합니다. 이 의는 법정적인 의이기 때문에 죄인 된 인간은 본인의 행동으로 의롭게 될 수 없고 오직 하나님의 뜻을 따라 나아가는 자에게 의롭다고 칭하는 것입니다.

"사람이 의롭게 되는 것은 율법의 행위로 말미암음이 아니요 오직 예수 그리스도를 믿음으로 말미암는 줄 알므로"(갈 2:16). 오직 예수 그리스도를 구주로 영접하는 자에게 의롭다고 하신 것입니다.

3. 계명을 지켜 행하고 가르쳐야 합니다

"그러므로 누구든지 이 계명 중의 지극히 작은 것 하나라도 버리고 또 그같이 사람을 가르치는 자는 천국에서 지극히 작다 일컬음을 받을 것이요 누구든지 이를 행하며 가르치는 자는 천국에서 크다 일컬음을 받으리라" (19절)

여기서 생활의 법칙 십계명을 행해야 할 것을 말씀하셨습니다.

서기관들과 바리새인들은 가르치기는 하되 행하지 않았기 때문에 우리 주님께서 "행하며 가르치는 자" 라고 하심은 의중을 잘 알고 계명의 어느 것도 가볍게 여기지 말고 엄위한 하나님의 말씀임을 깨닫고 행하여 바른 그리스도인이 되어야 할 것입니다.

이 행함에는 반드시 성령의 인도함을 받아야 행할 수 있습니다.

하나님의 형상으로 창조된 인간

《창1:26-28》

하나님이 이르시되 우리의 형상을 따라 우리의 모양대로 우리가 사람을 만들고 그들로 바다의 물고기와 하늘의 새와 가축과 온 땅과 땅에 기는 모든 것을 다스리게 하자 하시고 하나님이 자기 형상 곧 하나님의 형상대로 사람을 창조하시되 남자와 여자를 창조하시고 하나님이 그들에게 복을 주시며 하나님이 그들에게 이르시되 생육하고 번성하여 땅에 충만하라, 땅을 정복하라, 바다의 물고기와 하늘의 새와 땅에 움직이는 모든 생물을 다스리라 하시니라

하나님은 만물 가운데 인간만 자기 형상으로 창조하셨습니다. 그러나 타락한 인간들은 하나님을 알지 못합니다. 왜 알지 못할 까요? 하나님을 알고 있는 우리는 무엇이 회복되었습니까? 회복된 우리는 이제 어떻게 살아야 할까요?

1. 예배자로 살아야 합니다

불신자들이 하나님을 알지 못하는 이유는 죄 때문입니다. 예배는 성도들만의 특권입니다(시 50:5). 죄가 하나님과 인간 사이를 갈라놓았으며 하나님을 알지 못하고 자신들의 배만 위해 살게 되었습니다(빌 3:18,19 참조). 그러나 우리는 다 그리스도를 믿으므로 하나님의 형상이 회복되었고 새로운 피조물로 다시 태어났습니다.

하나님의 형상대로 창조되었다는 의미는 하나님의 인격으로 지은 바 되었다는 것이며 교제 관계로 지었다는 것입니다. 그러므로 하나님의 형상으로 회복된 우리는 하나님을 아는 지식과 느낄 수 있는 감정을 가지게 되었습니다. 찬양을 올리며 감사를 드리고 거룩한 삶을 살아갈 수 있는 자로 회

복된 자들입니다. 또한 하나님의 말씀을 기쁨으로 순종하는 의지력을 갖게 되었습니다. 모든 삶에 주의 이름을 높이며 주님의 영광을 위해 살아갈 수 있어야겠습니다. 그러므로 우리 모든 성도님들은 하나님께 기쁨의 예배 드리는 삶을 살아가시기를 소원합니다.

2. 자신을 발견하고 개발해 나가야 합니다

하나님은 인간을 하나님의 형상으로 창조하시고 생육 번성 충만하여 땅을 정복하고 모든 것을 다스릴 수 있는 문화 명령을 주었습니다(창 1:27,28). 그러나 이와 같은 축복을 다 상실한 채 살아갑니다. 우리는 서로가 다르게 생긴 것처럼 서로 다른 재능을 가지게 하셨습니다.

교회 안에서 은사도 다양합니다. 이것을 잘 참작하여 하나님이 나에게 주신 재능을 발견하고 열심을 다하여 발전시켜 가야 합니다. 여기에 진정한 행복이 있고 삶의 보람을 느낄 수 있습니다. 이것을 사용하는 자는 다 하나님을 기쁘게 하는 삶을 살아갈 수 있습니다.

3. 땅 끝까지 복음을 전파해야 합니다

하나님의 형상으로 창조된 인간에게 생육하고 번성하여 땅에 충만하라 했습니다. 낳고 기르고 떠나보내어 세상에 충만케 해야 합니다. 곧 세계 복음화를 이루어 가야 합니다. 주님의 궁극적인 목적은 하나님 나라를 세우는 것입니다. 이제 하나님의 형상으로 회복된 우리 모두는 예배자로서의 살아야 하며 자신을 발견하고 개발해야 합니다. 그리고 땅끝까지 복음의 증거자가 되어야 합니다(마 28:18-20). 여러분은 구원받은 후 어떻게 살아가고 있습니까?

당신은 어떤 사람입니까?

《마 5: 13-16》

너희는 세상의 소금이니 소금이 만일 그 맛을 잃으면 무엇으로 짜게 하리요 후에는 아무 쓸 데 없어 다만 밖에 버려져 사람에게 밟힐 뿐이니라 너희는 세상의 빛이라 산 위에 있는 동네가 숨겨지지 못할 것이요 사람이 등불을 켜서 말 아래에 두지 아니하고 등경 위에 두나니 이러므로 집 안 모든 사람에게 비치느니라 이같이 너희 빛이 사람 앞에 비치게 하여 그들로 너희 착한 행실을 보고 하늘에 계신 너희 아버지께 영광을 돌리게 하라

그리스도인은 세상 안에 살고 있으면서도(고전 5:9-10) 세상과는 다른 삶을 살아야 될 것을 말씀하고 있습니다(고후 6:14-16). 왜냐하면 사회에 대한 주요한 기능을 가지고 있기 때문입니다.

1. 소금의 기능

"너희는 세상의 소금이니 소금이 만일 그 맛을 잃으면 무엇으로 짜게 하리요"(13절).

'너희는 세상의 소금이니' 이 말씀 속에는 세상의 부패성이 암시되어 있고 죄 때문에 썩고 오염되기 쉬운 고기와 같음을 나타내 주고 있습니다.

세상의 어떤 방법으로도 이것을 막을 수가 없기 때문에 오직 그리스도인만이 방부제로서 또는 예방제로서의 역할을 감당해야 한다고 말씀하신 것입니다.

소금은 음식물에 맛을 내듯 불평, 불만, 시기, 질투, 다툼으로 인하여 사랑을 찾아 볼 수 없는 세상에 예수님의 사랑의 법으로 맛을 내게 하여 주 앞으로 인도하며, 이를 위하여 자신의 깨어지는 아픔 또한 감수하여야 됨을 강조하고 있습니다.

소금이 짠 맛을 잃어버리면 그것은 아무런 소용이 없는 것이 되어서 버려짐을 당하게 됩니다.

2. 빛의 기능

"너희는 세상의 빛이라"(14절).

빛은 어둠을 밝히고 아주 적극적으로 공공연히 나타나도록 일하는 것을 볼 수 있습니다.

산 위에 있는 동네가 모든 사람의 눈에 보이듯 교회는 세상 사람들이 다 보이도록 예수님의 의의 빛을 나타내어 어두운 세상을 밝히어야 할 뿐 아니라, 성도 한사람 한사람은 입술을 통하여 복음의 빛을 나타내야 하고, 몸으로 친히 예수님의 삶을 보여주어 소망이 없고 우울한 곳에 기쁨의 빛을 비추어 주고, 가난한 자 같으나 많은 사람에게 부요하게, 아무것도 없는자 같으나 모든 것을 가진 자답게 보여서 세상을 향한 주님의 빛이 나타나야 할 것입니다.

3. 당신은 어떤 사람입니까?

정치적 부패를 막을 방부제의 힘을 가지고 있습니까? 사랑이 없는 곳에 사랑의 감칠맛을 내는 삶을 살고 계십니까? 등경 위에 있는 등불과 같이 당신의 주위를 예수님의 의의 빛으로 비추십니까? 아니면 말(=됫박) 아래 있는 불빛입니까? 이를 위하여 얼마나 인내하십니까?

"이같이 너희 빛이 사람 앞에 비치게 하여 그들로 너희 착한 행실을 보고 하늘에 계신 너희 아버지께 영광을 돌리게 하라"(마 5:16).

항상 기뻐하라

《빌 4:4-7》

주 안에서 항상 기뻐하라 내가 다시 말하노니 기뻐하라 너희 관용을 모든 사람에게 알게 하라 주께서 가까우시니라 아무 것도 염려하지 말고 다만 모든 일에 기도와 간구로, 너희 구할 것을 감사함으로 하나님께 아뢰라 그리하면 모든 지각에 뛰어난 하나님의 평강이 그리스도 예수 안에서 너희 마음과 생각을 지키시리라

"항상 기뻐하라" 는 말씀을 들을 때 마음속에 거부감이 일어날 수도 있습니다. 누가 슬퍼하고 싶어 슬퍼하는가? 어쩔 수 없는 상황이기에 울 수밖에 없고 짜증스러워 하는 것이라고 말할 수 있습니다.

그런데 사도 바울이 다시 강조하여 빌립보 성도들에게 말하는 것을 보면서 그 무엇인가 삶의 원리가 있음을 발견하게 될 때 우리의 마음속에서는 기쁨과 소망이 넘치게 됩니다.

1. 항상 기뻐하라

"내가 다시 말하노니 기뻐하라." 여기에서 나라는 의미는 대단히 강한 이미지를 부각시킵니다. 사도 바울은 당시의 상황이 죄수요 옥중에서 불투명한 미래를 바라보아야만 했고 한숨과 좌절로 시간을 보내야만 되는 입장이었습니다. 손발에는 착고가 채워져 있었고, 연약한 육체는 죽음을 기다리고 있는 그가 기뻐할 것을 강조하며 말하였던 것입니다.

사도 바울은 이러한 가운데서도 바라보는 소망이 확실했기 때문에 그의 심령에는 오직 기쁨이 충만하였고 만나는 사람들은 그의 얼굴을 대할 때 기쁨을 느낄 수가 있었습니다.

2. 그리스도 예수 안에 있었기 때문입니다

사도 바울은 언제나 그리스도 예수 안에 있었습니다. 예수님은 기쁨을 선물로 공급하시는 근원이 되시는 분이기 때문에 주 안에서 항상 기뻐하라는 것입니다. 히브리서 12장 2절에 "그는 그 앞에 있는 기쁨을 위하여 십자가를 참으사 부끄러움을 개의치 아니하시더니" 라고 하였습니다.

우리에게 큰 기쁨이요 소망이 되는 천국을 기업으로 주시기 위하여 십자가의 중한 고통을 참아내셨습니다. 세상의 종들에게 멸시와 천대를 받고 극악무도한 십자가 상의 강도에게까지 조소를 당하면서도 전혀 개의치 아니하였습니다. 그것은 곧 우리에게 가장 큰 기쁨의 선물을 마련키 위한 것이었습니다.

3. 오직 주님만 바라보시기 바랍니다

지금의 현실은 어떠하십니까? 혹 어떤 고통과 배신, 경제적이나 건강의 어려움을 당하고 있습니까? 그럴지라도 주위를 바라보지 마십시오. 우리에게 기쁨의 삶을 살도록 부족함을 채워주시고 소망을 주는 주님을 바라보십시오.

"나의 의인은 믿음으로 말미암아 살리라 또한 뒤로 물러가면 내 마음이 그를 기뻐하지 아니하리라 하셨느니라 우리는 뒤로 물러가 멸망할 자가 아니요 오직 영혼을 구원함에 이르는 믿음을 가진 자니라" (히 10:38,39).

어떤 상황에서도 그는 우리에게 기뻐할 수 있는 마음을 주실 것입니다. 사도 바울처럼 앞만 바라보고 나가시기 바랍니다.

"푯대를 향하여 그리스도 예수 안에서 하나님이 위에서 부르신 부름의 상을 위하여 달려가노라" (빌 3:14).

영적인 성도로 양육하라

《롬 8:1-4》

그러므로 이제 그리스도 예수 안에 있는 자에게는 결코 정죄함이 없나니 이는 그리스도 예수 안에 있는 생명의 성령의 법이 죄와 사망의 법에서 너를 해방하였음이라 율법이 육신으로 말미암아 연약하여 할 수 없는 그것을 하나님은 하시나니 곧 죄로 말미암아 자기 아들을 죄 있는 육신의 모양으로 보내어 육신에 죄를 정하사 육신을 따르지 않고

구원받은 성도들이 영적인 것을 잘 알지 못하면 실패를 거듭하게 됩니다. 그러나 영적인 것을 바르게 알면 반드시 승리합니다. 이스라엘 군인 전체가 블레셋 장수 골리앗의 외모와 고래고래 소리치는 권세에 눌려 벌벌 떨 수밖에 없었지만 하나님의 영으로 감동된 어린 다윗은 만군의 여호와의 이름으로 나아가 물맷돌 하나로 승리합니다.

이는 사람의 싸움이 아니라 영적인 전투인 것을 보여준 것입니다. 구원받은 성도가 세상을 떠날 수 없으며 세상을 장악하고 있는 사탄과 무관하게 살 수가 없다는 것을 알게 해야 합니다. 그리고 세상과 사탄을 이길 수 있는 힘이 성령의 능력인 것을 알게 하여 승리의 삶을 살게 해야 합니다.

1. 창세기를 통해 사탄의 존재에 대해 알게 해야 합니다

가장 알기 쉽게 창세기를 통하여 가르쳐도 됩니다. 하나님이 창조의 면류관으로 지으신 복된 인간이 타락하여 문제 속에 살 수밖에 없는 장본인인 사탄의 전략을 알게 해야 합니다. 창세기 3장에서 하나님의 언약을 불신하게 만듭니다. 구원받은 성도들이라도 현실과 상황의 어려움이 닥쳐오면 반드시 사탄은 하나님의 말씀이 별볼일 없는 것처럼 불신하게 만듭니다. 그리고 인간들의 말을 듣게 하여 실패하게 합니다. 그러므로 성도가 가져

야 할 가장 중요한 핵심은 하나님의 언약을 믿음으로 붙잡도록 하는 것입니다. 반드시 언약은 이루어질 것을 확신시켜야 합니다.

2. 사탄은 실패자로 만듭니다

창세기 4장에서 가인은 예배(제사)에서 실패하고 말았습니다. "가인과 그의 제물은 받지 아니하신지라 가인이 몹시 분하여 안색이 변하니"(창 4:5). 가인은 이 사실을 수용하지 못하고 악을 품게 됩니다(창 4:8).

이처럼 예배자로 살려고 하는 성도를 핍박하고 죽게 합니다. 핍박을 이기는 비결은 믿음과 성령충만입니다.

3. 사탄은 성도들로 하여금 세상 문화에 동화되도록 만듭니다

창세기 6장에서 사탄의 전략은 성도들로 하여금 세상 문화에 동화되도록 만듭니다. 외모와 지식, 그리고 물질과 명예를 보게 하여 실패하게 합니다(창 6:2).

아브라함의 조카 롯이 그러한 삶의 대표자입니다(창 13:10,11).

롯은 소돔성에 모든 문화에 동화되었기 때문에 아내는 물론이거니와 자식들까지 다 망하게 되었습니다. 뿐만 아니라 그의 후손은 하나님의 대적자들이 되었습니다. 세상으로부터 구별하여 살 수 있는 능력은 성령의 인도함을 받는 방법밖에 없습니다. 그러므로 구원받은 성도가 세상과 구별하여 살 수 있도록 성령의 역사와 악한 영의 역사를 가르쳐줘야 합니다.

성도가 그리스도와 관계없이 유명하면 위험하게 되어 있습니다(창 11:4). 성을 쌓고 대를 하늘까지 쌓은 목적은 흩어짐을 면하고 자신들의 이름을 내자는 의도입니다. 우리는 이러한 이방 문화의 삶에서 벗어나 영적인 삶을 추구해야겠습니다.

쉼을 얻으라

《마 11:28-30》

수고하고 무거운 짐 진 자들아 다 내게로 오라 내가 너희를 쉬게 하리라 나는 마음이 온유하고 겸손하니 나의 멍에를 메고 내게 배우라 그리하면 너희 마음이 쉼을 얻으리니 이는 내 멍에는 쉽고 내 짐은 가벼움이라 하시니라

이 세상에는 완전하게 쉼을 얻을 곳이 없습니다. 주님은 인생 길에 지친 사람들에게 쉼을 얻으라고 말씀하시며 초청하십니다. 어떻게 참 쉼을 얻을 수 있을까요?

1. 수고하고 무거운 짐의 의미

첫째, 복음과는 관계없이 하나님의 말씀을 잘못 해석하여 행함으로 구원에 이를 수 있다는 유대교 전통에 대한 말씀입니다. "하라", "하지 마라"는 600여 가지가 넘는 무거운 짐들은 인간을 지치게 만들고 탈진하게 만들고 있습니다. 그러기에 서기관과 바리새인들의 종교적 가르침은 오히려 짐이 되게 하여 소망이 없게 하였습니다.

그러므로 하나님의 아들이신 예수님은 종교적인 짐을 벗으려면 주님께 나오라고 초청합니다. 오늘 교회 안의 불신자(종교인)의 모습입니다. 구원의 복음과는 관계없이 예배당만 다니며 자신의 믿음으로 만족해 하고 교회의 행사에는 남다른 재능이 있어 인정은 받을 수 있으나 진정 마음의 주인은 주님으로 바뀌지 않는 자들에게 초청하는 것입니다. 오직 그리스도만이 종교적인 무거운 짐을 짐에서 해방시킬 수 있습니다. 예수님을 마음으로 믿고 받아들일 때 쉼을 얻습니다.

둘째, 본질적인 죄와 그 결과의 열매로 오는 짐입니다. 이 짐은 인류 전체가 지고 있습니다. 하나님을 알지 못함으로 우상을 숭배하며 정신적인 고통 육체적인 질병과 죽음에 매여 불안과 공포 속에 살아가는 짐은 이루 말할 수 없으며 인간 모두를 지치게 하고 있습니다.

이런 문제가 해결되지 않으므로 결국은 술, 오락, 마약 및 극도의 성적 타락으로 세상은 완전히 병들어 있습니다. 이 모든 짐을 벗을 수 있는 유일한 길은 우리 주 예수 그리스도 앞에 나가는 길뿐입니다.

2. 쉼을 얻는 방법

주님은 하늘과 땅의 모든 권세를 가지신 하나님의 아들입니다. 그가 말씀하시기를 '내가 쉬게 하리라' 라고 하신 것입니다(마 11:25-27). 가장 확신 있는 말씀입니다. 그러므로 예수 그리스도께 나아갈 때 죄 짐은 물론이거니와 인생의 갖가지 문제의 짐을 해결받게 됩니다. 그러므로 쉼을 얻을 수 있습니다. 그 누구도 관계 없습니다.

3. 예수님께로 나아와야 합니다

예수님께서는 구원을 얻고 평화와 안식을 얻기 원하는 자들을 향해 " 다 내게로 오라" 하셨습니다. 단 한 가지 조건이 있습니다. "나의 멍에를 메고 내게 배우라"라는 것입니다. 오직 주님의 교훈을 받아들여야 한다는 것입니다. 복음을 믿고 받아들이면 비로소 예수님과 하나가 됩니다.

이때 모든 짐을 벗게 되고 평화와 참 안식이 있습니다. 이때부터 인생의 참 복을 누리며 살게 됩니다(요 10:10). 지금 이 시간 쉼을 얻고 쉽습니까? 예수 그리스도를 통해 쉼을 얻으시기를 원합니다.

복음의 비밀을 가진 자 되라

《요 3:16-21》

하나님이 세상을 이처럼 사랑하사 독생자를 주셨으니 이는 그를 믿는 자마다 멸망하지 않고 영생을 얻게 하려 하심이라 하나님이 그 아들을 세상에 보내신 것은 세상을 심판하려 하심이 아니요 그로 말미암아 세상이 구원을 받게 하려 하심이라 그를 믿는 자는 심판을 받지 아니하는 것이요 믿지 아니하는 자는 하나님의 독생자의 이름을 믿지 아니하므로 벌써 심판을 받은 것이니라

복음은 개인, 가정, 사회와 국가, 그리고 전 세계를 행복하게 하는 능력이 있습니다. 교회는 복음으로 세워졌으며 복음이 선포되고 복음을 전해야 할 사명이 있습니다. 모든 성도는 복음의 비밀을 가진 자가 되어야 합니다.

1. 복음의 비밀이란 무엇일까요?

복음은 복된 소식을 말합니다. 아픈 사람에게는 고칠 수 있는 길이, 가난한 자는 부하게 된다는 소식이 복음입니다. 문제를 풀 수 있는 길이 복음입니다. 그렇다면 인간에게 무엇이 복음일까요? 그것을 알려면 인간의 근본적인 문제를 알아야 합니다. 모든 사람은 다 죄인입니다(롬3:23). 죄의 삯은 사망입니다(롬6:23). 죄는 하나님과 인간 사이를 갈라놓았으며 불안과 공포의 인간으로 만들었습니다. 가정의 문제, 건강의 문제, 경제의 문제, 영적이고 정신적인 모든 문제들, 그리고 환경의 문제까지 다 가져왔습니다. 이런 문제들 하나하나 해결 할 수 있는 근본적인 치료 방법이 없습니다. 그러므로 하나님은 이 모든 문제를 해결할 수 있도록 방법을 내어놓았습니다. 그것은 하나님이 인간이 되어 모든 죄의 문제를 해결하시겠다는 결심이었습니다. 하나님은 약속하셨고 약속대로 인간 세계에 오셨습니다. 그리고 죄 짊을 짊어지시고 속죄와 화목 제물로 그리고 속건 제물이 되어 하나

님의 공의를 만족시키셨습니다. 그러므로 누구든지 이 사실을 마음으로 믿으면 이 모든 문제가 해결됩니다. 그리고 하나님의 자녀가 됩니다. 이것이 복음입니다. 한 마디로 예수 믿으면 구원받습니다. 그 이유는 예수가 하나님의 아들 그리스도이기 때문입니다.

2. 영생이 무엇입니까?

"이는 그를 믿는 자마다 멸망하지 않고 영생을 얻게 하려 하심이라"(16절). 영생은 참 생명이며 영원한 생명입니다. 이 생명은 예수님의 부활의 생명입니다(요 11:25,26). 질적으로 뛰어난 생명이며 세상 사람들이 가지고 있는 생명과 전혀 다릅니다. 오직 예수 믿음으로 얻은 생명입니다. 이 생명은 멸망과 저주가 없습니다. 시간적으로는 영원합니다. 하나님과 화목하게 된 생명이요, 하나님의 자녀가 되어 영원한 교제가 이루어진 생명입니다. 오직 의와 선과 거룩함을 추구하는 생명입니다. 이 생명을 가진 자는 하나님의 사랑을 받은 자요 하나님을 사랑할 수 있습니다.

3. 복음의 비밀을 가진 자의 삶은?

하나님을 아버지로 모시고 살아갑니다(롬 8:28). 어떤 상황 속에서도 합력하여 선을 이루시는 좋으신 하나님과 함께 동행합니다. 그러므로 두려움이 없습니다. 주님은 이런 복음의 비밀을 가진 자를 기뻐합니다. 그리고 이러한 자를 통하여 하나님의 사랑을 나타냅니다. 우리는 무엇보다 소중한 복음의 빚진 자로서 복음을 증거해야 합니다(롬 1:14).

반드시 죽은 영혼이 살아나고 낙심자가 소망되고 비전이 있고 미래가 보이는 삶이 되게 합니다. 주님은 복음의 비밀을 아는 자, 그리고 증거자에게 세상 끝날까지 함께 하시며 동행하십니다.

여호와께로 돌아오라

《사 55:6-9》

너희는 여호와를 만날 만한 때에 찾으라 가까이 계실 때에 그를 부르라 악인은 그의 길을, 불의한 자는 그의 생각을 버리고 여호와께로 돌아오라 그리하면 그가 긍휼히 여기시리라 우리 하나님께로 돌아오라 그가 너그럽게 용서하시리라 이는 내 생각이 너희의 생각과 다르며 내 길은 너희의 길과 다름이니라 여호와의 말씀이니라 이는 하늘이 땅보다 높음 같이 내 길은 너희의 길보다 높으며 내 생각은 너희의 생각보다 높음이니라

하나님을 떠난 사람들은 옳은 길을 향해 잘 돌아설 줄 알아야 합니다. 혹 잘못된 길에 들어섰더라도 원 위치로 돌아서며 그 삶의 태도를 바꾸어야 합니다.

곧 여호와께로 돌아오는 것입니다. 여호와께 돌아가는 자가 먼저 알아야 하고 확신해야 할 몇 가지가 있습니다.

1. 때를 알아야 합니다

"범사에 기한이 있고 천하 만사가 다 때가 있나니"(전3:1). 보라 지금은 은혜받을 만한 때요 구원의 날이로다. 성경은 때를 말씀하실 뿐 아니라 예수님은 자기의 때를 가장 중요시 하였습니다.

여러분은 지금 자신의 처해 있는 때가 어떠한 때라고 생각하십니까? 돈을 벌어야만 하는 때이기에 구원에 이르지 못하고 있지는 않습니까? 개인의 소중한 삶 때문에 가장 소중한 주님을 잃어버리고 있지는 않습니까? 바로 이때가 돌아설 때입니다. 여호와를 찾으십시오. 그러면 만나 주실 것입니다.

2. 자신을 알아야 합니다

여러분은 지금 누구에게 속한 자 되었으며 무엇을 위해 살고 있는지 자신을 발견하고 알아야 할 때입니다.

"양식 아닌 것을 위하여 은을 달아주며 배부르게 못할 것을 위하여 수고하느냐"(사55:2). 이 길은 악한 자의 길이요, 불의한 자의 생각에서 나오는 생각인 것입니다.

여호와께로 돌아가야 합니다. 여호와는 긍휼을 베푸시고 주께 나온 자를 널리 용서 하십니다(사 55:7).

3. 하나님을 알아야 합니다

하나님은 사랑과 동시에 공의의 하나님이십니다. 그리고 그의 길은 사람의 길과 다르고 그의 생각은 사람의 생각과 다를 뿐만이 아닙니다.

"하늘이 땅보다 높음 같이 내 길은 너희의 길보다 높으며 내 생각은 너희의 생각보다 높음이니라"(9절) 고 말씀하십니다. 우리의 삶의 초점은 예수 그리스도가 되어야 할 뿐아니라 주님의 뜻을 알아 그 뜻에 합당한 자세로 돌아가는 것이 가장 중요합니다.

우리가 살고 있는 시대의 때를 알고 자신이 하나님께 속한 백성인지 생각하며 하나님을 온전히 아는 성도가 되시길 바랍니다.

이 사랑을 아십니까?

《롬 8:35》

누가 우리를 그리스도의 사랑에서 끊으리요 환난이나 곤고나 박해나 기근이나 적신이나 위험이나 칼이랴

사람들이 부러워할 만한 잉꼬 부부라도 한순간도 변함없이 사랑하였다고 말할 수 있는 자가 세상에 어디 있겠습니까? 그러나 오늘 여기에 비할 수 없는 사랑이 있습니다.

이 사랑을 만나는 자는 인생이 변하고 삶의 가치가 변하고 가장 용기 있고 힘찬 외침을 부르짖을 수가 있습니다.

이 사랑을 원하십니까? 이 사랑을 아셔야 합니다.

1. 믿음으로만 얻어지는 사랑입니다

누구도 그 어떤 것으로도 끊을 수 없는 이 사랑은 하나님과 원수 된 사이를 화목케 하기 위해 자신의 목숨을 내어놓는 강렬한 사랑입니다.

이 사랑을 얻을 수 있는 방법은 오직 믿음뿐입니다.

예수님은 여러분의 죄를 짊어지시고 대신 죽어 주시어 완전한 의를 이루시고 구원을 주시는 구주이심을 믿으시기 바랍니다.

신앙인은 예수님의 사랑을 깊이 깨닫고 형제 사랑을 실천해야 합니다.

"우리는 형제를 사랑함으로 사망에서 옮겨 생명으로 들어간 줄을 알거니와 사랑하지 아니하는 자는 사망에 머물러 있느니라 그 형제를 미워하는

자마다 살인하는 자니 살인하는 자마다 영생이 그 속에 거하지 아니하는 것을 너희가 아는 바라 그가 우리를 위하여 목숨을 버리셨으니 우리가 이로써 사랑을 알고 우리도 형제들을 위하여 목숨을 버리는 것이 마땅하니라"(요일 3:14-16).

2. 누구도 끊을 수 없는 사랑입니다

사도 바울은 "누가 우리를 그리스도의 사랑에서 끊으리요" 라고 외쳤습니다. 어떤 권세자라도 결코 끊을 수 없음을 확신하는 확신에 찬 부르짖음입니다.

그렇습니다. 너희가 나를 사랑한 것이 아니요 내가 너희를 먼저 사랑하였다고 하신 그분의 사랑은 세상을 이긴 힘을 가진 위대한 사랑이기 때문에 결코 그리스도의 사랑에서 여러분을 분리시킬 자가 없습니다. 세상 나라를 다스리는 사탄이라 할지라도 결코 분리할 수 없습니다.

3. 그 어떤 것도 끊을 수 없는 사랑입니다

우리의 삶 속에서 사탄의 역사는 쉴 틈이 없습니다.

그는 성도님들을 죽이려 하고 멸망시키려 합니다. 그가 사용하는 모든 방법 즉 환란, 곤고, 핍박, 기근, 적신이나 위험이나 칼의 세력일지라도 오히려 이로 말미암아 그리스도와의 사랑은 점점 더 밀착될 뿐 끊어지지는 아니합니다.

이러한 모든 것이 올 때에, 그리스도의 나머지 고난을 우리 몸에 채우려고 할 때 그 큰 사랑이 더욱 넘칠 것을 믿습니다(골 1:24).

나사로야 나오라

《요 11:38-44》

예수께서 이르시되 돌을 옮겨 놓으라 하시니 그 죽은 자의 누이 마르다가 이르되 주여 죽은 지가 나흘이 되었으매 벌써 냄새가 나나이다 예수께서 이르시되 내 말이 네가 믿으면 하나님의 영광을 보리라 하지 아니하였느냐 하시니 돌을 옮겨 놓으니 예수께서 눈을 들어 우러러 보시고 이르시되 아버지여 내 말을 들으신 것을 감사하나이다 항상 내 말을 들으시는 줄을 내가 알았나이다 그러나 이 말씀 하옵는 것은 둘러선 무리를 위함이니 곧 아버지께서 나를 보내신 것을 그들로 믿게 하려 함이니이다 이 말씀을 하시고 큰 소리로 나사로야 나오라 부르시니 죽은 자가 수족을 베로 동인 채로 나오는데

여러분은 왜 예수님이 필요하십니까? 모든 사람은 영원히 사는 삶을 소망합니다.

1. 예수님은 사망 권세를 깨뜨리신 분입니다

나사로를 다시 살리시기 직전에 예수님과 마르다의 대화를 기억할 필요가 있습니다. 마르다는 이처럼 깊은 믿음을 지닌 여인이었습니다. "마르다가 이르되 마지막 날 부활 때에는 다시 살아날 줄을 내가 아나이다 예수께서 이르시되 나는 부활이요 생명이니 나를 믿는 자는 죽어도 살겠고 무릇 살아서 나를 믿는 자는 영원히 죽지 아니하리니 이것을 네가 믿느냐 이르되 주여 그러하외다 주는 그리스도시요 세상에 오시는 하나님의 아들이신 줄 내가 믿나이다" (요 11:24-27).

죽음의 세력은 너무 크고 강해서 한사람도 이기지 못하고 모두 죽어야 합니다. 이 사망의 권세를 깨뜨리는 자만이 이 문제의 해결자입니다. 우리는 그 분을 만나야 합니다. 부활하시고 새 영이신 예수 그리스도만이 우리

의 소망이시며 필요자입니다. 그분은 죽은 나사로를 부르셔서 생명을 선사하시고 영생의 길을 열어주셨습니다.

2. 예수님은 부활의 주인공이십니다

예수 그리스도 자체가 부활의 상징입니다. 고린도전서는 부활에 대해 잘 기록하고 있습니다. "만일 죽은 자의 부활이 없으면 그리스도도 다시 살아나지 못하셨으리라"(고전 15:13). "만일 죽은 자가 다시 살아나는 일이 없으면 그리스도도 다시 살아나신 일이 없었을 터이요"(15:16). "아담 안에서 모든 사람이 죽은 것 같이 그리스도 안에서 모든 사람이 삶을 얻으리라"(고전 15:22).

오직 예수 그리스도 안에서만이 부활이 있고 영생이 있습니다. 그는 '맨 나중에 멸망 받을 원수인 사망' 을 다스리시는 왕이십니다.

2. 예수님은 믿는 자들의 구주가 되십니다

그는 하나님의 아들이시며 그리스도가 되십니다. 그는 마지막 아담이 되시어 살려주는 영으로써 죽어 있는 우리에게 찾아와 주시어 믿는 자마다 성령으로 다시 살리시며 영생을 허락하십니다.

그렇기 때문에 먼저 마르다에게 돌을 옮기라고 명하셨고 나사로를 살리심은 무덤 주위에 슬픔에 휩싸여 둘러선 모든 무리로 하여금 예수님 자신이 하나님의 아들이심을 믿는 그 믿음으로 다시 살 수 있는 영생이 주어지는 것을 보여주신 것입니다.

지금 이 시간 예수 그리스도를 하나님의 아들 구주로 믿을 때 우리는 죽었던 영혼이 살아나는 놀라운 역사가 일어납니다.

제자들의 발을 씻기신 예수님

《요 13:4-17》

예수께서 이르시되 이미 목욕한 자는 발밖에 씻을 필요가 없느니라 온 몸이 깨끗하니라 너희가 깨끗하나 다는 아니니라 하시니 이는 자기를 팔 자가 누구인지 아심이라 그러므로 다는 깨끗하지 아니하다 하시니라 그들의 발을 씻으신 후에 옷을 입으시고 다시 앉아 그들에게 이르시되 내가 너희에게 행한 것을 너희가 아느냐 너희가 나를 선생이라 또는 주라 하니 너희 말이 옳도다 내가 그러하다 내가 주와 또는 선생이 되어 너희 발을 씻었으니 너희도 서로 발을 씻어 주는 것이 옳으니라 내가 너희에게 행한 것 같이 너희도 행하게 하려 하여 본을 보였노라 내가 진실로 진실로 너희에게 이르노니 종이 주인보다 크지 못하고 보냄을 받은 자가 보낸 자보다 크지 못하나니 너희가 이것을 알고 행하면 복이 있으리라

예수님은 죄인을 부르러 오셨습니다. 또한 낮고 천한 인간의 몸으로 오셔서 겸손히 섬기시기도 하셨습니다. 제자들의 발을 씻기는 예수님의 모습의 의미는 무엇입니까?

1. 영적 의미

"이미 목욕한 자는 발밖에 씻을 필요가 없느니라"(10절). 이 의미는 단회적 구원을 말씀합니다. 예수님을 하나님의 아들 그리스도로 믿으면 그 순간에 완전히 죄 씻음을 받는다는 의미입니다. 요한복음 3장에서는 우리의 영혼이 성령과 만나는 것을 거듭났다고 말씀합니다. 바로 원죄와 자범죄를 동시에 다 용서받고 구원받는 것을 의미합니다. 또한 구원받은 사람들은 이 땅에 살아가는 동안 죄를 지을 수 있습니다. 이 죄도 날마다 그리스도의 피공로를 의지하며 죄를 자복 할 때 죄 씻음을 받을 수 있습니다. 베드로가 자신의 발은 씻을 수 없다 할 때 예수님은 "내가 너를 씻기지 아니하면 네가 나와 상관이 없느니라" 하였습니다. 참으로 큰 의미가 있습니다. NIV성

경은 "네가 나와 함께 몫을 가지지 못한다" (you have no part with me)하였습니다. 구원받았으면 날마다 지은 죄를 그리스도의 속죄, 즉 피 공로에 의지하여 자복함으로 용서와 참 자유를 누리는 자가 천국의 유업에 동참할 자임을 강조하고 있습니다.

2. 주님의 명령

예수님의 사랑을 받은 제자들은 반드시 서로의 발을 씻는 섬김의 삶을 살아야 한다는 것을 명령하셨습니다(요 3:11-14). "옳으니라" 에 해당하는 '오페일레테' 라는 헬라어의 본래 의미는 "빚지다"(마 18:30)입니다. 이는 그리스도를 본받아 서로를 사랑하며 종의 모습으로 섬기는 것은 빚진 자가 그 채무를 다 갚아야 하는 것은 당연한 이치인 것 같이 당연한 삶인 것을 가르치고 있습니다.

교회는 서로 섬김의 기쁨이 넘치는 곳이 되어야 합니다. 사회에서의 생활도 우리 서로 이렇게 하기 소원합니다.

3. 발을 씻기는 자의 받을 축복

"너희가 이것을 알고 행하면 복이 있으리라"(요 13:17). 우리는 보냄을 받은 자로서 (하늘과 땅에 속한 권세자를 모시고 있는 복음 전파자로서) 복음 전파의 사명을 인식하고 잘 행해야 합니다. 더 적극적으로 종처럼 낮아져 서로 섬기며 살아야 합니다.

이런 삶을 살아가는 성도들에게 평안과 이 땅에서도 잘되며 내세의 복이 약속되어 있습니다. 예수님은 먼저 제자들의 발을 씻기신 후 성찬식을 제정하셨습니다. 수난을 앞둔 중요한 장면들입니다.

예수님은 누구신가?

《요 14:6》

예수께서 이르시되 내가 곧 길이요 진리요 생명이니 나로 말미암지 않고는 아버지께로 올 자가 없느니라

세상에 낳고 죽음을 미리 예언하고 그대로 이루어지는 사람은 이 세상에 한 사람도 없습니다. 그러나 단 한 분 예수 그리스도는 언제 태어날 것과 어떻게 죽을 것까지 하나님이 친히 예언하셨고 그대로 이루어졌습니다. 그는 과연 누구입니까? 여러분은 예수님을 누구라고 생각하십니까?

1. 참 인간입니다

마리아라는 처녀의 몸에서 낳게 되었고 유대 백성이 받았던 할례를 8일 만에 받았던 자요, 그는 아버지인 요셉과 어머니인 마리아 그리고 동생들과 함께 나사렛이란 동네에서 친구들과 함께 자라났을 뿐만 아니라 3년 이상을 12제자와 함께 동거동락 하였고 배고파도 하시며, 목말라 하셨고, 피곤해 하시며 슬피 울기도 하셨던 완전한 인간이셨습니다.

2. 하나님의 아들입니다

"이는 하나님의 영광의 광채시요 그 본체의 형상이시라" (히 1:3). 예수님은 육을 입고 오신 참 하나님의 아들이시며, 그 안에 은혜와 진리가 충만하여 하나님의 모든 것을 계시하셨습니다. 그렇기 때문에 사도 요한은 "영생은 곧 유일하신 참 하나님과 그가 보내신 자 예수 그리스도를 아는 것이니이다" (요 17:3)라고 했습니다.

3. 참 생명이십니다

"그 안에 생명이 있었으니"(요 1:4). 오직 영생은 예수 그리스도 안에 있습니다. 이 영생을 얻은 방법은 그가 가르쳐 주신 길을 가는 것입니다. 그 유일한 길이며 진리가 되신 말씀을 확실히 인정하며 믿을 때에 우리에게 그 생명이 주어집니다. 그는 자신 있게 영생을 말씀하셨습니다. 예수님 자신이 생명이자 구원자이시기 때문입니다.

"오직 이것을 기록함은 너희로 예수께서 하나님의 아들 그리스도이심을 믿게 하려 함이요 또 너희로 믿고 그 이름을 힘입어 생명을 얻게 하려 함이니라"(요 20:31).

4. 성경 속에서 예수를 발견해야 합니다

많은 나라가 자국어로 번역된 성경을 가지고 있지만 예수님을 제대로 찾는 사람들이 많지 않습니다. "너희가 성경에서 영생을 얻는 줄 생각하고 성경을 연구하거니와 이 성경이 곧 내게 대하여 증언하는 것이니라 그러나 너희가 영생을 얻기 위하여 내게 오기를 원하지 아니하는도다"(요 5:39,40).

성경 속에서 예수님을 발견할 때 천국을 얻게 되고 이 땅에서 풍성한 삶을 누리게 됩니다. "예수께서 이르시되 나는 생명의 떡이니 내게 오는 자는 결코 주리지 아니할 터이요 나를 믿는 자는 영원히 목마르지 아니하리라 그러나 내가 너희에게 이르기를 너희는 나를 보고도 믿지 아니하는도다 하였느니라 아버지께서 내게 주시는 자는 다 내게로 올 것이요 내게 오는 자는 내가 결코 내쫓지 아니하리라"(요 6:35-37).

호산나 다윗의 자손이여

《마 21:1-11》

그들이 예루살렘에 가까이 가서 감람 산 벳바게에 이르렀을 때에 예수께서 두 제자를 보내시며 이르시되 너희는 맞은편 마을로 가라 그리하면 곧 매인 나귀와 나귀 새끼가 함께 있는 것을 보리니 풀어 내게로 끌고 오라 만일 누가 무슨 말을 하거든 주가 쓰시겠다 하라 그리하면 즉시 보내리라 하시니 이는 선지자를 통하여 하신 말씀을 이루려 하심이라 일렀으되 시온 딸에게 이르기를 네 왕이 네게 임하나니 그는 겸손하여 나귀, 곧 멍에 메는 짐승의 새끼를 탔도다 하라 하였느니라 제자들이 가서 예수께서 명하신 대로 하여

수많은 군중들은 예루살렘에 입성하신 예수님을 환영하였습니다. 메시야 만세! 메시야 만세! 하며 외쳤습니다. 그러나 그들은 5일 후에 다 같은 목소리로 십자가에 못 박으소서, 십자가에 못 박으소서 하고 외쳤고 그 외침에 의해 빌라도는 사형언도를 내려 예수님을 죽였습니다. 오늘 우리들은 이 사건에 깊이 생각할 바가 있습니다. 나는 흥분된 군중 속의 하나인가? 진정으로 마음깊이 주님을 호산나 다윗의 자손이라 외치며 환영하는가?

1. 예수님은 예언을 성취하신 왕

"이는 선지자를 통하여 하신 말씀을 이루려 하심이라"(마21:4) 새끼 나귀를 타고 입성하신 예수님은 스가랴 선지자를 통해 예언하신 예언을 성취하고 계신 것입니다. 스가랴 9장 9절에서 시온의 딸들에게 "네 왕이 네게 임하리니" 라고 하셨습니다. 그 왕이 새끼 나귀를 탄다고 하신 대로 이루어지고 있습니다. 예수님은 메시야이십니다. 그는 구원을 성취하신 구주이십니다. 그러나 군중들은 이 땅의 메시야로 환영한 것입니다. 그들이 본 큰일들 때문입니다.

오늘 우리 성도들이 부귀영화와 무병장수 때문에 예수님을 믿는다면 이

군중의 무리와 다를 바 없습니다. 맹인 바디매오처럼 믿어야 합니다. 다른 사람들은 예수님을 나사렛에서 온 선지자 정도로 보았고 따라 다녔습니다. 그러나 맹인 바디매오는 "다윗의 자손 예수여, 나를 불쌍히 여기소서" 하고 마음으로 믿고 입으로 시인하여 구원받고 그는 육신의 병까지도 다 고침을 받았습니다.

2. 예수님은 평화의 왕

"그가 이방의 화평을 전할 것이요"(슥9:10). 예수님은 십자가에서 하나님의 의를 이루시기 위하여 저주를 받고 죽었습니다. 그 자리는 우리를 대신하신 대속의 자리입니다. 하나님의 공의를 만족시키시고 원수 된 사이를 자녀의 사이로 바꾸어 평화를 이루시고 사람과 사람 사이의 평화를 그 피로 이루셨습니다(엡2:12-18). 십자가를 바라봄으로 우리 서로의 막힌 담을 헐고 평화를 이루시기 바랍니다.

3. 예수님은 온유하고 겸손하신 왕

"수고하고 무거운 짐 진 자들아 다 내게로 오라 내가 너희를 쉬게 하리라 나는 마음이 온유하고 겸손하니"(마11:28-29). 예수님은 우리에게 복음을 전할 때와 섬길 때 온유와 겸손으로 하라 부탁하고 계십니다.

"너희 마음에 그리스도를 주로 삼아 거룩하게 하고 너희 속에 있는 소망에 관한 이유를 묻는 자에게는 대답할 것을 항상 준비하되 온유와 두려움으로 하고 선한 양심을 가지라 이는 그리스도 안에 있는 너희의 선행을 욕하는 자들로 그 비방하는 일에 부끄러움을 당하게 하려 함이라"(벧전 3:15,16).

대답과 침묵

《마 27:11-14》

예수께서 총독 앞에 섰으매 총독이 물어 이르되 네가 유대인의 왕이냐 예수께서 대답하시되 네 말이 옳도다 하시고 대제사장들과 장로들에게 고발을 당하되 아무 대답도 아니하시는지라 이에 빌라도가 이르되 그들이 너를 쳐서 얼마나 많은 것으로 증언하는지 듣지 못하느냐 하되 한 마디도 대답하지 아니하시니 총독이 크게 놀라워하더라

여러분은 재판을 받아 본 적이 있습니까? 오늘 본문은 예수님이 빌라도 법정에서 재판을 받고 있는 장면입니다. 죽고 사는 문제가 이곳에서 결정됩니다.

그런데 예수님은 한 마디의 대답뿐 침묵으로 일관하였고 마침내 십자가에 못 박혀 죽었습니다. 예수님의 대답과 침묵은 어떤 의미를 가지고 있습니까?

1. 대답 (네 말이 옳도다)

총독 빌라도가 물어 보았습니다. "네가 유대인의 왕이냐?" 이때 예수님께서 대답하시기를 "네 말이 옳도다." 하였습니다. 이는 영적인 왕이요 영적 이스라엘의 왕이라는 대답입니다.

곧 자신이 그리스도라는 말입니다. 살아 계신 하나님의 아들이라는 말입니다. 구약에 예언된 메시아라는 의미입니다. 엄청난 의미를 가지고 있습니다. 그럼에도 불구하고 이 말 때문에 죽임을 당합니다.

2. 침묵의 의미

1) 인류의 죄 짐을 짊어지시기 위한 침묵입니다.

"인자가 온 것은 섬김을 받으려 함이 아니라 도리어 섬기려 하고 자기 목숨을 많은 사람의 대속물로 주려 함이니라"(막10:45). 보내신 아버지의 뜻을 이루기 위하여 한 마디의 대답도 하지 않으시고 침묵하셨습니다. 수고하고 무거운 모든 짊을 지시기 위함입니다. 그러므로 우리 인생의 짐을 주님께 다 맡기면 쉼을 얻을 수 있습니다(마11:28).

2) 하나님께 나아가는 길을 열기 위함입니다(요14:6).

3) 예언을 성취하기 위함입니다. "마치 도수장으로 끌려가는 어린 양과 털 깎는 자 앞에서 잠잠한 양 같이 그의 입을 열지 아니하였도다(사53:7).

3. 어려운 일 당할 때 어떻게 해야 할까요?

1) 우리의 삶 속에 여러 환난이 있습니다. 내 힘으로 해결하려고 하면 할수록 어려움을 당합니다. 주님을 의지하십시오. 침묵하시는 것처럼 보이지만 주님은 창조주가 되십니다. 주님의 이름으로 하는 기도를 하나님께서 모두 듣고 계십니다. 우리의 죄 문제와 함께 삶의 모든 문제를 해결해 주시기 위함입니다.

2) 마귀로부터 송사를 당할 때 주님을 의지하십시오(롬8:32). 아무도 우리를 대적할 수 없고 송사할 수 없습니다. 오히려 모든 은사를 다 얻을 수 있습니다. 침묵하시고 우리 대신 죽으신 예수님으로 인하여 하나님의 자녀가 되었기 때문입니다.

3) 사죄의 은총을 누리십시오. 죽고 부활하신 그리스도는 오늘도 하나님 우편 보좌에서 우리를 위하여 간구하고 계시기 때문입니다. 무슨 죄를 지었어도 예수님의 피 공로를 의지하면 용서 받습니다(요일1:9).

유월절 어린 양

《출12: 21-28》

모세가 이스라엘 모든 장로를 불러서 그들에게 이르되 너희는 나가서 너희의 가족대로 어린 양을 택하여 유월절 양으로 잡고 우슬초 묶음을 가져다가 그릇에 담은 피에 적셔서 그 피를 문 인방과 좌우 설주에 뿌리고 아침까지 한 사람도 자기 집 문 밖에 나가지 말라 여호와께서 애굽 사람들에게 재앙을 내리려고 지나가실 때에 문 인방과 좌우 문설주의 피를 보시면 여호와께서 그 문을 넘으시고 멸하는 자에게 너희 집에 들어가서 너희를 치지 못하게 하실 것임이니라

유월절이란? 영어로 'Passover' 입니다. 이 의미는 하나님께서 애굽의 동물과 사람의 처음 난 것을 재앙을 내려 다 죽일 때에 유월절 양의 피를 바른 이스라엘 백성들의 집을 넘어 다 구원하였다는 것입니다. 유월절 양과 피가 우리에게 주는 영적 의미는 무엇일까요?

1. 악한 것들을 다 멸하시는 하나님

바로는 애굽 전역에서 유대 민족을 핍박하고 하나님을 대적하며 우상을 숭배하였습니다. 그러므로 하나님은 동물과 사람의 처음 난 것을 멸하기로 하셨습니다(출12:12). 애굽 사람을 치러 두루 다니셨습니다. 다 죽였습니다. 애굽에는 큰 곡소리가 있었습니다. 그 이유는 그 나라에 처음 난 것이 사망치 아니한 집이 하나도 없었기 때문입니다(출12:30).

하나님은 대적하는 모든 사람들을 다 멸하실 것입니다. 애굽은 세상 나라의 대표이며, 바로 왕은 세상 나라 왕인 마귀의 표상입니다. 그러므로 애굽과 바로를 심판하신 것은 하나님을 떠난 마귀와 세상 나라를 다 심판하신다는 의미입니다. 어떤 사람도 어떤 피조물도 하나님의 심판을 피할 수 없습니다.

2. 다 구원하시는 하나님

"여호와께서 애굽 사람에게 재앙을 내리실 때에 애굽에 있는 이스라엘 자손의 집을 넘으사 우리의 집을 구원하셨느니라"(출12:27). 하나님께서 애굽 사람을 치러 두루 다니실 때에 문 인방과 좌우 설주에 뿌려진 피를 보시고 그 문을 넘으셨습니다. 피를 바른 모든 사람들은 다 살았습니다.

애굽에 있는 이스라엘 자손의 집을 넘은 것입니다. 그 피를 보고 구원하신 것입니다. 마찬가지로 다 멸망받을 세상 속에 있는 영적 이스라엘인 성도들은 다 구원받습니다. 그 이유는 예수님의 피 공로을 믿기 때문입니다. 하나님이 홍수로 세상을 멸하실 때에 믿음으로 방주 안에 들어간 사람들은 다 구원받았습니다. 예수님을 그리스도로 믿는 믿음을 가진 자는 하나님이 다 구원하십니다.

3. 유월절 양의 의미와 우리의 사명

바울은 말하기를 예수 그리스도를 유월절 어린 양이라고 하였습니다. "너희는 누룩 없는 자인데 새 덩어리가 되기 위하여 묵은 누룩을 내버리라 우리의 유월절 양 곧 그리스도께서 희생되셨느니라"(고전5:7). 세례 요한은 예수님이 지나가시는 것을 보고 "보라 세상 죄를 지고 가는 하나님의 어린 양이로다"(요1:29)라고 말했습니다.

예수님은 십자가에서 저주의 죽음을 죽으셨습니다. 이사야 선지자는 예수 그리스도를 예언하며 "여호와께서는 우리 모두의 죄악을 그에게 담당시키셨도다"(사 53:6)라고 기록했습니다. 곧 유월절 양은 예수 그리스도의 예표이며, 양의 피는 우리의 생명을 대속하여 흘리신 예수 그리스도의 피를 예표하고 있습니다. 이 사실을 기념하고 마음에 간직해야 합니다.

어린 양

《사 53:1-9》

우리가 전한 것을 누가 믿었느냐 여호와의 팔이 누구에게 나타났느냐 그는 주 앞에서 자라나기를 연한 순 같고 마른 땅에서 나온 뿌리 같아서 고운 모양도 없고 풍채도 없은즉 우리가 보기에 흠모할 만한 아름다운 것이 없도다 그는 멸시를 받아 사람들에게 버림 받았으며 간고를 많이 겪었으며 질고를 아는 자라 마치 사람들이 그에게서 얼굴을 가리는 것 같이 멸시를 당하였고 우리도 그를 귀히 여기지 아니하였도다 그는 실로 우리의 질고를 지고 우리의 슬픔을 당하였거늘 우리는 생각하기를 그는 징벌을 받아 하나님께 맞으며 고난을 당한다 하였노라 그가 찔림은 우리의 허물 때문이요 그가 상함은 우리의 죄악 때문이라 그가 징계를 받으므로 우리는 평화를 누리고 그가 채찍에 맞으므로 우리는 나음을 받았도다

세례 요한은 예수님을 가리켜서 세상 죄를 지고 가는 하나님의 어린 양이라고 말했고, 구약의 선지자 이사야는 세례 요한이 말한 예수님을 십자가 앞에서 그림을 그리듯이 자세하고 정확하게 그 고난당하심을 묘사하고 있습니다. 어린 양이 되신 예수님의 이루신 일은 무엇입니까?

1. 하늘 보좌를 버리고 오셨습니다

그는 어린 양이 되시기 위해 하늘 보좌를 버리시고 이 땅에 도성인신하셨습니다. 죄 없으신 몸으로 오시어 "연한 순 같고, 마른 땅에서 나온 뿌리 같아서 고운 모양도 없고 흠모할 만한 아름다운 것이 없도다"(사53:2)라고 하셨습니다.

2. 나사렛에서 목수의 아들로 자라나셨습니다

이름 없는 목수 요셉의 아들로 불리우며 가난한 마리아의 몸에서 나와서 (마1:16) 베들레헴 말구유가 요람이 되었는가 하면 (눅2:16) 아무런 소리없

이 나사렛이란 동네에서 자라나 목수인 아버지의 일을 도우며 살았습니다.

3. 3년 동안 공생애를 거친 후 십자가에 달리셨습니다

세례 요한은 제자들과 있는 자리에서 예수님을 가리켜 예수께서 거니심을 보고 말하되 “보라 하나님의 어린 양이로다”(요 1:36)라고 말했습니다.

이 말을 듣고 두 제자가 예수님을 따라갔는데 12제자의 한 사람이 되었습니다. 위대한 스승을 발견하게 되어 상급학교로 진학한 것입니다.

공생애 동안 수많은 능력과 기사, 병든 자와 귀신 들린 자를 고쳐주었건만 수많은 사람들의 입방아는 그를 슬프게 만들었습니다. 하늘에 계신 하나님 아버지의 뜻을 이루시기 위해 식사도 제대로 하지 못하고 굶으실 때가 있는가 하면 전도여행에 피곤한 몸으로 수가 성 여인을 만나기 전 우물가에 주저 앉으셨습니다(요4:6). 제자들이 갈릴리 바다를 노저어 갈 때 주님은 배 고물에 누어 금세 코를 고시고 주무시는가 하면 말할 수 없는 고난과 고통을 당하셨습니다.

인자가 머리 둘 곳조차 없는 땅 (마8:20)에서 자주 감람산에 올라 밤이 새도록 기도하셨습니다(요7:53). 삼십 갓넘은 나이에 오십이 다 되어 가는 얼굴로 보였으며 그의 고난은 헤아릴 수 없었습니다(요8:57).

이 고난과 고통이 서곡이었다면 그의 최고의 고난은 죄 없으신 몸으로 우리의 죄를 짊어지심으로 하나님 아버지로부터 버림을 받는 저주의 죽음으로 하나님의 공의를 만족시키셨습니다. 이 사랑의 어린 양 예수 그리스도. 우리의 죄와 허물을 짊어지신 어린 양. 그는 속죄 양으로 우리의 구원을 완성시키셨습니다. 우리의 아픔 마음을 아시고 우리의 질병과 죄의 질병을 완전히 짊어지신 예수. 이 예수를 사랑하시나요?

그리스도의 몸과 피

《고전 10:16-17》

우리가 축복하는 바 축복의 잔은 그리스도의 피에 참여함이 아니며 우리가 떼는 떡은 그리스도의 몸에 참여함이 아니냐 떡이 하나요 많은 우리가 한 몸이니 이는 우리가 다 한 떡에 참여함이라

오늘 성찬에 참여하기 전에 먼저 그리스도의 몸과 피에 대하여 영적인 깊은 의미를 깨달아 큰 은혜와 축복을 받기 원합니다. 예수님께서는 잡히시던 전날 밤 성찬을 베푸시면서 떡을 떼어 주시며 이를 제자들에게 자신의 몸으로 말씀하셨고, 잔을 들어서 자신이 흘릴 새 언약의 피라고 말씀하셨습니다. 그리고 이 성찬 예식을 주님께서 재림하여 오실 때까지 기념하라 하셨습니다. 그러면 이 떡과 잔이 주는 영적 의미는 무엇입니까? 왜 이 성찬에 참여하면 은혜와 축복이 임합니까? 왜 주님은 기념하라고 하셨습니까?

1. 영적의미

① 떡 : 창세 전에 택한 자기 백성들 (엡:1:4)을 구원하시기 위하여 (마 1:21) 십자가상에서 저주의 죽음을 죽어야 하는 예수님의 상처받고 고난당하신 몸을 의미합니다.

예수님의 몸을 먹는다는 것은 요한복음 6장35,48,53-56절에서 자신이 양식임을 말씀하셨고 이는 광야에서 먹었던 하늘 양식인 만나를 비유하여 하신 말씀인 것입니다. 그리스도인이 되는 것도 복된 삶을 살아가는 것도 주의 말씀을 양식으로 삼고 살아갈 때만이 살 수 있는 것입니다. 그렇기 때문에 예수님은 포도나무 자체이며 우리 성도들은 그 포도나무에 달려 있는 가지입니다.

②잔 : 축복의 잔이며 곧 예수님의 흘리신 보혈을 상징하는 것입니다. 생명은 피에 있습니다(레 17:11). 우리 모두 예수님의 피 공로에 의하여 죄의 사유함을 받았고 그 생명에 의하여 옛 사람이 벗게 되며 새사람이 되어 새 언약의 백성이 되었습니다. 예수님은 우리가 흘려야 하는 그 피의 자리에 자신이 스스로 속죄제물이 되시어 가시에 얼굴이 상하며 손과 발, 옆구리에 흐르는 생명의 피는 속전이 되어 우리를 사망의 권세에서 해방시키셨던 것입니다.

2. 성찬에 참여하는 자

성찬에 참여하는 자의 자세는 은혜와 사랑에 감사하며, 진심으로 이 영적 의미를 믿음으로 받아들이며, 죄인된 자신을 돌아보며, 사죄의 은총이 넘침을 기쁘게 받을 때 예수님의 생명은 그 받은 자에게 임하며 새 힘과 새 능력을 부여하고 새 소망으로 승리케 하십니다.

그리고 하나님과 화목할 수 있습니다. 이것은 십자가 위에서 희생하신 어린 양 예수의 살과 피의 공로를 힘입어야만 가능합니다. 오늘 성찬에 참여하여 심령이 회복되는 은혜를 누리시길 바랍니다.

3. 왜 기념해야 하는가

"다른 이로서는 구원을 받을 수 없나니 천하 사람 중에 구원을 받을 만한 다른 이름을 우리에게 주신 일이 없음이라 하였더라"(행 4:12). 천하 만민이 구원받을 수 있는 이름은 오직 주 예수밖에 없습니다. 주님의 은혜 받은 우리는 어떤 환경 속에도 승리의 삶을 살아가고 주의 명령을 잘 감당해 나가야 합니다.

내 몸, 내 피

《눅 22:19-20》

또 떡을 가져 감사 기도 하시고 떼어 그들에게 주시며 이르시되 이것은 너희를 위하여 주는 내 몸이라 너희가 이를 행하여 나를 기념하라 하시고

본문은 예수님이 제정하신 성찬예식으로서 성찬의 내용과 의미가 담겨 있습니다. 또한 성찬에 참여한 자가 어떻게 살아야 할 것인가를 말씀하고 있습니다. 성찬에 참여할 수 있는 자격은 오직 예수를 구주로 영접한 하나님의 자녀 곧 성령으로 거듭나고 물세례를 받은 자만이 참여할 수 있습니다. 오늘 우리 성도님들은 이 메시지를 통하여 성찬의 의미를 깊이 깨닫고 어떻게 살아야 할 것인가를 결단하는 가장 복된 시간되시기를 원합니다.

1. 내 몸

예수님은 떡을 가져 감사기도하시고 떼어 제자들에게 주시며 이것은 너희를 위하여 주는 내 몸이라 하였습니다. 먼저 성찬에 참여하는 성도님들은 감사의 마음으로 이 성찬에 참여해야 합니다. 그리고 너희를 위하여 주는 내 몸이 무엇인가 알아야 합니다. 인간은 다 죄인입니다.

이 죄가 하나님과 우리를 갈라 놓았습니다. 주님을 통하여 하나님을 만날 수 있는데 주님을 만나려면 죄의 문제가 해결되어야 합니다. 그 해결책으로 하나님은 아들을 제물로 희생시키기로 작정하셨고, 그 아들 예수님은 우리를 위한 제물이 되셨습니다.

그러므로 너희를 위한 내 몸이라 하였습니다. 그가 속죄 제물이며, 화목 제물이고, 속건 제물이라는 의미입니다.

제물이 죄인을 대신하여 희생되듯이 예수님은 우리의 죄 짐을 대신 짊어

지신 제물로 희생되었고 믿는 자는 죄 용서를 받습니다.

2. 내 피

새 언약의 피입니다. 피에 생명이 있습니다. "육체의 생명은 피에 있음이라 내가 이 피를 너희에게 주어 제단에 뿌려 너희의 생명을 위하여 속죄하게 하였나니 생명이 피에 있으므로 피가 죄를 속하느니라"(레17:11).

피가 없이는 죄 사함 받을 수가 없습니다. "율법을 따라 거의 모든 물건이 피로써 정결하게 되나니 피흘림이 없은즉 사함이 없느니라"(히9:22). 죄 값은 사망입니다.

"죄의 삯은 사망이요 하나님의 은사는 그리스도 예수 우리 주 안에 있는 영생이니라"(롬6:23). 예수님이 대속의 피 흘리심으로 우리의 생명을 대신하셨고 이를 믿는 자는 새 백성이 되며 새 생명을 얻습니다.

3. 성찬에 참여하는 자의 삶

구속의 은혜에 감사하며 기념하는 삶을 살아야 합니다. 아울러 형제를 사랑하는 삶을 살아야 합니다(요일3:16). 하나님의 사랑은 우리가 연약할 때에, 우리가 죄인 되었을 때에, 우리가 원수 되었을 때에 독생자를 아낌없이 십자가에 내어주신 사랑입니다.

우리도 생명을 살리는 증인의 삶을 살아야 합니다. 이 일을 위하여 결단하고 시행하는 우리에게 성령이 역사하십니다. 그리스도인은 언제나 자기 십자가를 지고 주님을 따라가야 합니다. "또 무리에게 이르시되 아무든지 나를 따라 오려거든 자기를 부인하고 날마다 제 십자가를 지고 나를 따를 것이니라 누구든지 제 목숨을 구원하고자 하면 잃을 것이요 누구든지 나를 위하여 제 목숨을 잃으면 구원하리라"(눅9:23-24).

십자가에 달리신 그리스도

《요19:16-22》

이에 예수를 십자가에 못 박도록 그들에게 넘겨 주니라 그들이 예수를 맡으매 예수께서 자기의 십자가를 지시고 해골(히브리 말로 골고다)이라 하는 곳에 나가시니 그들이 거기서 예수를 십자가에 못 박을새 다른 두 사람도 그와 함께 좌우편에 못 박으니 예수는 가운데 있더라 빌라도가 패를 써서 십자가 위에 붙이니 나사렛 예수 유대인의 왕이라 기록되었더라 예수께서 못 박히신 곳이 성에서 가까운 고로 많은 유대인이 이 패를 읽는데 히브리와 로마와 헬라 말로 기록되었더라

예수님은 십자가에 못 박혀 죽으셨습니다.

그는 누구십니까? 왜! 십자가에 달려 죽으셨습니까? 왜! 십자가에 달리신 예수 그리스도를 믿어야 합니까?

1. 예수는 누구입니까

"빌라도가 패를 써서 십자가 위에 붙이니 나사렛 예수 유대인의 왕이라 기록되었더라"(19) "유대인의 대제사장들이 빌라도에게 이르되 유대인의 왕이라 쓰지 말고 자칭 유대인의 왕이라 쓰라 하니 빌라도가 대답하되 내가 쓸 것을 썼다 하니라"(21-22). 이 내용은 참으로 중요합니다.

유대인의 대제사장들이 자칭 유대인의 왕이라 쓰도록 강요하였던 것은 예수가 유대의 왕이었기 때문입니다. 유대인의 왕이란 말은 구약의 예언된 그리스도입니다. 그가 여자의 후손이시며 처녀에게 성령으로 잉태되어 이 땅에 태어난 육을 입으신 하나님의 아들입니다. 그는 영적 이스라엘의 왕이십니다. 하늘과 땅에 속한 권세를 가지신 왕입니다. 그의 죽으심은 하나님의 언약을 성취한 죽음입니다.

2. 십자가에 죽으신 이유

예수 그리스도가 십자가에 달려 죽으신 것은 택한 백성들의 죄를 대신 짊어지신 대속의 죽음입니다(사53:5-6). 구약 신명기 21장 23절에서는 "나무에 달린 자마다 저주 아래 있는 자"라 하였습니다. 예수 그리스도는 우리를 위하여 저주를 받았습니다. 그러므로 예수님은 죄인들과 함께 십자가 위에서 처형되었습니다. 예수님은 십자가에서 죽으시면서 "내가 다 이루었다"하였습니다. 그 의미는 보내신 아버지의 뜻을 이루었다는 말씀입니다. 곧 우리의 죗값을 죽음으로 다 지불하였다는 의미입니다. 십자가는 하나님이 우리를 사랑하신 증표입니다. 우리를 사랑하시므로 아들을 대신 처형시킨 사랑의 십자가입니다.

예수님은 우리를 사랑하시어서 아버지의 뜻을 따라 스스로 자기 십자가를 지셨습니다. "그들이 예수를 맡으매 예수께서 자기의 십자가를 지시고 해골 (히브리 말로 골고다)이라 하는 곳에 나가시니" (요 19:17).

3. 믿어야 할 이유

누구든지 입으로 예수를 주로 시인하며 그가 십자가에 죄를 대신하여 죽으신 것과 우리에게 새 생명을 주시기 위하여 다시 살아나신 것을 마음에 믿는 자는 다 구원을 얻습니다. 예수 그리스도의 십자가에 죽으심은 사탄의 권세로부터 해방을 얻는 길을 보이신 것입니다. 주님은 십자가로 하나님과 화목을 이루게 하셨고 우리에게 서로 화목하기를 원하십니다. "할 수 있거든 너희로서는 모든 사람과 더불어 화목하라"(롬 12:18).

우리에게 평화를 전하는 직분을 주셨습니다. 바울은 그리스도와 십자가를 용기 있게 전했습니다. 복음은 믿는 자들에게 구원을 주시는 능력이기 때문에 복음을 부끄러워하지 않았습니다.

부활의 주님을 만나자

《요 20:11-18》

마리아는 무덤 밖에 서서 울고 있더니 울면서 구부려 무덤 안을 들여다보니 흰 옷 입은 두 천사가 예수의 시체 뉘었던 곳에 하나는 머리 편에, 하나는 발 편에 앉았더라 천사들이 이르되 여자여 어찌하여 우느냐

성경의 기록대로 예수님의 시신을 제자들이 도적질해 갔다고 하는 소문은 오늘도 공공연히 사실인 것처럼 이야기되고 있습니다(마28:13). 예수님은 사망과 권세를 이기고 무덤 문을 여시고 부활하여 10여회 이상이나 나타나셨고 승천 전에 500여 형제들에게까지 보이셨으니 예수님의 부활은 사실이며 진실입니다(고전15:6).

1. 부활하신 주님을 만나십시다

우리 모든 성도님들은 부활하신 예수님을 믿으며 부활의 첫 열매가 되신 예수 그리스도 안에서 우리도 또한 승리의 부활로 하나님의 나라의 주역이 될 것을 소망하며 살아가야 합니다(고전15:22, 빌 3:21). 오늘 부활의 아침에 생각하며 은혜 받기를 원하는 것은 부활하신 예수님을 만난 자들은 어떻게 되었으며 우리 모두는 이 부활의 예수를 반드시 만나야 된다는 결론에 이르므로 복된 삶이 전개될 것입니다.

2. 마리아는 부활의 첫 목격자가 되었습니다

십자가 처형을 바라보았고 무덤에 넣은 것을 두 눈으로 똑똑히 보았던 막달라 마리아는 가장 사랑하는 예수님을 잃어 버렸기 때문에 슬픔과 괴로움과 고독의 한숨과 눈물을 흘리며 빈 무덤을 들여다보며 미친 사람처럼

넋을 잃고 있었습니다. 그때 부활하신 주님은 제일 먼저 만나 주었고 그에게 연민의 정으로 "마리아야"하고 불러주셨습니다. 또한 내 아버지 너희 아버지 내 하나님 곧 너희 하나님"(요20:17) 되심을 가르쳐 주심으로 그의 마음은 심히 기뻤고 부활의 증인으로 변화되었습니다.

삶 속에 슬픔과 고뇌가 있습니까? 부활하신 예수님을 찾으십시오. 주님은 멀리 계시지 아니하시고 여러분을 만나주시며 마리아를 부르셨던 그 사랑의 음성으로 형제 자매님을 부르실 것입니다.

3. 부활의 증인이 되어야겠습니다

부활하신 예수님은 두려워 떨던 제자들에게 찾아가셔서 참 평안과 기쁨과 용기를 주셨습니다. "이 날 곧 안식 후 첫날 저녁 때에 제자들이 유대인들을 두려워하여 모인 곳의 문들을 닫았더니 예수께서 오사 가운데 서서 이르시되 너희에게 평강이 있을지어다 이 말씀을 하시고 손과 옆구리를 보이시니 제자들이 주를 보고 기뻐하더라 예수께서 또 이르시되 너희에게 평강이 있을지어다 아버지께서 나를 보내신 것 같이 나도 너희를 보내노라 이 말씀을 하시고 그들을 향하사 숨을 내쉬며 이르시되 성령을 받으라 너희가 누구의 죄든지 사하면 사하여질 것이요 누구의 죄든지 그대로 두면 그대로 있으리라 하시니라"(요 20:19-23).

좌절에 빠진 제자들에게 소망과 새 힘을 주어 더 큰 일을 감당케 했습니다. 의심 많은 도마는 살아 계신 하나님으로 신앙을 고백하기에 이르렀습니다. "도마가 대답하여 이르되 나의 주님이시요 나의 하나님이시니이다"(20:28). 성령께서 오셔서 예수님을 증거하시고(요 15:25), 능력을 주심으로 더욱 용기를 내어 주의 일에 힘쓰게 되었습니다(요 14:17,26).

나는 부활이요 생명

《요 11:21-27》

마르다가 예수께 여짜오되 주께서 여기 계셨더라면 내 오라버니가 죽지 아니하였겠나이다 그러나 나는 이제라도 주께서 무엇이든지 하나님께 구하시는 것을 하나님이 주실 줄을 아나이다

부활의 의미는 완전한 죽음에서 완전히 살아난 것을 말합니다. 예수님의 죽음은 죄에 대함이요 살아나심은 의에 대한 답입니다. 부활하셔서 생명을 주신 주님은 자신을 믿는 자들에게 어떻게 대해 주시는지 알고 누리시기를 바랍니다.

1. 주님은 사랑하십니다

"예수께서 본래 마르다와 그 동생과 나사로를 사랑하시더니"(요11:5). 예수님은 그리스도입니다. 그의 본질은 사랑이십니다. 그리고 그를 믿는 모두를 사랑하신다는 증거로 마르다 형제들이라 하지 않고 이름을 다 기록하였습니다.

오늘 이 시간도 믿는 모두를 다 사랑하십니다. 그의 사랑은 끝까지 사랑하시는 영원한 사랑입니다. 사랑의 증거가 곧 십자가입니다.

2. 주님은 하나님의 영광을 나타내기를 원하십니다

마르다와 마리아는 오빠가 죽을 병에 걸려 있는 것을 예수님께 알렸습니다. 그 소식을 들은 예수님은 깜짝 놀라서 급히 그를 찾아야 할 텐데 그렇지 않았습니다. 병들었다는 말을 듣고도 이틀을 유하셨습니다.

우리는 이해할 수 없습니다. 그러나 여기에 위로가 있고 소망이 있습니

다. 오늘 죽음의 현장을 완전히 부활의 현장으로 바꿀 수가 있기 때문입니다. 나는 다급하여 초조해하며 주님을 원망하지만 그러나 주님은 그 어려움을 극에 달하게 하시고 아무도 해결할 수 없는 그 때에 해결하십니다.

그 이유는 하나님의 영광을 나타내시기 위함인데 예수가 곧 하나님이 보내신 하나님의 아들 그리스도인 것을 알게 하여 믿게 하려는 것입니다.

마르다와 마리아 그리고 동네 사람들이 보았을 때에는 나사로는 죽은 지 나흘이나 되어 냄새났지만 주님이 보시기에는 자고 있는 것입니다.

모든 것을 두려워 말고 기도하며 믿음을 가지고 인내하며 기다린다면 반드시 주님이 해결하실 것입니다. 이로 인하여 자신뿐 아니라 나와 내 형편을 알고 있는 모두가 분명히 살아 계신 하나님을 믿고 영광을 나타낼 것입니다.

3. 주님은 문제를 완전히 해결하십니다

예수님께서는 "그를 어디에 두었느냐"(34) 물으신 후 무덤으로 가셨습니다(요 11:39-42).

"나사로야 나오라"(43)는 말씀에 죽은 자가 살아났습니다. 첫 사람 아담은 산 영이요 마지막 아담은 살려 주는 영이 되었다고 성경은 말씀합니다. 나는 부활이요 생명 되신 것을 확증시킨 역사적 현장이 된 것입니다.

"네가 믿으면 하나님의 영광을 보리라"고 말씀하신 예수님의 능력이 오늘날도 세계 곳곳에서 나타나고 있습니다. 예수님의 말씀을 듣고 확신하여 믿음으로 순종할 때 기적의 역사가 일어나는 것입니다.

그리스도를 위하여

《히 11:23-26》

믿음으로 모세가 났을 때에 그 부모가 아름다운 아이임을 보고 석 달 동안 숨겨 왕의 명령을 무서워하지 아니하였으며 믿음으로 모세는 장성하여 바로의 공주의 아들이라 칭함 받기를 거절하고 도리어 하나님의 백성과 함께 고난 받기를 잠시 죄악의 낙을 누리는 것보다 더 좋아하고 그리스도를 위하여 받는 수모를 애굽의 모든 보화보다 더 큰 재물로 여겼으니 이는 상 주심을 바라봄이라

대부분의 사람들은 환경의 지배를 받고 그 환경 속에서 만족하며 살아갑니다. 그러나 모세는 바로의 공주의 아들이면서도 그의 삶에서는 항상 이스라엘 백성을 생각하였고 사십 세 되었을 때는 그들과 함께 고난 받음을 더욱 기쁘게 생각하였습니다.

모세는 왜 이런 고난의 삶을 택하기를 원했을까요?

여러분은 가장 중요한 인생의 가치성을 어디에 두고 있습니까? 어떻게 살기를 원하고 계십니까?

1. 모세는 거절의 삶을 택했습니다

사십 세까지 바로 공주의 아들로 성장하였고, 모든 애굽의 학문을 다 통달하여 지식과 입의 말이 능한 자가 되었습니다.

세상적으로는 모든 사람의 부러움의 대상이었고 그는 어떤 것도 부러울 것이 없었으나 이보다 더 큰 왕자가 되기 위하여 애굽의 왕궁에 살기를 거절하고 주님의 길을 선택하였습니다.

바울의 심정도 이러했습니다.

"그러나 무엇이든지 내게 유익하던 것을 내가 그리스도를 위하여 다 해로 여길 뿐더러 또한 모든 것을 해로 여김은 내 주 그리스도 예수를 아는 지식이 가장 고상하기 때문이라 내가 그를 위하여 모든 것을 잃어버리고 배설물로 여김은 그리스도를 얻고 그 안에서 발견되려 함이니 내가 가진 의는 율법에서 난 것이 아니요 오직 그리스도를 믿음으로 말미암은 것이니 곧 믿음으로 하나님께로부터 난 의라"(빌 3:7-9).

2. 모세는 고난에 동참하는 삶을 더 좋아하였습니다

모세는 하나님의 왕자가 되어 하나님의 백성들과 함께 하는 삶이 기쁨의 삶인 것을 알았고 그 길이 곧 이세상 부귀영화의 길보다도 값진 삶인 것을 깨달았습니다. 그러기에 왕궁의 삶을 잠시 죄악을 누리는 삶으로 표현하고 있습니다.

3. 모세는 상 주심을 바라보는 삶을 살았습니다

이는 믿음의 주요 온전케 하시는 예수 그리스도를 바라보는 삶인 것입니다. 애굽의 그 많은 금은보화보다도 더 값지고 가치 있는 삶이 그리스도를 위하는 삶이기에 이 삶을 곧 애굽의 모든 보화보다 더 큰 재물로 기자는 표현하고 있습니다.

이 가치 때문에 능욕 받음을 기뻐합니다. 믿는 자의 상급이 무엇입니까? 생명의 면류관, 의의 면류관이요, 혼인잔치에 참여의 자격을 가진 것이 큰 상급입니다.

이 상급에 따라 그리스도와 함께 받을 유업은 달라질 것입니다.

떠나지 말고 기다리라

《행 1:4》

사도와 함께 모이사 그들에게 분부하여 이르시되 예루살렘을 떠나지 말고 내게서 들은 바 아버지께서 약속하신 것을 기다리라

예수님께서는 승천 직전에 사도들과 함께 하시면서 "예루살렘을 떠나지 말고 내게 들은바 아버지의 약속하신 것을 기다리라" 고 하였습니다.

몇 날이 못 되어 (열흘 후 오순절 날) 성령이 임하시게 되면 권능을 받을 것인즉 주의 증인이 되는 축복을 얻을 것이라고 말씀하셨습니다. 떠나지 말고 기다리라는 의미는 어떤 것일까요?

1. 환란과 핍박 중에도 기다리라는 것입니다

예수님의 십자가 사건 후 예수 믿는 사람들은 처형당할 수밖에 없는 상황이었습니다.

그러나 이런 상황 속에서도 오직 주의 분부를 기다리라는 것은 이길 힘까지도 주시겠다는 것이며, 아울러 주의 성령이 임하게 되면 더 큰 환란이 닥쳐와도 승리할 수 있도록 만들기 위함입니다.

환란과 핍박이 있다고 금새 포기하고 절망하는 사람들은 그 후에 있을 승리를 맛보지 못합니다.

우리 모든 성도님들은 세상에서 환란을 당하지만 두려워하지 말아야 할 것은 세상을 이기신 주께서 성령으로 함께 하시기 때문입니다(요6:33).

2. 지정된 장소에서 기다리라는 것입니다

예루살렘은 성전이 있는 곳이며, 성전에서는 제사제도를 통하여 하나님과 만나고 용서와 축복을 받는 곳입니다.

그러나 예수님께서 직접 몸으로 희생제사를 드림으로 모든 제사제도를 폐지하셨습니다. 이제는 신령과 진정으로 (요4:24) 예배를 드려야 할 때가 와야 하므로 예루살렘을 떠나지 말라는 것입니다.

우리 모두 성도의 예루살렘인 교회와 성경을 떠나지 말아야 합니다.
보배로운 주님의 피로 사신 성도와의 교제에서 이탈되지 말아야 합니다.

3. 비전을 가지고 기다리라는 것입니다

보다 큰 기대 속에서 기다리라는 것입니다. "너희는 몇 날이 못되어 성령의 세례를 받으리라"는 말씀은 하나님께서 말씀하셨던 약속의 성취가 곧 이루어진다는 것입니다.

요엘 선지자를 통해 "그 후에 내가 내 신을 만민에게 부어주리니"(요엘 2:28) 말씀하시더니 세례 요한은 광야에서 외쳤고 (마 3:11) 불과 성령으로 세례를 주실 예수님이 오셔서 요한복음에 기록된 대로 보혜사 성령을 보내주실 것을 약속하셨습니다(요14,15,16장).

이 보혜사 성령이 오실 때에 세상이 변화되는 놀라운 역사가 일어날 것이며 이 일을 기다리는 너희들이 해야 할 것이라는 말씀을 듣고, 큰 비전을 가지며 기다리라는 것입니다.

태워주소서

《행 2:1-4》

오순절 날이 이미 이르매 그들이 다같이 한 곳에 모였더니 홀연히 하늘로부터 급하고 강한 바람 같은 소리가 있어 그들이 앉은 온 집에 가득하며 마치 불의 혀처럼 갈라지는 것들이 그들에게 보여 각 사람 위에 하나씩 임하여 있더니 그들이 다 성령의 충만함을 받고 성령이 말하게 하심을 따라 다른 언어들로 말하기를 시작하니라

오순절에 임한 성령을 바람과 불과 같은 성령으로 비유하고 있음은 중요한 의미를 가지고 있습니다. 오늘은 불과 같은 성령을 생각하며 은혜 받기를 소원합니다.

불은 소멸할 뿐 아니라 (히 12:29; 습 3:8) 열을 발생시켜 변화시킵니다. 우리 모두는 이 불에 의해 태워지도록 기도해야 하겠습니다.

1. 원죄를 태워주소서

죄와 허물로 죽었던 인간이며, 하나님의 진노의 대상인 인간은 (엡 2:1) 지옥 불에 들어가게 되었습니다.

너무도 처참하고 고통의 지옥이기에 예수님은 손과 발을 도끼로 찍어 내는 아픔보다 더하는 것을 알게 하셨고 (마 18:8) 죽으려고 해도 죽을 수 없는 영원한 고통의 불이기에 "거기에는 구더기도 죽지 않고 불도 꺼지지 아니 하느니라"(막9:48)고 말씀하고 있습니다.

이 비참한 인간을 새롭고 산 길이며, 소망의 길이며, 참 안식이 있는 하나님의 나라로 인도하시기 위해서 하나님은 예수를 통한 구원의 길을 주셨습니다.

누구든지 부활하신 예수를 구주로 영접만 하면 불 같은 성령께서 이원죄를 소멸하시고 하나님의 자녀의 축복을 허락하십니다. 우리 모든 성도님들은 믿지 않는 혈육과 친구와 모든 사람들의 영혼 구원을 위하여 성령의 불로 그들의 원죄가 소멸되도록 기도해야 하겠습니다.

원죄의 속죄는 단 한번으로 해결됩니다 (히 9:12). 이미 목욕한 자는 발만 씻으면 됩니다. 자신의 구원 문제를 잘 점검해 보시기 바랍니다.

2. 자범죄를 태워주소서

이사야 선지자가 영광의 보좌를 바라보았을 때 "화로다 나여 망하게 되었도다 나는 입술이 부정한 사람이요 나는 입술이 부정한 백성 중에 거주하면서 만군의 여호와이신 왕을 뵈었음이로다" (사6:4-5) 라고 죄인된 자신을 자백하며 탄식했을 때 단의 핀 숯으로 입을 태웠습니다.

그리고 스랍 천사가 네 악이 제하여졌고 네 죄가 사하여졌다고 사죄의 은총을 선포했습니다. 그렇습니다. 이사야는 이후로 선지자로 사역을 시작하게 되었습니다. 성령의 불은 원죄뿐 아니라 자범죄를 태우는 능력의 불로 역사를 일으킵니다.

3. 제단의 제물을 태워주소서

갈멜 산의 엘리야의 기도를 들으신 하나님은 불로 제물과 물을 태웠고, 다윗이 타작 마당을 사서 번제와 화목제를 드릴 때 하늘에서 불이 내렸습니다 (대상21:36). 이는 성도의 기도에 응답하신 표인 것입니다. 우리의 기도가 열납되어 문제가 해결될 때까지 응답의 불로 문제가 태워지도록 기도합시다. 기도를 들으시는 주님은 반드시 응답하실 것입니다.

교회 안에 거하신 성령

《롬 8: 9-17》

만일 너희 속에 하나님의 영이 거하시면 너희가 육신에 있지 아니하고 영에 있나니 누구든지 그리스도의 영이 없으면 그리스도의 사람이 아니라 또 그리스도께서 너희 안에 계시면 몸은 죄로 말미암아 죽은 것이나 영은 의로 말미암아 살아 있는 것이니라

성령께서는 믿는 성도들 안에 계십니다(고전 12:3). 어떤 일이 있어도 영원히 계시며 성도를 인도하십니다. 교회 안에 거하신 성령으로 인하여 더 활력 있고 소망과 능력 있는 삶을 살 수 있습니다. 성령은 어떻게 인도하십니까?

1. 소망을 가지고 살게 합니다

하나님께서는 예수님을 죽은 자 가운데서 살리셨습니다. 하나님의 영이 믿는 우리 가운데 거하십니다. 그러므로 하나님의 영으로 말미암아 우리의 몸까지 부활합니다. 이 얼마나 소망이 있습니까? 우리는 하루살이 같은 인생이 아닙니다. 영원히 주 안에 살 수 있는 존재입니다.

그러므로 바울은 "너희 안에 거하시는 그의 영으로 말미암아 너희 죽을 몸도 살리시리라"(롬 8:11) 라고 말합니다. 우리 안에 그리스도의 영 곧 하나님의 영이 계심을 어떻게 확신 할 수 있을까요?

① 성령이 친히 우리 영으로 하나님의 자녀인 것을 증거하여 하나님을 아바 아버지라 부를 수 있습니다.

② 내 마음대로 사는 것이 아니라 주님을 위해 살게 됩니다. 성령을 따라 살아갑니다. 삶의 우선 순위를 압니다.

③ 두려움이 없습니다.

2. 영적인 삶을 살게 합니다

사람의 생각 자체가 바뀝니다. 그리고 성령의 능력을 의지하여 많은 유혹을 이기며 살게 합니다. 삶의 기준을 잘 세우기 위하여 성경을 가까이 하게 되고 주님과의 교제를 잘 나누며 주님의 뜻을 잘 알기 원하여 기도에 힘씁니다.

바울은 고린도 후서 5장 11절에서 예수님이 모든 사람을 대신하여 죽으심은 자신을 위한 삶에서 주를 위해 살게 하기 위함이라고 밝혔습니다. 주님은 제자들에게 삶의 우선 순위도 가르쳐 주셨습니다. 교회 안에 거하신 성령으로 인하여 삶의 우선 순위가 바뀌게 됩니다. 이 삶이 가장 안전하고 복 있는 삶입니다. 하나님께서 바라시는 참 인간으로 살아가는 것입니다.

3. 특권을 누리며 살게 합니다

예수 믿는 성도들은 어떤 열악한 환경과 역경 속에 있다 할지라도 하나님 자녀인 사실을 잊어서는 안 됩니다. 이것만 있으면 우리는 승리할 수 있습니다. 또한 권세가 있습니다. 그리스도의 이름의 권세가 우리에게 있습니다. 그러므로 영적 싸움에서 승리할 수 있습니다.

바울은 예수의 이름으로 앉은뱅이를 일으켰고 귀신도 좇아냈습니다. 그 이유는 바울이 하나님의 자녀였기 때문입니다. 우리 모두가 다 하나님의 상속자인 것과 또한 동일한 권세가 있음을 알고 위의 것을 바로 보며 소망 속에서 살고 현실의 어려움은 그리스도의 이름을 부르며 권세 있게 사시기를 원합니다.

성령을 바로 알고 성령 충만한 삶을 살게 되면 세상을 변화시킬 힘이 있고, 진리를 잘 알므로 자유 가운데 능력 있는 신앙의 승리자가 될 수 있습니다.

성령의 열매

《갈 5: 16~24》

내가 이르노니 너희는 성령을 따라 행하라 그리하면 육체의 욕심을 이루지 아니하리라 육체의 소욕은 성령을 거스르고 성령은 육체를 거스르나니 이 둘이 서로 대적함으로 너희가 원하는 것을 하지 못하게 하려 함이니라 너희가 만일 성령의 인도하시는 바가 되면 율법 아래에 있지 아니하리라

성도는 세상에서 자기 생각대로 사는 것이 아니라 하나님의 계획대로 이끄시는 것을 체험하며 삽니다. 성령은 우리 가운데서 성령의 열매를 맺게 합니다. 성령의 열매는 무엇이며, 어떻게 그 열매를 맺을 수 있을까요?

1. 성령의 열매란?

과실수에는 과일이 맺게 되어 있습니다. 그리고 과일은 반드시 가지에 열립니다. 그러므로 예수님은 나는 포도나무요 너희는 가지니 가지가 포도나무에 붙어 있으면 저절로 열매를 맺는다고 하셨습니다. 예수 믿는 성도는 주 안에 살며 성령의 열매를 맺습니다. 곧 주님이 말씀하신 대로 진리를 바로 알고 말씀을 순종하여 살면 인격적인 성령의 열매를 맺습니다.

그래서 오늘 본문은 성령을 따라 행하라 하셨습니다. 온전히 성령의 인도를 받으면서 말씀을 행하여 갈 때 사랑과 희락과 화평과 오래 참음과 자비와 양선과 충성과 온유와 절제의 열매를 맺게 됩니다.

2. 체질화 되도록 노력할 때

우리는 가끔 물이 끓는 것 같은 신앙이라는 말을 합니다. 마치 냄비에 물을 끓일 때 빨리 뜨거웠다가 이내 식듯이 신앙생활이 계속 지속되지 못한

다는 의미가 내포되어 있습니다.

은혜를 받고서 교회 일을 하다가 조금만 문제가 생기면 넘어지는 자를 두고 말하는 것입니다. 우리 주위에는 이런 성도가 많습니다. 결국에는 열매를 맺지 못합니다. 그러나 진리를 바로 알기를 원하고, 그 말씀을 따라 행하며, 성령의 인도를 받기 원하면 오히려 환란 중에도 즐거워하며 살아갈 수 있습니다. 그 이유는 성도들을 사랑하시는 주님이 그 환란을 통하여 우리의 인격을 만들어 가기 때문입니다.

그러므로 주의 말씀을 경히 여기지 말고 하나하나 순종하며 체질화 시켜갈 때 신앙의 좋은 습관이 인격으로 나타나게 됩니다. 그러므로 신앙생활 자체가 쉽고 기쁩니다. 누가 뭐라 해도 소망 가운데 살게 되고 말에나 믿음에나 사랑에나 정절에 있어 믿는 사람들에게 본이 됩니다. 이런 신앙인들에게는 어떤 환경도 환란도 핍박도 심지어 죽음이라도 결코 성령의 인격적인 열매를 맺지 못하도록 막을 수 없습니다.

3. 육체의 일과 성령의 일을 바로 알고 행할 때

육체의 일이란 죄의 본성으로부터 나온 행위들을 말합니다. 성령의 일은 성령의 온전한 지배를 받으며 사는 삶에 나타나는 행위들입니다.

성령의 인도받는 말씀과 기도 생활을 게을리하면 삶의 유혹을 받아 신앙생활에는 실패합니다. 우리는 정신을 차리고 진리를 기뻐할 뿐 아니라 그 말씀대로 살기를 원하는 간절함이 항상 있어야 합니다. 그리고 이 일을 위해 항상 기도하며 성령의 능력에 힘입어 살아갈 때 성령의 인격적인 열매를 맺을 수 있고 모든 사람들은 이 삶을 보게 됩니다.

그 열매로 그 나무를 안다고 예수님은 말씀하셨습니다. 이제는 열매 맺는 삶으로 나타나는 신앙생활 하시기를 소원합니다.

성령께서 하시는 일

《요 16:5-13》

지금 내가 나를 보내신 이에게로 가는데 너희 중에서 나더러 어디로 가는지 묻는 자가 없고 도리어 내가 이 말을 하므로 너희 마음에 근심이 가득하였도다 그러나 내가 너희에게 실상을 말하노니

예수님은 부활한 후에 승천하시며 성령을 보내실 것을 약속하셨습니다. 주님의 떠나가심을 제자들이 슬퍼하므로 성령으로 다시 오실 것과 성령의 하실 일을 말씀하고 계십니다.

1. 세상을 책망하는 일을 하십니다

"그가 와서 죄에 대하여, 의에 대하여, 심판에 대하여 세상을 책망하시리라" 하셨습니다. 이 말씀의 의미는 무엇입니까?

① 세상은 강도질을 한다든지 간음이나 도둑질하는 것들은 죄로 생각하지만 진정한 죄는 주님을 믿지 못하는 것이 죄입니다. 아버지를 알아보지 못하는 자식은 정신병 환자입니다. 하나님은 인간 스스로 알 길이 없기에 알 수 있는 길로 예수님을 보내 주셨습니다. 예수님을 하나님의 아들 그리스도로 알지 못하면 죄요, 교회를 다녀도 기쁘지 못하는 이유는 주님을 믿지 못하고 있기 때문입니다.

② 아브라함의 후손들이 의를 이루기 위하여 예수님을 십자가에 못 박았습니다. 이들이 죽인 자는 하나님의 아들이었습니다. 그러나 예수님이 온전히 아버지의 뜻을 이루셨기에 하나님은 기뻐하시고 우편 보좌로 부르신 것입니다. 진정한 의는 하나님께서 인정한 것이요 예수님

을 통하여 입혀 주신 의입니다. 성령님은 우리 가운데 보혜사로 오셔서 험한 세상 속에서 신음하는 우리에게 예수를 하나님의 아들임을 알게 하시며 믿고 하나님 자녀 되게 하셨습니다.

③ 심판에 대하여 라고 하는 것은 예수 그리스도가 십자가에서 죽으심으로 사탄의 권세가 완전히 꺾이고, 주님이 부활하는 동시에 사탄에게 사형 선고를 한 것을 말합니다.

2. 주님의 권세에 의지해 승리할 수 있습니다

세상의 권세를 깨뜨린 주님의 권세를 가지고 우리는 승리할 수 있습니다. 하지만 사탄은 아직도 꿈틀거림으로 서로 싸우게 하고 불안하게 하는 일을 하고 있는 것입니다. 하지만 이 사탄이 예수의 이름만 부르면 벌벌 떠는 것입니다. 진정으로 예수 그리스도를 믿는 자들은 점을 치러 가거나 굿을 하러 가지 않고 오로지 주님의 이름만을 부르게 됩니다. 주님은 믿는 자들에게 위로하시고 축복하시고 능력을 주셨습니다.

3. 성령은 우리를 진리 가운데로 인도합니다

주님의 사랑을 깨달은 자는 행복하고 세상을 바로 보게 되는 것입니다. 소망 가운데 살아갈 수 있습니다. 주님께 주의 법을 알게 해 달라고 기도하십시오. 하나님의 성령이 진리 가운데 우리를 인도하실 것입니다. 말씀을 알아야 합니다. 하나님의 성령의 역사를 체험해 가야 하는 것입니다. "성령이여, 하나님의 진리를 바르게 알게 하시며 그의 깊은 뜻을 깨달아 알게 하소서." 이렇게 기도를 해야 합니다.

성령을 의지하여 성경 말씀을 깨닫는 영을 허락해 달라고 간절히 기도해야 합니다.

모범적인 아브라함의 가족

《히11:8-10》

믿음으로 아브라함은 부르심을 받았을 때에 순종하여 장래의 유업으로 받을 땅에 나아갈새 갈 바를 알지 못하고 나아갔으며 믿음으로 그가 이방의 땅에 있는 것 같이 약속의 땅에 거류하여 동일한 약속을 유업으로 함께 받은 이삭 및 야곱과 더불어 장막에 거하였으니 이는 그가 하나님이 계획하시고 지으실 터가 있는 성을 바랐음이라

오늘은 수많은 가정의 문제 속에 살고 있는 성도들에게 훈훈한 사랑이 감도는 믿음의 가정을 소개합니다. 바로 아브라함의 가정입니다. 우리가 보고 배울 것이 무엇일까요?

1. 동일한 믿음을 소유했습니다

아브라함, 이삭, 야곱이 소유한 믿음은 동일합니다. 많은 가정의 문제는 교회는 다녀도 믿음이 서로 다를 때 일어납니다. 또한 서로 다른 종교 때문에 부모 자식 간에도 사랑의 관계가 깨어집니다. 부부가 한 방을 사용하여도 마음은 서로 다르게 살아가는 경우가 있습니다.

그러나 믿음이 같으면 언제나 하나가 될 수 있습니다. 아브라함, 이삭, 야곱은 살아 있는 하나님을 믿는 신앙인입니다. 그렇기에 같은 제물(동물)을 사용하여 제사를 드렸습니다. 제물은 믿음의 증거입니다(히11:4). 곧 장차 오실 메시야를 믿음으로 하나님께 나아갈 수 있는 것입니다.

예수 그리스도를 믿는 동일한 믿음으로 하나님을 섬기며 복된 가정 이루시기를 소원합니다.

2. 동일한 믿음의 삶을 살았습니다

"믿음은 바라는 것들의 실상이요 보이지 않는 것들의 증거니 선진들이 이로써 증거를 얻었느니라" (히 11:1,2).

이러한 믿음은 대대로 바른 전수가 필요합니다. 아브라함은 그의 믿음을 이삭에게, 그리고 손자인 야곱에게 잘 전수하였습니다. 할아버지, 할머니의 믿음과 아버지, 어머니로부터 전수된 믿음의 생명이 있었기에 인본주의의 극치인 야곱일지라도 신앙의 용장이 될 수 있었습니다.

믿음이 있는 자는 반드시 생활이 있습니다. 그러므로 신앙생활이라고 합니다. 저들은 하나님의 말씀을 따라 살아 갔습니다(히11:8-9). 그리고 기도하며 제사 중심으로 살았습니다.

부활의 신앙을 가지고 세상을 이기며 살아 갔습니다(히11:17-21). 주위의 사람들과 관계도 잘 맺으면서 신앙을 잃지 않았습니다(창14:13). 하나님 사랑, 부모 공경, 자녀 사랑이 있는 훈훈한 가정을 이루며 살았습니다. 그 원동력은 믿음입니다.

3. 동일한 소망을 품었습니다

천국의 소망이 동일합니다. 하나님이 지으실 성을 바라보며 나그네와 같이 본향 (천국)을 사모하고 외국인처럼 본국 (하나님 나라)을 사모하며 살았습니다. 바울은 우리의 시민권은 하늘에 있다 하였고 어찌 하든지 부활에 이르기를 원한다고 하였습니다(빌 3:20~21).

그렇기에 위엣 것을 찾고 자신을 위하여 유익한 것을 오히려 주님을 위하여 배설물로 여기며 살았습니다. 그렇게 할 수 있었던 것은 함께 하신 성령을 의지하였기 때문입니다. 성도 가정이 동일한 믿음, 동일한 삶, 동일한 소망으로 승리하시길 축원합니다.

섬기는 가정 되라

《창18:1-8》

여호와께서 마므레의 상수리나무들이 있는 곳에서 아브라함에게 나타나시니라 날이 뜨거울 때에 그가 장막 문에 앉아 있다가 눈을 들어 본즉 사람 셋이 맞은편에 서 있는지라 그가 그들을 보자 곧 장막 문에서 달려나가 영접하며 몸을 땅에 굽혀 이르되 내 주여 내가 주께 은혜를 입었사오면 원하건대 종을 떠나 지나가지 마시옵고 물을 조금 가져오게 하사 당신들의 발을 씻으시고 나무 아래에서 쉬소서 내가 떡을 조금 가져오리니 당신들의 마음을 상쾌하게 하신 후에 지나가소서 당신들이 종에게 오셨음이니이다 그들이 이르되 네 말대로 그리하라 아브라함이 급히 장막으로 가서 사라에게 이르되 속히 고운 가루 세 스아를 가져다가 반죽하여 떡을 만들라 하고 아브라함이 또 가축 떼 있는 곳으로 달려가서 기름지고 좋은 송아지를 잡아 하인에게 주니 그가 급히 요리한지라 아브라함이 엉긴 젖과 우유와 하인이 요리한 송아지를 가져다가 그들 앞에 차려 놓고 나무 아래에 모셔 서매 그들이 먹으니라

우리 모두는 주님의 뜻을 따라 아브라함처럼 이웃을 섬기는 자가 되기를 원합니다. 이웃을 어떻게 섬기며, 섬기는 자에게 주신 축복이 무엇일까요?

1. 마음을 다해 섬겨야 합니다

아브라함은 찾아온 사람들을 보자마자 기회를 놓치지 않고 달려 나가 영접하였습니다. 겸손한 자세로 조심스럽게 상대방의 의사를 묻고 그들의 원하는 대로 마음을 다해 섬겼습니다. 전 가족이 다 즐거움으로 준비하였습니다.

아브라함은 사라에게 속히 떡을 만들게 했고, 본인은 직접 달려가서 송아지를 취하여 하인에게 주어 요리하게 하였습니다. 준비된 음료와 요리를 가져다 나그네들 앞에 정성껏 잘 진설하였습니다. 그리고 자신은 저들이 다 먹을 때까지 종이 주인을 섬기듯 모셨습니다. 섬김은 마음의 즐거움을 가지고 해야 합니다.

2. 최선을 다하여 섬겨야 합니다

"아브라함이 급히 장막으로 가서 사라에게 이르되 속히 고운 가루 세 스아를 가져다가 반죽하여 떡을 만들라 하고 아브라함이 또 가축 떼 있는 곳으로 달려가서 기름지고 좋은 송아지를 잡아 하인에게 주니 그가 급히 요리한지라"(창 18:6,7).

아브라함은 사라에게 '고운 가루'로 떡을 만들게 하였습니다. 짐승 중에서 기름지고 좋은 송아지를 직접 골라서 종에게 주어 요리하게 하였습니다. 그는 나그네들을 예절 바르게 영접하였으며, 신속하게 움직였으며, 가장 좋은 것으로 최선을 다하여 섬겼습니다. 상대방의 마음에 즐거움과 만족을 주는 섬김이었고 가장 귀하게 여기는 섬김이었습니다.

히브리서 기자는 섬기기를 즐겨하는 아브라함을 가리켜 부지중에 천사들을 대접하였다고 하였습니다. 아브라함은 하나님과 함께한 천사들을 대접하는 축복을 얻었습니다.

3. 섬기는 자가 받을 복

"형제 사랑하기를 계속하고 손님 대접하기를 잊지 말라 이로써 부지중에 천사들을 대접한 이들이 있었느니라"(히 13:1,2). 아브라함은 부지중 하나님의 천사를 대접했습니다.

이는 바로 하나님을 섬긴 것입니다. 결국 섬김의 복을 받고 하나님과 온전한 교제가 이루어졌으며 하나님께 인정받은 자가 되었습니다. 하나님은 사라를 통해 우리의 구원주가 되시는 그리스도가 오실 통로인 이삭을 주실 것을 확신시켜 주었습니다. 또한 소돔과 고모라성의 멸망을 예고해 주심으로 기도로 조카 롯을 구원할 수 있는 축복을 얻었습니다. 그러므로 성도는 섬기는 가정이 되어야겠습니다.

자녀를 최고의 성공자로

《삼상 1:24-28》

젖을 뗀 후에 그를 데리고 올라갈새 수소 세 마리와 밀가루 한 에바와 포도주 한 가죽부대를 가지고 실로 여호와의 집에 나아갔는데 아이가 어리더라 그들이 수소를 잡고 아이를 데리고 엘리에게 가서 한나가 이르되 내 주여 당신의 사심으로 맹세하나이다 나는 여기서 내 주 당신 곁에 서서 여호와께 기도하던 여자라 이 아이를 위하여 내가 기도하였더니

자녀들은 하나님의 기업이요 상급입니다. 하나님은 한 자녀라도 실패하지 않고 최고의 성공자가 되기 원합니다. 최고의 성공이란 돈을 많이 벌고 큰 명예를 얻는다는 의미가 아니라 하나님을 바로 알고 주의 뜻을 가장 잘 이루어가는 자를 말합니다. 자녀를 어떻게 길러야 사무엘처럼 위대한 사람이 될 수 있을까요?

1. 신앙생활이 잘 되도록 만들어야 합니다

한나는 하나님과의 서원을 지키기 위해 사무엘이 젖을 뗀 후 곧바로 실로에 있는 여호와의 집으로 데리고 갔습니다. 그 곳에서 생활하며 하나님을 섬기게 하였습니다. 곧 법궤 앞에서 자라게 하였습니다. 그 결과 점점 자라 가면서 하나님과 사람들에게 은총을 더욱 받았습니다. 여호와의 말씀이 잘 나타나지 않은 영적 흑암의 시대였음에도 사무엘은 하나님의 음성을 들을 수 있었고 그의 말씀에 순종할 수 있었습니다. 하나님은 그와 함께 계셨고 사무엘의 말은 너무 권세가 있어서 다 열매가 맺혔습니다.

오늘 우리 자녀들도 어렸을 때부터 교회 중심의 신앙생활을 잘 할 수 있는 배경과 말씀과 기도의 생활로 습관이 잘 되게 해야 합니다.

2. 권위를 인정하는 자녀로 길러야 합니다

한나가 어린 사무엘을 데리고 엘리에게 갔다고 했습니다. 당시 엘리는 대제사장이었습니다. 그러나 영적으로 어두운 자였고, 그의 자녀들은 불량자로 여호와를 알지 못하였습니다. 죄가 여호와 앞에 심히 컸습니다. 그들은 하나님의 제사를 멸시하는 자들이었고 음란한 자들이었습니다.

대제사장 엘리는 한나의 애통하는 눈물의 기도를 보고 술 먹었다고 했습니다. 독주를 끊으라고 했습니다. 그러나 한나는 하나님이 세운 권위를 인정하는 믿음의 사람이었습니다.

오늘 우리 자녀가 하나님이 세운 권위에 순복할 줄 알 때 위대한 인물이 될 수 있습니다. 자녀는 가정에서 부모님의 권위를 인정해야 합니다.

3. 신앙생활을 지속할 수 있도록 약속을 잘 지켜야 합니다

"그의 평생을 여호와께 드리나이다"는 말씀은 중요합니다. 순간 순간도 중요하지만 모든 일, 특히 영적인 일에 지속하는 자가 승리합니다. 그러기 위해서 어렸을 때부터 신앙의 좋은 습관을 갖게 하되 인내하며 달려갈 수 있게 해야 합니다.

엘리 제사장이 혹 한나의 말을 잊었을 수도 있습니다. 하지만 한나는 약속을 지켰습니다.

"한나가 이르되 내 주여 당신의 사심으로 맹세하나이다 나는 여기서 내 주 당신 곁에 서서 여호와께 기도하던 여자라 이 아이를 위하여 내가 기도하였더니 내가 구하여 기도한 바를 여호와께서 내게 허락하신지라 그러므로 나도 그를 여호와께 드리되 그의 평생을 여호와께 드리나이다 하고 그가 거기서 여호와께 경배하니라"(삼상 1:26-28).

자녀를 최고의 성공자로 만드는 비결을 아셨습니까?

자녀 교육

《딤후 1:3-5, 3:14-16》

내가 밤낮 간구하는 가운데 쉬지 않고 너를 생각하여 청결한 양심으로 조상 적부터 섬겨 오는 하나님께 감사하고 네 눈물을 생각하여 너 보기를 원함은 내 기쁨이 가득하게 하려 함이니

본문에서 발견할 수 있는 것은 디모데의 신앙이 어머니인 유니게로부터 시작되었으며, 유니게는 또한 친정 어머니 로이스로부터 전수받았다는 것입니다(5절). 이를 보면 신앙인의 가정 교육이 얼마나 중요하며, 인간의 본분을 알게 하는 복된 가르침인가를 알 수 있습니다.

1. 성경을 가르치며 길렀습니다

성경의 사람으로 길렀던 것입니다. "또 어려서부터 성경을 알았나니"(딤후 3:15)라고 했습니다. 디모데는 철저한 유대인 기독교 교육을 받았습니다. 어려서부터 어머니를 통해 성경을 배워 구원에 이르게 되었으며 성경이 삶의 기본법이 되게 하였습니다. 바울은 디모데에게 확신을 시킵니다.

"그러나 너는 배우고 확신한 일에 거하라 너는 네가 누구에게서 배운 것을 알며 또 어려서부터 성경을 알았나니 성경은 능히 너로 하여금 그리스도 예수 안에 있는 믿음으로 말미암아 구원에 이르는 지혜가 있게 하느니라 모든 성경은 하나님의 감동으로 된 것으로 교훈과 책망과 바르게 함과 의로 교육하기에 유익하니 이는 하나님의 사람으로 온전하게 하며 모든 선한 일을 행할 능력을 갖추게 하려 함이라"(딤후 3:14-16).

디모데는 하나님의 사람으로서 교훈과 책망과 바르게 함과 의로 교육함에 부족함이 없는 성경의 사람으로 성장하게 되었습니다. 그래서 디모데는

바른 복음의 도리를 깨닫게 되고 부름받은 사역자로 성장하여서 에베소 교회의 감독이 되었습니다(잠 22:6 참조).

2. 믿음의 사람으로 길렀습니다

거짓이 없고 진실한 믿음의 소유자로 길러냈습니다. 이것은 성경 말씀을 생활화한 유니게로부터 전수받은 믿음입니다(5절). 이것은 일점일획도 틀림없는 정확하고 그릇됨이 없는, 약속에 진실하신 하나님의 말씀을 그대로 믿고 생활하는 것입니다. 그런데 더 중요하게 생각되는 것은 바울은 "이 믿음"을 강조하고 있습니다. 디모데 속에 있는 거짓 없는 믿음입니다.

이러한 믿음은 하루 아침에 이루어지는 것이 아니라 할머니로부터 전수되어 온 믿음이라는 가정의 총화이기 때문에 어린이들의 성장과정에 부딪치는 환경과 가르침과 말 한마디는 그의 인격형성에 큰 영향을 줍니다. 디모데가 할머니나 어머니의 그 모든 신앙의 인격을 그대로 받았다는 것을 보면서 우리 부모님들의 삶이 얼마나 중요한 가를 같이 생각해 보아야겠습니다.

3. 진실한 사람으로 길렀습니다

"네 눈물을 생각하여"(4절) "청결한 양심으로"(3절) "거짓이 없는 믿음"(5절)이 말씀 속에 내포되어 있는 의미에서 그리스도의 진실함이 그에게 각인되어 있는 것을 볼 수 있습니다.

진실하고 그리스도의 사랑 때문에 흘려 내렸던 그 눈물을 바울은 잊지 않고 생각하고 있습니다. 이런 자녀로 길러보고 싶지 않습니까? 디모데와 같은 훌륭한 자녀를 두시기를 기원합니다.

효성스런 자녀가 되라

《엡 6:1-3》

자녀들아 주 안에서 너희 부모에게 순종하라 이것이 옳으니라 네 아버지와 어머니를 공경하라 이것은 약속이 있는 첫 계명이니 이로써 네가 잘되고 땅에서 장수하리라

누가 효성스런 자녀이며, 효성스런 자녀에게 약속된 하나님의 축복은 무엇일까요?

1. 부모님의 말씀에 순종하는 자녀

"자녀들아 너희 부모를 주 안에서 순종하라 이것이 옳으니라"(1절)고 주님은 말씀하십니다. 효성스런 자녀는 무엇보다도 부모님을 소중히 여기고 사랑합니다. 그 사랑이 말씀에의 순종으로 나타납니다.

세대 차이가 나고 나와는 생각이 다를지라도 주 안에서 우리 모두는 부모님께 순종해야 합니다. 이것이 하나님 보시기에 옳고 우리 모두 보기에도 옳은 삶입니다. 순종해야 하는 이유는 하나님 명령이며, 하나님께 속한 귀한 생명이 부모님을 통해 내게 왔고, 생육하고 번성하는 축복의 명령의 완성을 가져왔기 때문입니다.

하나님의 형상으로 지은 바 된 나는 하나님이 선택한 부모님을 통해 이루어진 것입니다. 종교개혁자 마르틴 루터는 "부모는 세상에서 하나님의 대리자"라고 했습니다. 그 권위에 순종하는 것이 복입니다.

2. 부모님의 마음을 기쁘게 해드리는 자녀

"자녀들아 모든 일에 부모에게 순종하라 이는 주 안에서 기쁘게 하는 것

이니라"(골 3:20). 순종이 부모님을 기쁘시게 해 드리는 일이라면 또 다른 삶으로 기쁘게 해 드릴 수 있는 것은 형제들이 서로 사랑하며 우애 있게 사는 것입니다.

형제가 연합하여 동거함은 하나님 보시기에 감탄을 자아내게 하는 삶입니다(시 133:1). 뿐만 아니라 부모님의 마음을 가장 기쁘게 해 드릴 수 있습니다.

3. 부모님께 공경하는 자녀

"네 아버지와 어머니께 공경하라 이것이 약속있는 첫 계명이니"(2절)라고 하였습니다. "공경"이란 '무겁다'는 뜻입니다.

이 말은 뱃속에 많은 창자가 있는데 모든 창자가 간을 받치고 있는 데서 나온 말입니다.

'부모 공경'은 내 뱃속의 간보다 더 무겁고 귀하게 알고 받들어 들이는 그 자세를 공경한다는 것입니다. 공경에는 육신적인 모든 부분까지 섬기는 것이 포함되어 있습니다. 부모님의 삶을 책임질 수 있는 자녀가 되어야겠습니다(딤전 5:8). 효부 룻의 자세를 보십시오(룻 2:2).

4. 자녀가 받을 복

"이로써 네가 잘되고 땅에서 장수하리라"(3절).

1) 하나님이 옳게 보십니다. - 영혼이 잘되는 복

2) 잘되는 복을 받습니다. - 범사에 축복

3) 장수의 복을 받습니다. - 강건한 축복

4) 이 복은 하나님이 변함없이 이루실 계명 속에 약속된 복입니다.

누가 효자인가?

《눅 15:11-32》

이에 일어나서 아버지께로 돌아가니라 아직도 거리가 먼데 아버지가 그를 보고 측은히 여겨 달려가 목을 안고 입을 맞추니 아들이 이르되 아버지 내가 하늘과 아버지께 죄를 지었사오니 지금부터는 아버지의 아들이라 일컬음을 감당하지 못하겠나이다 하나 아버지는 종들에게 이르되 제일 좋은 옷을 내어다가 입히고 손에 가락지를 끼우고 발에 신을 신기라 그리고 살진 송아지를 끌어다가 잡으라 우리가 먹고 즐기자 이 내 아들은 죽었다가 다시 살아났으며 내가 잃었다가 다시 얻었노라 하니 그들이 즐거워하더라

어버이 주일을 맞이하여 누가 효자인가를 깊이 깨닫고 네 부모를 공경하라는 말씀대로 실천하여 약속된 축복을 누리며 사시기를 바랍니다.

하나님의 자녀들은 어떻게 부모를 공경하였고 말씀대로 실천하였는가를 오늘 말씀을 통해 알아보고 지금의 나를 돌아보는 시간이 되시기를 바랍니다.

1. 부모님과 함께 하기를 기뻐하는 자

룻기에 보면 남편을 잃은 룻은 시어머니인 나오미 곁에 있겠다고 했습니다. 홀로 되신 어머님과 생사를 같이 하며 물질로 모시려는 그 효행은 오늘을 사는 성도가 배워 행해야 할 효행의 도리입니다.

부모님과 거리적으로 떠나 있을지라도 부생모육의 큰 은혜를 잊지 아니하고 마음으로 가까이 하고 물질로 가까이 하는 우리의 삶이 되어야겠습니다. 룻은 이런 효성으로 인하여 보아스에게서 오벳을 낳았고 그 계보를 통하여 다윗을 통한 우리의 메시야 예수가 오시게 되는 통로가 되었습니다(룻 4:17, 마 1:5). 이 얼마나 귀한 축복입니까?

2. 부모님의 마음을 헤아려 정성껏 섬기는 자

탕자인 둘째가 회개하고 아버지께 돌아왔을 때 큰 잔치가 벌어졌고(22-33절) 집에서 부모님을 잘 모셨던 큰 아들은 들에서 일하다 돌아오던 중에 이런 사실을 알게 되었습니다

하지만 큰 아들은 부모님의 마음을 헤아리지 못하고 가슴에 상처를 주었습니다. 잃었다가 얻은 아들로 죽었다가 살아난 아들로 인정하며 기뻐하신 아버지께 불평을 털어 놓았던 것입니다(28-30절).

부모님의 기뻐하심과 슬픔에 동참할 수 있는 자식이 되어야 합니다. 부모님의 속마음을 읽을 줄 아는 그리스도인이 멋 있는 자식이요 효자가 아니겠습니까. 그리고 힘을 다하여 섬기는 자가 되어야 합니다.

보이는 부모님도 잘 모시지 아니하고 보이지 아니하는 하나님을 사랑한다는 것은 거짓입니다.

3. 부모님의 뜻에 순종하는 자

"자녀들아 너희 부모를 주 안에서 순종하라 이것이 옳으니라" (엡6:1).

자식의 도리로 가장 옳은 일은 말씀에의 순종입니다. 큰 아들이나 작은 아들이나 본문은 탕자의 모습이며 불순종하는 모습이 나타납니다.

그러나 둘째는 잘못된 모든 것을 깨닫고 아버지와 함께하며, 정성껏 섬기고, 그 말씀을 순종하기 위해 돌아왔습니다.

종으로라도 지내기 원했던 소박한 마음으로 부모님의 남은 생애를 잘 모셨으리라 생각됩니다. 부모님을 존경하는 것이 효의 근본입니다.

머리로는 알고 있으나 실천에 옮기지 못하는 것이 많이 있습니다. 그러나 하나님이 말씀하신 계명대로 부모님을 공경하는 삶을 구체적으로 실천하는 모두가 되어야겠습니다.

복된 가정

《시 128:1-6》

여호와를 경외하며 그의 길을 걷는 자마다 복이 있도다 네가 네 손이 수고한 대로 먹을 것이라 네가 복되고 형통하리로다 네 집 안방에 있는 네 아내는 결실한 포도나무 같으며 네 식탁에 둘러 앉은 자식들은 어린 감람나무 같으리로다 여호와를 경외하는 자는 이같이 복을 얻으리로다 여호와께서 시온에서 네게 복을 주실지어다 너는 평생에 예루살렘의 번영을 보며 네 자식의 자식을 볼지어다 이스라엘에게 평강이 있을지로다

알제리에서 사망한 미국의 한 시인이 31년이 지난 후 그 유해가 본국으로 돌아왔을 때 뉴욕 항에서는 인산인해를 이루었고 군악대의 애국가와 예포가 울렸고 대통령과 국무위원들은 모자를 벗고 애도를 표했습니다.

그는 유명한 정치가나 사업가, 장군이 아니었습니다. 과연 이 사람은 누구였을까요? 그는 바로 "홈, 스위트 홈"(Home, Sweet home)의 작사가 존 하워드펜이었습니다.

"즐거운 곳에서는 날오라 하여도 내 쉴 곳은 작은 집 내 집 뿐이리...꽃 피고 새 우는 내 집 뿐이리."

그는 모든 사람의 마음에 행복한 가정의 소중함을 심어준 사람이었습니다. 가정은 가장 소중한 하나님 나라의 기본 단위이며, 사회를 구성하는 기본입니다.

이 귀한 가정이 가장 복된 가정이 되려면 어떠해야 할까요?

1. 하나님을 잘 섬기는 가정

여호와를 경외하는 가정이 복된 가정이라고 1절에서 말씀하고 있습니다. 두렵고 떨리는 마음으로 하나님만을 섬기는 가정입니다. 무엇을 하든

지 하나님 중심이요, 하나님 면전에서 살려고 노력하는 가정을 하나님은 축복해 주십니다. 수고한 대가를 충분히 받을 수 있게 하시며 모든 일을 형통케 하십니다.

2. 말씀을 사랑하며 지키는 가정

하나님을 사랑하며 섬기는 것은 그 말씀을 따라 사는 것입니다. 그래서 1절에서 "그 도에 행하는 자마다 복이 있다"고 했습니다.

말씀 따라 사는 삶은 성숙한 그리스도인임을 나타내 주고 있습니다. 아내는 가정을 중심으로 현숙한 여인이 되어 "결실한 포도나무" 같으며, 자식들은 "어린 감람나무"와 같아 소망이 넘치는 복된 가정을 이루기 위해서는 그 말씀의 법을 따라 살아가야 합니다.

3. 교회 중심의 가정

하나님께서는 가족 단위로 구원하시기를 기뻐하십니다(행 16:31). 노아의 방주 역시 노아 가족이 모두 들어가 구원받았습니다.

"그러나 너와는 내가 내 언약을 세우리니 너는 네 아들들과 네 아내와 네 며느리들과 함께 그 방주로 들어가고 혈육 있는 모든 생물을 너는 각기 암수 한 쌍씩 방주로 이끌어들여 너와 함께 생명을 보존하게 하되"(창 6:18,19).

하나님 섬김과 말씀을 잘 지켜 살아가는 성도는 반드시 교회 중심의 삶을 살게 되어 있습니다. 하나님은 시온에서 복을 주시며 평생에 예루살렘의 복을 볼 수 있도록 하신다고 약속하셨습니다. 이것은 교회를 통하여 영적인 축복과 함께 물질의 축복을 허락하시며 생육하고 번성하는 자손의 축복까지 주신다는 말씀입니다.

성전에서 자란 사무엘

《삼상 3:19-21》

사무엘이 자라매 여호와께서 그와 함께 계셔서 그의 말이 하나도 땅에 떨어지지 않게 하시니 단에서부터 브엘세바까지의 온 이스라엘이 사무엘은 여호와의 선지자로 세우심을 입은 줄을 알았더라

사무엘은 어려서부터 하나님의 법궤가 있는 성전 중심으로 엘리 제사장에게 배우며 하나님 앞에서 자랐습니다. 하나님은 이 사무엘에게 어떤 축복을 주셨을까요?

1. 직분자로 부르셨습니다

사무엘은 사사 시대의 사람입니다. 이때 기도의 사람 한나를 통해 태어난 사무엘은 그 모친의 서원에 의해 엘리 제사장이 있는 성전에서 자랐습니다. 하나님은 그를 일찍부터 부르신 것입니다. 하나님의 입으로 사용할 선지자로 부르셨습니다. 이 시대 역시 말씀은 많으나 진정한 제자를 요구하는 시대임을 깨달아야 합니다. 우상 숭배는 더욱 횡행하고 자기 자신의 귀를 간지럽게 하는 지도자를 요구하는 시대입니다. 이때에 진정으로 교회 중심, 말씀 중심으로 자라난 제자를 찾고 있음을 명심하고 우리 자신은 물론 우리 자녀들을 이처럼 길러 내어 주님의 제자로 사용되게 해야 합니다.

2. 직분자의 권세를 주셨습니다

하나님께서는 사무엘의 입에서 나오는 말은 한 마디도 땅에 떨어지지 아니하고 다 이루게 하셨습니다. "사무엘이 자라매 여호와께서 그와 함께 계셔서 그의 말이 하나도 땅에 떨어지지 않게 하시니 단에서부터 브엘세바까

지의 온 이스라엘이 사무엘은 여호와의 선지자로 세우심을 입은 줄을 알았더라 여호와께서 실로에서 다시 나타나시되 여호와께서 실로에서 여호와의 말씀으로 사무엘에게 자기를 나타내시니라"(삼상 3:19-21).

단에서 브엘세바에 이르기까지 모든 사람들이 사무엘을 하나님이 세운 선지자임을 알고 따랐습니다. 아무리 어려서부터 모태 신앙이라 자랑하여도 환경이 좋지 못하고 가르침을 받는 자세가 바르지 못하다면 잎만 무성할 뿐 권세가 나타나지 않을 수도 있습니다. 그러나 어려서부터 교회 중심이 되어 하나님의 임재를 깨닫고 말씀을 귀히 여기며 말씀대로 살아가기 원하는 성도들에게 하나님의 은혜가 주어집니다. 사무엘은 특별히 선지자로 구별되어 그 입의 말에 권세와 능력이 주어졌습니다.

3. 기도 응답의 축복을 누리게 합니다

가장 멋있는 신앙인은 기도 응답을 잘 받는 자입니다. 사무엘은 기도의 사람이었습니다. 그는 기도를 쉬는 죄를 범치 않겠다 하였습니다. 뿐만 아니라 모든 사람들은 그가 기도하면 반드시 응답된다는 사실을 알았습니다. 그러므로 미스바에 모였을 때 블레셋의 공격으로부터 승리하기 위하여 당신은 우리를 위해 쉬지 말고 기도해 달라고 요청을 받았습니다. 그는 기도하기 전 먼저 하나님 앞에 번제를 드리고 기도하였습니다. 기도는 응답되었습니다.

하나님은 천둥으로 블레셋 군사를 어지럽게 하여 이스라엘에게 승리를 주었습니다. 사무엘이 사는 동안 적이 침범을 못했습니다. 잃었던 땅을 회복하였습니다. 그리고 평화가 넘쳤습니다. 여러분! 지금 어떤 환경에 있습니까? 그리고 교회 중심이 되어 있습니까? 진정한 하나님의 말씀을 받고 순종한다면 사무엘에게 주신 축복을 우리도 받을 줄 믿습니다.

영광의 가문

《창25:19-26》

아브라함의 아들 이삭의 족보는 이러하니라 아브라함이 이삭을 낳았고 이삭은 사십 세에 리브가를 맞이하여 아내를 삼았으니

아브라함의 가문은 하나님이 축복하신 영광의 가문이었습니다. 예수 그리스도를 믿는 우리 가정이 영광의 가문이 되기를 원합니다. 어떻게해야 영광의 가문이 되며, 지속적인 가문의 유지는 어떻게해야 될까요?

1. 하나님의 복을 받는 가문

여호와께서는 아브라함의 노년에 복을 주셨고 아브라함의 모든 신앙의 유산 (유업)을 물려받은 이삭 또한 복을 주셨습니다(창24:1,25:11). 이 복은 하나님으로부터 나오는 복입니다. 우상을 숭배하던 아브라함에게 은혜를 주셨고 가나안 땅으로 인도하여 성공자가 되게 하신 장본인은 하나님이십니다. 아브라함은 하나님의 뜻을 알아가게 되었습니다. 그러므로 약속을 믿은 아브라함은 자식을 낳을 수 없는 몸으로 백 세에 약속의 씨인 이삭을 얻게 되었습니다.

하나님이 자신을 통하여 새 인류를 만드시는 것을 알았고, 이 일을 위해 주의 뜻을 따른 것입니다. 그리고 그 아들을 번제로 바침으로 하나님과 화목을 이루는 제사를 드린 것입니다. 이것을 하나님은 기쁘게 받으셨고, 온 인류의 구원자가 되시는 그리스도의 가문으로 길을 열었습니다.

이삭 대신 수양을 주심으로 번제를 드리게 되어 이스라엘을 이루는 기초를 완전히 세웠습니다. 하나님은 아브라함에게 은혜로, 그의 권능으로, 사랑으로 복을 주셔서 영광의 가문을 이루게 하셨습니다. 그렇습니다. 하나

님의 영광의 가문은 오직 예수를 믿음으로 세워집니다. 이 복은 온전히 하나님의 은혜로 이루어지며 믿음으로 받습니다.

2. 하나님의 절대 주권을 인정하는 가문

영광의 가문에 속한 자들의 축복은 간단합니다. 하나님의 절대 주권을 인정하며 살아갈 때 주어집니다. 범사에 주님을 인정하면 길이 열리게 됩니다(잠3:6). 이삭은 나이 40에 장가 들어 59세까지 자식이 없었습니다. 그러나 이 모든 것을 하나님께 맡기고 기도하여 리브가가 잉태하였다고 성경은 밝히고 있습니다. 또한 리브가는 쌍태가 복중에서 싸울 때 하나님께 나아가 기도하여 하나님의 뜻을 알았습니다. 범사에 하나님의 절대 주권을 인정하여 살아가는 영광의 가문이었습니다.

또한 인간의 모든 것을 하나님이 결정하신다는 사실을 리브가는 알았습니다. 하나님은 절대적인 주권으로 만상을 이끌어 가십니다. 이런 신앙만이 평안이 있고 참 자유가 있으며 미래가 소망적입니다.

3. 영적인 것에 우선을 두는 가문

하나님은 영광의 가문에서 에서와 야곱을 등장시켜 보여주고 있습니다. 에서는 장자이면서 육의 것에 취하여 하나님의 장자권을 팥죽 한 그릇에 팔아 버립니다. 성경은 장자의 명분을 경홀히 여긴 자를 망령된 자로 평가하고 있습니다(창25:34, 히12:16). 하나님의 장자권을 소중히 여긴 야곱은 오직 삶의 목표를 장자권 획득에 두었습니다. 그는 야곱이 변하여 이스라엘로 축복을 받습니다(창32:27-28;35:10-11). 하나님은 세상 일에 정신을 다 쏟고 분주한 성도는 원하지 않습니다. 열심을 다해 수고와 노력을 하는 것은 당연합니다. 그러나 영적인 것에 최우선과 가치를 두어야 합니다.

사랑과 사명

《살전 2:7-12》

우리는 그리스도의 사도로서 마땅히 권위를 주장할 수 있으나 도리어 너희 가운데서 유순한 자가 되어 유모가 자기 자녀를 기름과 같이 하였으니 우리가 이같이 너희를 사모하여 하나님의 복음뿐 아니라 우리의 목숨까지도 너희에게 주기를 기뻐함은 너희가 우리의 사랑하는 자 됨이라 형제들아 우리의 수고와 애쓴 것을 너희가 기억하리니 너희 아무에게도 폐를 끼치지 아니하려고 밤낮으로 일하면서 너희에게 하나님의 복음을 전하였노라 우리가 너희 믿는 자들을 향하여 어떻게 거룩하고 옳고 흠 없이 행하였는지에 대하여 너희가 증인이요 하나님도 그러하시도다 너희도 아는 바와 같이 우리가 너희 각 사람에게 아버지가 자기 자녀에게 하듯 권면하고 위로하고 경계하노니 이는 너희를 부르사 자기 나라와 영광에 이르게 하시는 하나님께 합당히 행하게 하려 함이라

데살로니가 교회는 믿음의 색깔이 분명하였습니다. 그 이유는 바울이 그리스도를 통한 하나님의 사랑을 넘치게 체험하였고 부르신 목적과 사명을 그 사랑 안에서 발견했기 때문입니다.

바울은 어떻게 그 사명을 감당하였으며, 오늘 우리가 받아 행해야 할 것은 무엇일까요?

1. 사랑을 실천하였습니다

바울은 다메섹 성에 가까웠을 때 부활하신 주님을 만난 후 그리스도 안에 있는 하나님의 큰 사랑을 체험하고 이방의 복음전도자의 사명을 받은 후 그의 사역은 사랑을 실천하는 사역이었습니다.

사랑과 공의가 하나 되어 인류의 가슴에 불을 붙여주었던 십자가의 사랑을 실천하였습니다. 어머니가 자기 자식을 기름과 같은 풍성한 사랑으로, 아버지가 자기 자녀에게 하듯 권면하고 위로하며 경계하여 그리스도를 닮

는 성도들로 양육하였습니다. 우는 어린아이에게 TV를 틀어주면 대개 잠잠합니다. TV에서 나오는 소리는 엄마의 뱃속에서 들었던 소리와 유사하므로 안정을 찾고 울음을 멈추며 즐거워하는 것입니다. 또한 영어를 가르치는 어떤 전문인은 엄마가 영어를 가르치는 것이 가장 학습효과가 빠르며 실제의 영어를 한다고 들었습니다.

이 모든 것의 배경은 사랑이기 때문입니다. 그러므로 바울은 은혜로 받은 구속의 사랑을 실천할 수밖에 없었습니다. 그리스도의 십자가 사랑을 마음껏 받으시고 그 사랑의 실천자들이 되시기를 원합니다.

2. 사랑의 수고를 아끼지 않았습니다

"형제들아 우리의 수고와 애쓴 것을 너희가 기억하리니... 밤과 낮으로 일하면서 너희에게 하나님의 복음을 전파하였노라"(살전2:9). 바울은 복음을 가장 값진 것으로 알았으며, 이 복음이 실제화 되기 위하여 복음으로만 아니라 성도들을 사모하여 목숨까지 주기를 즐거워하여 지칠 줄 모르고 수고하며 밤낮을 가리지 않고 그 일을 감당하였습니다. 그는 자신 있게 너희가 증인이요 하나님이 증인이라고 말했습니다.

3. 목적이 분명한 일을 하였습니다

"이는 너희를 부르사 자기 나라와 영광에 이르게 하시는 하나님께 합당히 행하게"(살전 2:12) 하기 위하여 사랑의 실천으로, 사랑의 수고와 애씀으로 복음 사역을 감당하였습니다.

우리 또한 말로만이 아니라 가르침을 받는 자녀나 구역, 그리고 우리 주위의 모든 사람들을 가장 큰 영향력과 색깔이 분명한 신앙인으로 양육하기 위하여 사랑과 사명의 관계를 분명히 붙잡고 나아갑시다.

위기를 극복한 히스기야

《사 37:4-23》

히스기야가 그 사자들의 손에서 글을 받아 보고 여호와의 전에 올라가서 그 글을 여호와 앞에 펴 놓고 여호와께 기도하여 이르되 그룹 사이에 계신 이스라엘 하나님 만군의 여호와여 주는 천하 만국에 유일하신 하나님이시라 주께서 천지를 만드셨나이다 여호와여 귀를 기울여 들으시옵소서 여호와여 눈을 뜨고 보시옵소서 산헤립이 사람을 보내어 살아 계시는 하나님을 훼방한 모든 말을 들으시옵소서 여호와여 앗수르 왕들이 과연 열국과 그들의 땅을 황폐하게 하였고 그들의 신들을 불에 던졌사오나 그들은 신이 아니라 사람의 손으로 만든 것일 뿐이요 나무와 돌이라

가장 큰 위기의 때에 옳은 판단으로 용기 있게 최선의 선택을 어떻게 하느냐에 따라 문제가 해결되느냐 아니면 더 미궁에 빠져 어려움을 겪게 되느냐가 결정됩니다. 히스기야 왕은 국가의 위기 앞에서 어떤 선택으로 문제를 해결했을까요?

1. 하나님 앞에 나아갔습니다

앗수르 왕 산헤립으로부터 온 위협적인 편지를 받아보고 그는 외세에 힘을 요청하지 아니하고 살아 계신 하나님 앞에 나아갔습니다.

그의 손에는 편지가 들려 있었고 그 편지를 펴 놓고 기도하였습니다. 편지를 펴 놓은 사실은 하나님은 온 땅을 두루 감찰하심과 우리의 모든 일거수 일투족을 하감하고 계심을 믿는 믿음의 표시입니다. 곧 인격적인 하나님을 찾는 표시입니다.

2. 여호와여 눈을 떠 보옵소서라고 했습니다

그는 기도 속에서 "여호와여 눈을 떠 보옵소서"라고 부르짖고 있습니다.

여기에서 '눈'은 히브리 단어로 '에네카'라는 복수형을 사용하였습니다. 이는 똑똑히 보아 주시라는 것입니다. 힘을 자랑하고(11절), 각 나라의 신들과 동일하게 취급하는 그 참람함을 보시며(12절), 산헤립 자신이 왕 중의 왕인 것처럼(13절) 하는 교만하며 패역한 모습과 주의 이름을 훼방하는 방자한 모습을 보시고 하나님의 공의를 나타내주시라는 뜻입니다.

우리 모든 성도님들에게도 고난과 위기가 없을 수가 없습니다. 어쩌면 현대를 살고 있는 우리 모두는 늘 위기의식 속에서 살고 있습니다. 이때마다 승리의 비결은 천하 만국의 유일하신 주님 앞에 나가는 길밖에 없습니다. "내가 산을 향하여 눈을 들리라 나의 도움이 어디서 올까 나의 도움은 천지를 지으신 여호와에게서로다"(시 121:1,2).

3. 여호와여 귀를 기울여 들으시옵소서라고 했습니다

"여호와여 귀를 기울여 들으시옵소서." 여기에서 '귀'는 히브리어로 '오즈네카'라는 단수형을 사용하고 있습니다. 이는 내 기도와 간구를 한마디도 빼놓지 마시고 다 들어달라는 간절한 표현입니다. 히스기야의 기도는 응답되었습니다. 쉽게 표현하면 '하나님 보시옵소서, 들으시옵소서, 시행하시옵소서'입니다.

기도 응답은 그가 구한 대로 되었습니다. 사정과 형편을 보시고 기도를 들으신(21절) 하나님은 이사야를 통해 답을 보내셨습니다(21절). 곧 시행하실 것을(33-35절) 말씀하셨고 그대로 시행하셨습니다(36-38절). 앗수르의 군사는 여호와의 사자에 의해 십팔만오천이 죽었고 힘을 자랑한 산헤립은 자신이 섬기는 신 앞에서 아들들에 의해 살해되었습니다.

지금 성도님들은 어떤 위기에 처해 있습니까? 어떤 방법을 선택하시겠습니까? 히스기야와 같이 하나님 앞에 나아가 기도하시기 바랍니다.

백성이 즐거울 때와 탄식의 때

《잠 29:1-5》

자주 책망을 받으면서도 목이 곧은 사람은 갑자기 패망을 당하고 피하지 못하리라 의인이 많아지면 백성이 즐거워하고 악인이 권세를 잡으면 백성이 탄식하느니라 지혜를 사모하는 자는 아비를 즐겁게 하여도 창기와 사귀는 자는 재물을 잃느니라 왕은 정의로 나라를 견고하게 하나 뇌물을 억지로 내게 하는 자는 나라를 멸망시키느니라 이웃에게 아첨하는 것은 그의 발 앞에 그물을 치는 것이니라

복된 나라에서 탄식의 모든 것을 벗어버리고 가장 기쁘고 즐겁게 사는 비결은 무엇입니까? 성경은 말씀합니다.

"의인이 많아지면 백성이 즐거워하고 악인이 권세를 잡으면 백성이 탄식하느니라"(잠 29:2).

우리 모든 성도들은 악인과 의인을 알아봄으로써 악인이 득세하지 못하도록 하여야 할 책임을 가지고 있습니다.

1. 악인은 어떤 사람인가

① 목이 곧은 사람(1절) : 고집 세고 교만하며 마음이 강퍅하여 책망을 해도 받지 않는 아집투성이의 사람입니다. 그리고 자신을 먼저 위하며 하나님의 말씀에서 떠나 버린 자입니다. "내가 이 백성을 보니 목이 곧은 백성이로다"(출32:9).

② 불의한 자(4절) : 뇌물을 좋아하고 아첨을 좋아하며 하나님의 말씀을 떠나 자행자지 하는 자입니다. 국가는 법에 의해 다스려져야 정당합니다.그러나 악한 자는 불의와 타협하고 매관 매직까지 합니다.

③ 오만한 자(잠 29:8) : 거만한 태도로 남을 업신여기고 자신을 드러내려는 사람, 가난한 자의 사정을 알아주지 아니하며 백성 위에 군림하고자 하는 자입니다.

이와 같은 자들이 권세를 잡으면 다툼과 분쟁과 소란이 일어나고 부익부 빈익빈이 생기며 백성들은 손이 수고한대로 먹지 못하고 탄식의 소리는 높아만 가게 됩니다.

2. 의인은 어떤 사람인가?

하나님의 부르심에 합당하게 사는 자입니다.

곧 거듭난 자요,. 지혜를 사모하며 백성을 사랑하고 가난한 자의 사정을 알아주며 공의를 사랑하는 자입니다.

"성읍은 정직한 자의 축원을 인하여 진흥하고 악한 자의 입을 인하여 무너지느리라"(잠11:11).

또한 '의인은 오직 믿음으로 살리라' 고 성경은 말합니다(합 2:4). 곧 하나님을 향한 믿음으로 사는 사람이 의인인 것입니다. 거룩한 백성으로 인침을 받은 자는 하나님 앞에서 의인으로 인정받습니다.

3. 예수 안에 참 평강이 있습니다

우리 주 예수 그리스도는 이 땅에 오셔서 아버지의 뜻을 따랐고, 그의 삶은 그런 후 종의 모습으로 겸손하게 낮아지며 죽기까지 복종하였습니다.

그는 높임을 받아 세계의 모든 무릎이 그 앞에 꿇게 되었으며 주라고 시인받게 되었습니다. 그리하여 그가 평강의 왕으로 오늘도 우리를 다스리므로 주 안에서 마음껏 즐거움을 누릴 수 있습니다(요 14:27).

그렇지 않사오면

《출 32:30-35》

이튿날 모세가 백성에게 이르되 너희가 큰 죄를 범하였도다 내가 이제 여호와께로 올라가노니 혹 너희를 위하여 속죄가 될까 하노라 하고 모세가 여호와께로 다시 나아가 여짜오되 슬프도소이다 이 백성이 자기들을 위하여 금신을 만들었사오니 큰 죄를 범하였나이다 그러나 이제 그들의 죄를 사하시옵소서 그렇지 아니하시오면 원하건대 주께서 기록하신 책에서 내 이름을 지워 버려 주옵소서 여호와께서 모세에게 이르시되 누구든지 내게 범죄하면 내가 내 책에서 그를 지워 버리리라 이제 가서 내가 네게 말한 곳으로 백성을 인도하라 내 사자가 네 앞서 가리라 그러나 내가 보응할 날에는 그들의 죄를 보응하리라 여호와께서 백성을 치시니 이는 그들이 아론이 만든 바 그 송아지를 만들었음이더라

국가가 혼란하고 위정자들의 흠이 보일 때 다 내 탓으로 돌릴 줄 알고 하나님께 나아가는 신앙인의 자세를 갖기 위하여 "그렇지 않사오면"이라는 제목의 말씀에 은혜받기 원합니다.

금송아지를 만들어 우상 숭배의 죄를 짓고 하나님을 떠났던 이스라엘 백성들의 죄를 속하기 위하여 모세는 어떠하였습니까? 그는 피 맺힌 기도로 문제를 해결받았습니다. 모세는?

1. 지도자로서 책임을 통감하였습니다

성경학자 벵겔로는 "책임을 회피했던 아론과는 달리 모세는 이처럼 자기 민족을 위해 생명까지 내놓을 만큼 투철한 책임의식과 동포를 사랑하는 정신을 가지고 있었음을 알 수 있다"고 했습니다.

시내 산에서 계명과 함께 용서의 은혜를 주시기 위한 성막의 설계도를 가지고 모세가 내려오기 전에 이미 이스라엘 백성들은 자기 자신들을 위하여 금송아지를 만들고 하나님을 떠나 하나님의 진노를 피할 수 없었습니

다. 그러나 모세는 백성의 잘못을 자신이 지은 것처럼 지도자로서의 책임을 통감하며 다시금 하나님께 나아갔습니다.

우리 모든 성도들은 백성들과 위정자들이 지은 죄로 인하여 하나님의 진노가 임하기 전에 그리스도인으로서 먼저 투철한 책임의식을 가지고 살아계신 하나님 앞에 나아갑시다.

2. 공익을 위한 지도자였습니다

"그런즉 내가 하는 대로 두라 내가 그들에게 진노하여 그들을 진멸하고 너를 큰 나라가 되게 하리라"(출32:10). 모든 이스라엘 백성에게 진노가 임할 것을 하나님께서 모세에게 말씀하신 것입니다.

그리고 모세에게는 더 큰 나라를 이룰 수 있는 대표자로 선택하여 축복하였습니다. 우리는 사회야 어떠하던지 물욕과 명예욕 때문에 공익을 무시한 처사를 할 때가 많이 있습니다.

그러나 모세는 자신의 안일과 번영과 축복보다는 국가와 민족이 하나님과 화해되며 복된 나라가 되기를 소원하며 뜨거운 심장을 가지고 하나님께 나아간 것입니다.

3. 자기를 희생하는 기도를 하였습니다

모세는 기도하였습니다. 백성의 죄를 자백하였습니다. 원하시면 자기 백성의 죄를 사하여 달라는 간절한 기도를 하였습니다.

그러나 만일 다 죽이기로 작정하셨다면 내가 혼자 살아야 할 이유도 가치도 없다면서 생명록에서 자신의 이름을 지워달라고 간구하였습니다. 이것이 '그렇지 않사오면' 의 기도입니다. 지금 성도님은 민족과 이웃을 얼마나 사랑하고 있습니까? 모세와 같은 마음으로 살아가시기 바랍니다.

다윗과 골리앗

《삼상17:41-49》

블레셋 사람이 방패 든 사람을 앞세우고 다윗에게로 점점 가까이 나아가니라

다윗이 골리앗을 이길 수 있었던 이유를 알고 실천해 나간다면 우리도 어떤 어려운 일이 닥쳐와도 당당하게 승리할 수 있습니다. 다윗의 신앙은?

1. 오직 주님의 이름을 의지하는 신앙

다윗은 두려워 떨고 있는 사울 왕에게 사람으로 인하여 두려워 말라 하였습니다. 그 이유는 전쟁이 여호와께 속한 것을 알았기 때문입니다. 그는 실제로 골리앗을 향하여 달려나갈 때 "너는 칼과 창과 단칼로 나오지만 나는 만군의 여호와의 이름으로 나아간다" 고 외치며 나갔습니다. 주님은 다윗의 편이 되었고 물맷돌 하나로 골리앗을 죽일 수 있었습니다.

우리의 신앙도 마찬가지입니다. 마귀와 영적 전쟁에서 승리할 자는 아무도 없습니다. 오직 우리의 왕이신 그리스도만이 이길 수 있습니다. 어떤 일을 당하여도 두려워해서는 안 됩니다. 십자가에서 구속을 이루시고 사망과 세상, 그리고 마귀의 권세를 이기신 예수 그리스도의 이름을 의지함으로 승리할 수 있습니다.

2. 생활 속에서 체험하는 신앙

사울 왕이 다윗에게 골리앗과 싸울 수 없다고 말했습니다(33절). 이때 다윗은 사울의 말을 듣고 자신의 삶 속에서 함께 하시고 위험에서 구원하신 여호와 하나님을 체험한 간증을 하였습니다(삼상 17:34-36). 우리의 신앙도

생활 속에서 체험되어져야 합니다. 주님이 함께 하시고 동행하시며 환난과 고통 속에서 문제를 해결해 주신 삶의 체험이 있을 때 더욱 확신 있게 일을 할 수 있습니다.

하나님께서 우리나라를 많이 사랑하고 계심을 종종 느낍니다. 세계 속에서 다윗처럼 작은 나라일 수도 있지만 세계 경제에 큰 영향을 끼치는 기업들이 이 땅에서 일어나 우리 상품을 여러 나라 사람들이 애용하고 있습니다. 우리나라가 만든 차를 타고, 우리가 만든 핸드폰을 소지하고 있는 외국인들이 많이 있습니다. 여러 가지 종류의 물품들이 수출되고 있고 원전을 비롯해 우리 기술을 수출하기에 이르렀습니다. 정말 감사한 일입니다. 무엇보다 세계 선교사 파송 2위 국가로 발돋움했습니다. 믿음의 소년 다윗과 함께 하셨던 하나님께서 우리와 함께 하고 계심을 믿습니다.

3. 실전에 강한 신앙

다윗은 사울로부터 투구와 갑옷과 칼을 받았지만 몸에 맞는 것이 하나도 없었습니다. 그는 모든 것을 버리고 물맷돌 다섯 개를 무기로 삼아 단 한 개로 승리하였습니다. 소년 다윗은 전쟁이 하나님께 속한 것을 알았기 때문입니다. 평소에 훈련된 것을 사용한 것입니다. 골리앗은 투구와 갑옷, 검과 단창을 가졌고 방패 든 자들이 그 앞에서 방어하였지만 다윗의 손을 떠난 돌맹이는 골리앗의 이마 속에 박혔습니다.

우리 성도들의 싸움은 영적 전쟁이요, 이 세상의 어두움의 주관자들과 하늘의 속한 악한 영들과의 싸움입니다(엡 6:12). 그러므로 승리할 수 있는 비밀은 하나님의 전신갑주로 무장하는 것입니다(엡 6:11-17). 그리고 마귀를 대적해야 합니다(벧전 5:8,9). 어떤 일이 있어도 실제의 삶 속에서 승리하시는 여러분이 되시기 바랍니다.

위기를 극복하라

《마14:28-33》

베드로가 대답하여 이르되 주여 만일 주님이시거든 나를 명하사 물 위로 오라 하소서 하니 오라 하시니 베드로가 배에서 내려 물 위로 걸어서 예수께로 가되 바람을 보고 무서워 빠져 가는지라 소리 질러 이르되 주여 나를 구원하소서 하니 예수께서 즉시 손을 내밀어 그를 붙잡으시며 이르시되 믿음이 작은 자여 왜 의심하였느냐 하시고 배에 함께 오르매 바람이 그치는지라 배에 있는 사람들이 예수께 절하며 이르되 진실로 하나님의 아들이로소이다

인생의 삶에 수많은 위기가 닥쳐옵니다. 풍랑을 만난 제자들은 사력을 다하여 목적지에 이르려 하였으나 거스르는 바람과 그로 인한 파도로 인하여 파선의 직전에 처해 있었습니다.

1. 위기를 만난 이유

죽음을 앞에 둔 제자들의 고통을 아시고 기도를 마친 후 새벽 3시 이후에 바다를 걸어서 오셨는데 제자들이 이를 보고 유령으로 알았습니다. 이때 주님은 제자들에게 자신을 알리고 평강을 주셨습니다. 의심 반 기쁨 반이었던 베드로는 "주시어든 오라 하소서"라고 요청하여 주님을 확인하였습니다.

주님은 '즉시 오라' 하셨고 베드로는 아무런 의심 없이 바다에 뛰어 내려 걸어서 주님 앞으로 갔습니다. 그러나 여전히 바람은 휘몰아쳤고 풍랑은 산더미처럼 올라 갔습니다. 귀에는 바람소리, 눈에는 성난 파도를 보는 순간 주님은 보이지 않았습니다. 베드로는 두려움 때문에 그대로 물에 빠져들어 갔고 비로소 죽음의 위기가 찾아왔던 것입니다. 주님 대신 파도를 보는 순간 불신이 찾아왔고, 불신은 두려움으로 변했으며 신앙의 위기가 찾아온 것입니다.

2. 위기의 극복

위기에 처한 베드로는 '주여 나를 구원하소서' 라고 외쳤습니다(30절). 예수님은 즉시 손을 내밀어 저를 붙잡아 주셨고 함께 다시 바다 위를 걸어 배에 오르게 되었습니다.

베드로가 위기를 극복할 수 있었던 것은 바로 소리를 지른 것입니다. 이 소리 지르는 것은 위기를 만난 자신을 주님께 알리는 것입니다. 살아야겠다는 외침입니다.

우리의 삶도 마찬가지입니다. 말씀을 읽거나 듣거나 기도하는 중에 분명히 말씀이 우리 자신에게 임할 때 확신을 가지고 어떠한 일에 도전을 합니다. 그러나 진행되는 과정에서 현실에 나타난 큰 문제나 환난 때문에 그 믿음은 사라지고 불신이 찾아옵니다.

"주여 나를 구원하소서." 베드로는 주님만이 구원의 길이요 문제 해결의 길임을 믿고 구한 것입니다. 즉시 위기는 극복되었습니다.

3. 위기를 극복한 베드로와 제자들

예수님은 물 속에 빠져드는 베드로를 손을 내밀어 건져주셨습니다. 이 때 베드로는 한 손으로 주님의 손을 꼭 잡을 수밖에 없었고, 위기를 극복한 베드로는 주님과 함께 바다 위를 걸어서 배에 오르게 되었습니다.

이 사건을 통하여 베드로는 주님을 더 가까이 할 수 있었고 제자들은 예수님이 예배를 받으시기에 합당한 하나님의 아들 그리스도이심을 고백하게 되었습니다.

위기 때 주님께 기도하시기 바랍니다. 오직 예수님만이 우리의 위기를 극복해 주시는 주님입니다.

죽으면 죽으리이다

《에 4:13-17》

모르드개가 그를 시켜 에스더에게 회답하되 너는 왕궁에 있으니 모든 유다인 중에 홀로 목숨을 건지리라 생각하지 말라 이 때에 네가 만일 잠잠하여 말이 없으면 유다인은 다른 데로 말미암아 놓임과 구원을 얻으려니와 너와 네 아버지 집은 멸망하리라 네가 왕후의 자리를 얻은 것이 이 때를 위함이 아닌지 누가 알겠느냐 하니 에스더가 모르드개에게 회답하여 이르되 당신은 가서 수산에 있는 유다인을 다 모으고 나를 위하여 금식하되 밤낮 삼 일을 먹지도 말고 마시지도 마소서 나도 나의 시녀와 더불어 이렇게 금식한 후에 규례를 어기고 왕에게 나아가리니 죽으면 죽으리이다 하니라 모르드개가 가서 에스더가 명령한 대로 다 행하니라

여러분은 동족의 위기를 보고 어떤 용기를 소유하고 계십니까? 그 위기를 어떻게 대처하기 원하십니까?

하나님의 백성이기 때문에 죽어야 하는 멸망의 위기를 바라본 모르드개는 옷을 찢고 통곡하며 기도하였습니다. 하나님께 간구했을 뿐 아니라 왕의 명령을 선처받을 수 있는 가장 유력한 사람인 왕후 에스더에게 담대히 말할 것을 요구하였습니다.

이때 에스더의 심중 깊은 곳에서 "죽으면 죽으리이다"라는 일사각오가 생겨났고 이로써 유다 백성을 구원하였습니다.

오늘 이스라엘 백성의 위기에 대한 에스더의 반응과 대처에서 담대한 신앙의 모습을 배워야겠습니다.

1. 모르드개의 청을 어떻게 받아들였습니까

에스더는 처음에는 당황하였습니다. 자신의 신분이 밝혀질 뿐 아니라 이미 왕이 부르지 않은 지가 30일이 되었기 때문입니다.

그러나 하나님의 능력은 반드시 그의 백성을 구하실 것이며, 하나님의 명을 받은 자가 그 명령 따라 순종치 않을 때는 멸망뿐인 것을 알고 죽음으로 유대 민족을 구원키로 작정하였습니다.

"나도 나의 시녀와 더불어 이렇게 금식한 후에 규례를 어기고 왕에게 나아가리니 죽으면 죽으리이다"(16절). 이것이 에스더의 자세였습니다.

2. 에스더의 각오와 결단은

주를 위하여 죽기를 원하는 자는 살고 자신을 위하기 원하는 자는 죽으리라는 하나님의 말씀대로 하나님의 이름을 위하여 핍박을 받고 죽기를 각오하자 에스더는 바로 행동으로 옮겼습니다.

이미 금식하는 동안 자신은 죽고 하나님의 백성의 자부심과 긍지가 살아나서 용기를 가지고 왕명을 어기며 하나님의 능력을 믿고 나아간 것입니다. 이런 담대한 믿음의 실천은 전능하신 하나님을 전적으로 믿었기 때문에 가능했습니다. 사람의 객기로 일단 저질러보는 것이 아니었습니다. 자기 자신만 믿고 각오하고 결단하면 낙망하기 쉽습니다. 우리는 에스더처럼 하나님께 맡기고 나아가는 성도가 되어야겠습니다.

3. 하나님은 유다 민족을 어떻게 구하셨습니까

하나님은 아하수에로 왕의 마음을 움직였고 예를 차리고 왕 앞에 선 왕비를 더욱더 예쁘게 보이게 하셨습니다.

그리하여 왕비의 모든 요구를 무엇이든지 들어주겠다고 약속하였고, 심지어는 나라의 절반까지도 주겠다고 하였습니다. 하나님의 뜻을 위해 헌신하기로 결심하여 행동으로 옮긴 에스더를 통해 유다 민족은 구원을 받았고 오히려 죽이려 했던 하만은 멸망되었습니다.

겨자씨와 누룩의 비유

《마 13:31-33》

또 비유를 들어 이르시되 천국은 마치 사람이 자기 밭에 갖다 심은 겨자씨 한 알 같으니 이는 모든 씨보다 작은 것이로되 자란 후에는 풀보다 커서 나무가 되매 공중의 새들이 와서 그 가지에 깃들이느니라 또 비유로 말씀하시되 천국은 마치 여자가 가루 서 말 속에 갖다 넣어 전부 부풀게 한 누룩과 같으니라

오늘은 주님께서 겨자씨와 누룩으로 비유하신 천국을 소개하여 은혜받고자 합니다. 예수님은 왜 천국을 모든 씨보다 작은 겨자씨 한 알과 가루 서 말을 전부 부풀게 한 누룩으로 비유하였을까요?

1. 천국의 시작은 가장 작게 출발된다는 것입니다

모든 씨보다 가장 작은 겨자씨는 예수님을 의미합니다. 왜냐하면 예수님은 그 자체가 복음이며 자신이 하나님 나라이기 때문입니다.

그가 하나님의 계획대로 천국의 복음을 선포하기 위하여 이 땅에 오셨을 때에는 하나님 말씀을 가르치던 대제사장, 서기관, 바리새인의 생각과는 전혀 다른 모습이었습니다. 그들이 생각하고 있던 메시야의 모습과는 전혀 다른 모습으로 베들레헴 말구유에 오시어 비천한 모습으로 나사렛에서 자랐습니다(사53:2 참조).

그러나 하나님은 그를 통하여 하나님 나라 (천국)를 완성시키고자 계획하였기에 부활의 첫 열매로 만드셔서 완성된 (완전한) 나무로 성장시켰고, 택한 백성을 그리스도의 이름으로 부르시고 그 피로 죄 사함을 허락하심으로 예수님 안에 거하는 자는 참 평안과 안식을 누릴 수 있게 하였습니다.(공중의 새들이 와서 그 가지에 깃들이느라.)

주의 재림 때는 그 택한 자들을 참 안식에 이르도록 하늘 이 끝에서 저 끝까지 사방에서 모을 것입니다(마24:31). 성도들은 영광스런 그 날을 기다리며 오늘도 승리하는 삶이 되어야겠습니다.

2. 복음의 능력은 전 우주에 미칩니다

"가루 서 말 속에 갖다 넣어 전부 부풀게 한 누룩"은 복음의 능력을 소개하면서 천국의 확장 운동을 말씀하고 있는 것입니다. 예루살렘으로부터 시작된 복음은 지구를 한 바퀴 돌고 있습니다.

예수님의 입에서 나온 복음은 12 제자를 통하여 전파되었고, 모든 교회는 복음 확장 운동에 전력하고 있습니다.

가루 서 말이 그 어느 곳에나 영향력이 다 미쳤듯이 복음은 뿌려지면 생명력이 있어 확산되게 되어 있습니다. 이를 막을 길이 없습니다. 선택된 백성이 이 복음을 접하게 될 때 하나님의 부르심에 응하게 될 것입니다.

3. 천국 백성의 자세

작은 것을 작다고 생각지 말아야 합니다. 갈릴리 어부 출신 베드로를 대제사장들과 서기관들, 그리고 바리새인들은 율법 학자에게 배운 바 없는 무식쟁이라고 했건만 그의 입에서 나온 복음으로 3천 명, 5천 명이 회개하고 돌아오는 놀라운 역사가 일어났습니다.

우리 성도들도 내 안에 가진 것들만 보지 말고 하나님이 부어주시는 능력으로 참 제자의 길을 걸어야 합니다.

복음의 능력을 보고 전도하고 그리스도 안에서 우리 자신도 성장되어 모든 사람들의 피난처, 그늘, 안식처가 되는 살아 있는 신앙인이 되어야겠습니다.

보화와 진주의 비유

《마 13:44-46》

천국은 마치 밭에 감추인 보화와 같으니 사람이 이를 발견한 후 숨겨 두고 기뻐하며 돌아가서 자기의 소유를 다 팔아 그 밭을 사느니라 또 천국은 마치 좋은 진주를 구하는 장사와 같으니 극히 값진 진주 하나를 발견하매 가서 자기의 소유를 다 팔아 그 진주를 사느니라

여러분의 삶 속에서 가장 가치 있고 값진 것이 무엇인 줄을 알았다면 어떻게 하시겠습니까?

예수님은 천국을 보화와 진주로 비유하였을 뿐 아니라 장사꾼에 비유하였습니다. 모든 성도님들은 이 비유의 비밀을 깨달아 큰 은혜와 축복을 누리시기를 바랍니다.

1. 천국을 보화와 진주로 비유한 이유

지상에서 가장 귀하고 값진 가치를 말할 때 보화와 진주를 말하듯이 천국은 가치 면에서 가장 귀하고 값진 곳이라는 것을 알게 하기 위하여 주신 주님의 비유입니다.

마13:24에서는 천국을 제 밭에 좋은 씨를 뿌린 사람으로 비유함으로써 곧 예수님 자체가 천국이요, 예수님의 통치가 이루어진 순간부터 천국이 임하고 있음을 알게 하셨습니다.

그러면 왜 천국이 이처럼 귀하고 값진 곳이냐 하면 바로 우리 주 예수 그리스도가 주인이시며 통치자이시요 세세토록 왕 노릇 하실 분이기 때문입니다. 사도 바울은 골로새 서신에서 예수 그리스도를 만세와 만대로부터 감추어진 비밀로 표현했었고(골1:26) "그 안에서 지혜와 지식의 모든 보화

가 감취어 있느니라"(골2:3)고 하였습니다.

모세는 이 비밀을 먼저 깨달은 자 되어서 "그리스도를 위하여 받은 능욕을 애굽의 보화보다 큰 재물로 여겼다"(히11:26)고 히브리서 기자는 말하고 있습니다.

우리의 모든 삶의 최종 목표는 완성된 천국입니다.

그러나 꼭 알아야 할 것이 있다면 주의 통치가 이루어진 지금 우리의 삶 또한 가장 소중한 삶인 것을 기억하여 하나님의 백성으로서의 바른 도를 지켜 나가야 할 것입니다.

2. 천국을 좋은 진주를 구하는 장사로 비유한 이유

좋은 진주를 구하기 위한 장사꾼은 그의 모든 소망이 진주를 찾는 데 있으며, 이를 위하여 그 어떤 시간과 고난도 감수하며 전 재산을 팔아서라도 사야만 하기에, 천국은 반드시 찾아야 할 곳이며, 구하고 또 구해야 할 나라이며, 소망의 나라임을 나타내고 있습니다. 여러분이 찾고 구하고 소망하는 것은 무엇입니까? 천국을 제외한 그 어떤 것도 빈껍데기를 잡고 있는 것임을 알아야 합니다.

3. 천국을 소유한 자의 삶

가장 귀하고 값진 것, 그리고 소망되며 구해야 할 것을 아는 것만으로는 알곡의 삶이 아닙니다. 행동으로 옮겨 취해야 합니다.

이를 내 것으로 소유한 삶을 살기 위해서는 내 손에 있는 것을, 내 마음과 생각 (사상) 속의 것을 버릴 때만이 천국을 소유하며 누릴 수 있습니다.

성도님들은 이 땅에 사는 동안 천국에 소망을 두고 사시길 바랍니다.

알곡과 가라지의 비유

《마 13:24-30,36-43》

예수께서 그들 앞에 또 비유를 들어 이르시되 천국은 좋은 씨를 제 밭에 뿌린 사람과 같으니 사람들이 잘 때에 그 원수가 와서 곡식 가운데 가라지를 덧뿌리고 갔더니 싹이 나고 결실할 때에 가라지도 보이거늘 집 주인의 종들이 와서 말하되 주여 밭에 좋은 씨를 뿌리지 아니하였나이까 그런데 가라지가 어디서 생겼나이까 주인이 이르되 원수가 이렇게 하였구나 종들이 말하되 그러면 우리가 가서 이것을 뽑기를 원하시나이까 주인이 이르되 가만 두라 가라지를 뽑다가 곡식까지 뽑을까 염려하노라 둘 다 추수 때까지 함께 자라게 두라 추수 때에 내가 추수꾼들에게 말하기를 가라지는 먼저 거두어 불사르게 단으로 묶고 곡식은 모아 내 곳간에 넣으라 하리라

예수님의 통치가 이루어진 이 땅에서부터 천국이 시작됨을 말씀하신 주님은 이 땅의 교회 안에는 하나님의 아들들 (알곡)과 마귀의 종들이 (가라지) 함께 있다는 사실을 말씀하심으로 경종을 울리고 있습니다.

1. 가라지의 특성

주님은 "모든 넘어지게 하는 것과 또 불법을 행하는 자들"(41절) 이라고 밝힘으로써 교회 안에서 할 수만 있으면 믿는 자들의 신앙을 떠나게 하는 일과, 하나님 말씀을 떠나서 세속적인 일을 하게 함으로써 음녀의 교회로 만들려고 한다고 하셨습니다. 가라지 (독보리 헬, 지자니온)는 줄기나 곡식은 보리를 닮았으나 실제로 쓸모없는 해로운 식물입니다. 사람이 이것을 먹으면 심한 구토증과 경련을 일으키며 설사를 하게 되고 사망에까지 이르게 됩니다.

그렇습니다. 가라지와 같은 마귀의 종들은 처음부터 거짓말하는 자들이요, 살인자들이며, 광명의 천사로 가장하는 자들이기 때문에 우리와 함께

신앙생활을 하면 잘 알 수가 없습니다. 그러나 그들의 특징은 반드시 하나님을 떠나게 하는 말과 교회에서 시비와 거부감을 느끼게 하여 기존 신자로 하여금 교회를 떠나도록 합니다.

불평과 불만이 심하고 성도간의 사이를 이간하고 목회자를 비방하여 불신으로 인도합니다. 이것이 가라지의 특성입니다.

2. 언제 뿌렸는가

성경은 "사람들이 잘 때에" 뿌렸다고 했습니다. 바울은 로마서에서 "너희가 이 시기를 알거니와 자다가 깰 때가 벌써 되었으니"(롬13:11) 라고 말했습니다. 신앙생활이 깨어 있지 아니하면 반드시 원수 마귀는 우리의 마음판에 더러운 가라지의 씨를 뿌립니다.

우리와 함께 신앙생활을 하고 있으니까 다 하나님의 자녀인 줄 알지만 이단 사설에 빠져 버릴 수가 있습니다. 잠은 주의 일에 게으름 피울 때 (잠19:15), 세상 일에만 신경 쓰고 피곤할 때(삿4:21), 현실을 도피할 때, 정신적으로 해이하여(막14:37) 영적으로 무관심 하거나 (마25:4-5), 영적으로 타락 (막13:36) 할 때 오게 되어 있습니다.

3. 성도의 축복

깨어 경성하며 성령 충만으로 살 때에 영적인 분별력이 있습니다. 완전한 주의통치가 이루어진 천국을 소망하며, 말씀에 순종하여 살아갈 때 하나님 아버지의 나라에서 해와 같이 빛나는 축복을 누리고 영원히 살게 됩니다. 성도들이 세상에서 예수님 때문에 핍박당하고 조롱당하는 불이익이 있더라도 그 모든 것을 갚아주실 주님을 바라보며 성도의 본분을 지키는 자들이 되시길 바랍니다.

복 있는 사람

《시 32:1-7》

허물의 사함을 받고 자신의 죄가 가려진 자는 복이 있도다 마음에 간사함이 없고 여호와께 정죄를 당하지 아니하는 자는 복이 있도다 내가 입을 열지 아니할 때에 종일 신음하므로 내 뼈가 쇠하였도다 주의 손이 주야로 나를 누르시오니 내 진액이 빠져서 여름 가뭄에 마름 같이 되었나이다 (셀라) 내가 이르기를 내 허물을 여호와께 자복하리라 하고 주께 내 죄를 아뢰고 내 죄악을 숨기지 아니하였더니 곧 주께서 내 죄악을 사하셨나이다 (셀라) 이로 말미암아 모든 경건한 자는 주를 만날 기회를 얻어서 주께 기도할지라 진실로 홍수가 범람할지라도 그에게 미치지 못하리이다 주는 나의 은신처이오니 환난에서 나를 보호하시고 구원의 노래로 나를 두르시리이다 (셀라)

하나님은 인간을 창조하시고 난 뒤 특별한 복을 주셨습니다(창 1:28). 그러나 인간은 하나님이 허락하신 이 복을 누리며 살 수가 없게 되었을 뿐만 아니라 죽음과 저주의 삶을 살아가게 되었습니다. 축복이 왜 저주로 변했습니까? 죄 때문입니다. 여러분은 지금 행복하십니까? 복을 누리면서 살아가고 있습니까? 세상이 주는 복이 아닌 하나님이 주시는 복을 누리는 사람은 누구입니까?

1. 허물의 사함을 얻고 죄의 가리움을 받은 자

이는 죄의 비참함을 뼈저리게 깨닫고 애통하고 신음하며 여호와께 나아가서 모든 죄를 숨기지 아니하고 내어놓는 사람입니다. 복 있는 사람은 죄의 비참함을 깨닫고 고백하고 죄 용서함을 받은 자입니다.

“만일 우리가 우리 죄를 자백하면 그는 미쁘시고 의로우사 우리 죄를 사하시며 우리를 모든 불의에서 깨끗하게 하실 것이요” (요일 1:9).

하나님께서는 죄의 용서를 지체하지 아니하시고 고백하는 그 순간에 즉시 사하시고 완전하게 하시며 그 죄를 기억조차 아니 합니다.

이런 자의 마음에는 근심과 걱정과 불안이 제거되고 참 평안이 찾아옵니다. 시편 1편에도 복 있는 자의 삶이 잘 나와 있습니다.

2. 경건의 시간을 갖는 자

죄의 용서함을 받고 구원의 기쁨을 누리는 자는 주님과 만날 기회를 자주 갖는 자입니다.

하나님께서는 기도의 사람과 그 기도를 통하여 응답하고, 순종의 삶을 사는 자에게는 홍수와 같은 대환란이 미치지 못하게 할 뿐 아니라 환란이 닥쳐와도 그 환란을 이기도록 보호하십니다.

기도의 사람이요, 순종의 사람인 노아는 세상을 멸망시키는 대 홍수 속에서 홍수의 피해를 전혀 받지 않을 뿐만 아니라 그가 지은 방주는 안전하게 새 땅에 안착되어 그 가족과 함께 구원의 기쁨을 맛보았습니다.

3. 구원의 노래를 부르는 자

죄의 용서함을 받은 자는 주께서 은신처가 되심을 감사합니다. 죄를 내어놓지 못했을 때 당했던 고통으로 뼈가 쇠하여졌고, 죄책으로 인해 종일토록 몸부림쳤을 때 의로우신 주님은 그 죄를 책망하시어 몸과 마음을 조이므로 피할 길이 없었습니다.

하지만 성령을 통해 죄를 깨닫게 하시고 주께 고백할 수 있는 은혜를 베풀어 주십니다(롬 8:26,27).

죄의 고백을 통해 용서하심으로 죄에서 해방받은 자유인이 되고, 구원의 노래로 노래하며 춤을 추지 않을 수가 없습니다. 복 있는 사람은 구원의 노래를 부르는 자입니다.

위기의 때에

《막 4:35-41》

그 날 저물 때에 제자들에게 이르시되 우리가 저편으로 건너가자 하시니 그들이 무리를 떠나 예수를 배에 계신 그대로 모시고 가매 다른 배들도 함께 하더니 큰 광풍이 일어나며 물결이 배에 부딪쳐 들어와 배에 가득하게 되었더라 예수께서는 고물에서 베개를 베고 주무시더니 제자들이 깨우며 이르되 선생님이여 우리가 죽게 된 것을 돌보지 아니하시나이까

인간은 누구에게나 위기의 때가 있습니다. 그러나 예수 믿는 성도들의 의문은 왜 예수님이 함께 하는데 위기가 오는가 하는 것입니다. 바로 여기에 대한 해답이 오늘 본문 말씀입니다. 제자들이 예수님과 함께 갈릴리 바다를 건너가다가 맞은 위기였습니다. 갑작스런 광풍으로 인하여 배가 요동하고 물결로 인하여 배에 물이 가득하여 죽음의 지경에 이르렀습니다. 그런데 이런 상황에도 예수님은 베개를 베고 주무셨습니다. 여러분은 위기가 닥쳐왔을 때 어떻게 그 위기를 극복하십니까? 본문에서 제자들의 잘못을 바로 알고 주님이 원하시는 것을 갖추시기를 소원합니다.

1. 최고의 위기

1) 그날 저물 때에 - 바다에서 배를 항해할 때 밤은 위험을 안고 있습니다. 더구나 육지에서 한참 떨어진 곳이었습니다. 그야말로 진퇴양난이었습니다.

2) 광풍이 일어나 - 갑작스런 큰 바람입니다. 돌풍이라 해야 맞습니다. 이 바람은 모든 것을 삼키고 부수는 바람입니다.

3) 물결이 배에 부딪혀 배에 가득하게 되었더라 - 타고 있던 배에 직접적인 영향을 미친 것입니다. 죽음이 바로 앞에 온 것입니다. 이런 상황에서

주님은 주무시고 계셨습니다. 제자들은 그런 예수님이 원망스러웠습니다. 이는 아직 예수님을 잘 몰랐기 때문입니다. 아직 성령이 임재하지 않은 탓에 오로지 연약한 인간들이었습니다.

2.주무시는 예수님

예수님은 제자들이 고생하는 것을 원치 않으십니다. 그러나 아직 깊은 영적 체험이 없는 탓에 연약한 인간의 본성을 가지고 있는 제자들인 것을 잘 알고 있습니다. 그렇기에 육으로 사는 제자들을 영으로 사는 제자들로 만들기 원하셨습니다. 예수님은 자신이 누구인가를 바로 알고 믿고 세상을 이기기를 원하십니다. 그렇기에 예수님을 더욱 믿게 하여 어떤 시험과 시련에도 주님만 의지하며 주님의 이름으로 승리하기를 원하여 잠잠히 계신 것입니다.

제자들의 잘못은 "우리의 죽게 된 것을 돌아보지 아니하시나이까?" 하고 주님을 원망한 것입니다. 사망 권세를 이기신 그리스도인 것을 믿고 의지하지 못한 것이 잘못입니다. 예수님을 바로 알고 바로 믿을 때 근심이 사라지고 주님 예수께서 주시는 평안이 그 마음속에 가득하게 됩니다(요14:27).

3. 잠잠하고 고요하라

"잠잠하라 고요하라 하시니 바람이 그치고 아주 잔잔하여지더라"(막4:39). 주님은 창조주이시기에 바람도 물결도 순종하였던 것입니다. "어찌하여 이렇게 무서워하느냐? 너희가 어찌 믿음이 없느냐?"(40절). 바람과 물결에 의해 침몰당할 예수님이 아니십니다. 세상의 어떤 환난도 이기게 하시는 주님이십니다(요 16:33).

기도는 나의 신앙

《엡 3:14-21》

이러므로 내가 하늘과 땅에 있는 각 족속에게 이름을 주신 아버지 앞에 무릎을 꿇고 비노니 그의 영광의 풍성함을 따라 그의 성령으로 말미암아 너희 속사람을 능력으로 강건하게 하시오며 믿음으로 말미암아 그리스도께서 너희 마음에 계시게 하시옵고 너희가 사랑 가운데서 뿌리가 박히고 터가 굳어져서 능히 모든 성도와 함께 지식에 넘치는 그리스도의 사랑을 알고 그 너비와 길이와 높이와 깊이가 어떠함을 깨달아 하나님의 모든 충만하신 것으로 너희에게 충만하게 하시기를 구하노라

기도는 하나님과의 대화입니다. 내 뜻을 하나님께 아뢰고 하나님의 뜻에 내 뜻을 굴복시키는 것이 기도입니다. 내가 하나님을 향하여 기도하는 내용이 나의 신앙의 척도입니다. 나의 신앙이 어린아이 신앙인지 장성한 자의 신앙인지는 기도의 내용으로 측정할 수 있습니다.

여러분의 기도의 내용은 어떻습니까? 신앙이 장성한 바울의 기도를 통하여 나의 기도를 측정하고 변화된 기도로 축복 받는 성도님들이 되시기를 주의 이름으로 축원합니다. 바울의 기도의 내용은 무엇일까요?

1. 영적인 축복을 위한 기도

기도하는 자가 기도해야 할 분명한 이유를 알 때 성숙한 기도를 할 수 있습니다. 바울은 본문 14절에서 이러함으로 내가 기도한다고 하였습니다. 그 이유는 에베소서 2장 19-22절 내용에 나옵니다. "그러므로 이제부터 너희는 외인도 아니요 나그네도 아니요 오직 성도들과 동일한 시민이요 하나님의 권속이라"(엡 2:19).

우리는 이제 기도할 수 있는 신분이 된 것입니다. 성도는 하나님의 나라가 완성되기 위하여 기도해야 합니다. 이러한 이유를 분명히 아는 성도는

전도와 선교를 위해서 기도하게 되고, 기도하는 자세는 하나님을 아버지로 모시고 그 앞에 겸손히 무릎을 꿇고 기도하는 것입니다. 그리고 기도의 내용은 성령의 능력으로 속사람이 강건해지기를 기도하는 것입니다. 영적인 풍성한 축복을 위하여 기도합시다.

2. 뿌리 깊은 믿음을 위한 기도

성령 충만은 순간순간 이루어질 수 있으나 믿음이 뿌리가 내리지 않으면 성도들은 어려운 상황에서 넘어질 수밖에 없습니다. 그러므로 바울은 믿음으로 말미암아 그리스도께서 너희 마음에 계시도록 기도하였고, 사랑 가운데 뿌리가 박히고 터가 든든히 굳어지도록 기도하였습니다. 우리의 마음에 그리스도가 주인이 되어야 합니다. 그래서 날마다 그의 사랑 속에 믿음의 뿌리가 깊이 내려져야 합니다.

3. 깨달음 있는 신앙생활을 위한 기도

바울은 능히 모든 성도와 함께 지식에 넘치는 그리스도의 사랑을 알 수 있도록 기도하였고, 그의 사랑의 넓이와 길이와 높이와 깊이가 어떠함을 깨닫도록 기도하였습니다. 이 생활은 명철한 생활을 의미합니다. 하나님의 온전한 지배와 인도를 받아야 합니다.

"우리 가운데서 역사하시는 능력대로 우리가 구하거나 생각하는 모든 것에 더 넘치도록 능히 하실 이에게 교회 안에서와 그리스도 예수 안에서 영광이 대대로 영원무궁하기를 원하노라 아멘"(엡 3;20,21). 범사에 깨달음을 가지고 일을 할 때에 풍성한 열매가 맺히는 신앙생활을 할 수 있는 것입니다. 그러므로 이제 어린 아이의 기도를 떠나 바울의 기도의 내용을 본받아 성숙한 기도를 함으로 축복 받는 성도가 되시기를 축원합니다.

너는 내게 부르짖으라

《렘 33:1-9》

예레미야가 아직 시위대 뜰에 갇혀 있을 때에 여호와의 말씀이 그에게 두 번째로 임하니라 이르시되 일을 행하시는 여호와, 그것을 만들며 성취하시는 여호와, 그의 이름을 여호와라 하는 이가 이와 같이 이르시도다 너는 내게 부르짖으라 내가 네게 응답하겠고 네가 알지 못하는 크고 은밀한 일을 네게 보이리라

유다 마지막 왕인 시드기야 왕 10년째 하나님께서 예레미야에게 "내 말을 전하라" 하였을 때 그는 하나님의 말씀을 대언했습니다.

그것 때문에 옥에 갇히게 되었고 소망이 없고 생명이 위태한 때에 하나님께서 찾아오셔서 "너는 내게 부르짖으라. 내가 네게 응답하겠고 네가 알지 못하는 크고 은밀한 일을 네게 보이리라"(렘33:3) 고 하셨습니다. 혼란 중의 백성에게 하나님은 어떤 분이셨을까요?

1. 소망의 하나님이셨습니다

에덴 동산의 아담과 하와에게도 하나님은 찾아오셨습니다. 죄 때문에 하나님께 갈 수 없지만 하나님은 찾아오셔서 위로해 주시며 소망을 주셨습니다. 온 우주만물을 창조하신 하나님은 약속하셨습니다.

"일을 행하시는 여호와, 그것을 만들어 성취하시는 여호와, 그의 이름을 여호와라 하는 이가 이와 같이 이르시도다"(렘33:2).

아무것도 염려하지 말라. 내가 반드시 이루리라고 예레미야에게 소망을 주셨습니다.

하나님은 왜 부르짖으라 하셨나요? 이것은 하나님께서 모든 역사를 여러

분의 기도 가운데 이루시기를 원하시기 때문입니다.

기도하면 말씀 가운데 소망을 주시며 하나님의 계획을 차츰 알도록 하십니다.

2. 용서의 하나님이셨습니다

이스라엘 백성이 악을 행하고 하나님 앞에 범죄하여 하나님께서는 노여움과 큰 분노로 그들을 쫓아보내었지만 그곳에서 훈련시키며 70년 후에 포로생활에서 돌아오도록 하시는 용서의 하나님이십니다. 하나님은 우리를 끝까지 사랑하십니다.

그래서 그 아들 예수그리스도를 보내주셔서 범죄한 우리에게 새 생명을 주셨습니다. 영생을 주셨습니다.

포로된 이스라엘 백성을 돌아보게 하시며 다 용서하시겠다고 하십니다. 에베소서 1장 7절 말씀과 같이 예수 그리스도의 피로 말미암아 속량 곧 죄 사함을 주시는 용서의 하나님이십니다.

3. 축복의 하나님이셨습니다

유다의 포로된 자, 이스라엘의 포로된 자를 돌아오게 하신 하나님은 회복의 하나님이십니다. 그래서 돌아온 그들에게 왕자와 같은 옷을 입혀 주셨습니다.

또 그들에게 복에 복을 더하여 주시며 그들을 떠나지 않겠다고 하신 하나님은 오늘도 성령으로 우리와 함께 하십니다(렘 32:40). 또 기쁨으로 복을 주되 이 땅에 심으리라 하셨습니다. 우리가 열매 맺을 때까지 새 하늘과 새 땅에 들어갈 때까지 복에 복을 더하시는 축복의 하나님이십니다. 이 하나님께 부르짖어 소망과 용서와 축복을 받는 성도들이 됩시다.

찾아오신 예수님

《눅 19:1-10》

예수께서 여리고로 들어가 지나가시더라 삭개오라 이름하는 자가 있으니 세리장이요 또한 부자라 그가 예수께서 어떠한 사람인가 하여 보고자 하되 키가 작고 사람이 많아 할 수 없어 앞으로 달려가서 보기 위하여 돌무화과나무에 올라가니 이는 예수께서 그리로 지나가시게 됨이러라 예수께서 그 곳에 이르사 쳐다 보시고 이르시되 삭개오야 속히 내려오라 내가 오늘 네 집에 유하여야 하겠다 하시니 급히 내려와 즐거워하며 영접하거늘 뭇 사람이 보고 수군거려 이르되 저가 죄인의 집에 유하러 들어갔도다 하더라 삭개오가 서서 주께 여짜오되 주여 보시옵소서 내 소유의 절반을 가난한 자들에게 주겠사오며 만일 누구의 것을 속여 빼앗은 일이 있으면 네 갑절이나 갚겠나이다 예수께서 이르시되 오늘 구원이 이 집에 이르렀으니 이 사람도 아브라함의 자손임이로다 인자가 온 것은 잃어버린 자를 찾아 구원하려 함이니라

예수께서는 "인자가 온 것은 잃어버린 자를 찾아 구원하려 함이라" (눅 19:10) 고 하셨습니다.

예수님이 오신 이유를 모르거나 잘못 생각하고 있는 사람들은 예수님이 행하시는 사역을 이해하지 못합니다. 우리는 사람들이 가까이 하기를 꺼려하는 사람에게 오히려 찾아가시는 예수님의 모습과 한 영혼을 사랑하시는 모습에서 예수님이 오신 목적을 바로 알아야겠습니다.

1. 삭개오를 부르신 예수님

모든 사람이 세리장인 삭개오를 상대조차 싫어하고 죄인 취급하며 수근거렸지만 예수님은 잃어버린 그를 찾아와 구원을 선사하시고 새 생명으로 살게 하셨습니다.

"예수께서 그 곳에 이르사 쳐다보시고 이르시되 삭개오야 속히 내려오라 내가 오늘 네 집에 유하여야 하겠다 하시니"(5절).

우리를 찾아오신 예수님은 성령으로 살게 하시어 새 생명이 넘치도록 하시며 나를 위한 삶에서 주를 위한 삶으로 변하게 하십니다.

2. 한 영혼을 귀하게 보신 예수님

예수님은 수많은 사람들을 지나서 애타게 찾는 목자의 심정을 나타내시었습니다. "우러러 보시고"(눅 19:5). 연민의 정이 가득한 주님의 시선은 삭개오의 온몸 전체를 그리고 영혼까지를 사로 잡은 것입니다. "삭개오야 속히 내려오라" 는 부르심은 사랑의 초청이었습니다(롬 8:30).

사랑의 초청에 응답한 삭개오는 즐거워하며 영접함으로 구원을 선물로 받을 수 있었고 잃었던 자를 찾아낸 주님은 모든 사람들 앞에서 하나님의 자녀됨을 선언하였습니다.

3. 구원을 선포하신 예수님

"예수께서 이르시되 오늘 구원이 이 집에 이르렀으니 이 사람도 아브라함의 자손임이로다 인자가 온 것은 잃어버린 자를 찾아 구원하려 함이니라"(9,10절).

이제 삭개오는 사람들이 계속해서 죄인으로 취급한다 할지라도 예수님으로부터 인정받은 의인의 회중에 들게 됨으로 참 평강에 이르게 되었고 그의 삶의 방식은 완전히 변하였습니다. 물질관이 변했습니다.

"삭개오가 서서 주께 여짜오되 주여 보시옵소서 내 소유의 절반을 가난한 자들에게 주겠사오며 만일 누구의 것을 속여 빼앗은 일이 있으면 네 갑절이나 갚겠나이다"(눅 19:8). 죄에 빠지지 않는 길을 택하였습니다.

구원은 예수님이 친히 찾아오셔서 선물로 주신 것임을 확실하게 인정할 때 큰 은혜가 넘칠 줄 믿습니다.

언제나 밝게 살자

《창 13:5-18》

아브람이 롯에게 이르되 우리는 한 친족이라 나나 너나 내 목자나 네 목자나 서로 다투게 하지 말자 네 앞에 온 땅이 있지 아니하냐 나를 떠나가라 네가 좌하면 나는 우하고 네가 우하면 나는 좌하리라 이에 롯이 눈을 들어 요단 지역을 바라본즉 소알까지 온 땅에 물이 넉넉하니 여호와께서 소돔과 고모라를 멸하시기 전이었으므로 여호와의 동산 같고 애굽 땅과 같았더라 그러므로 롯이 요단 온 지역을 택하고 동으로 옮기니 그들이 서로 떠난지라 아브람은 가나안 땅에 거주하였고 롯은 그 지역의 도시들에 머무르며 그 장막을 옮겨 소돔까지 이르렀더라 소돔 사람은 여호와 앞에 악하며 큰 죄인이었더라 롯이 아브람을 떠난 후에 여호와께서 아브람에게 이르시되 너는 눈을 들어 너 있는 곳에서 북쪽과 남쪽 그리고 동쪽과 서쪽을 바라보라 보이는 땅을 내가 너와 네 자손에게 주리니 영원히 이르리라 내가 네 자손이 땅의 티끌 같게 하리니 사람이 땅의 티끌을 능히 셀 수 있을진대 네 자손도 세리라 너는 일어나 그 땅을 종과 횡으로 두루 다녀 보라 내가 그것을 네게 주리라 이에 아브람이 장막을 옮겨 헤브론에 있는 마므레 상수리 수풀에 이르러 거주하며 거기서 여호와를 위하여 제단을 쌓았더라

그리스도인이 밝게 산다는 것은 소망 가운데서 하나님의 약속을 믿고 기쁘게 사는 것을 말합니다. 아브라함이 밝게 살 수 있었던 이유는?

1. 하나님 중심의 삶을 살았습니다

바리새인 중 율법사 한사람이 율법 중 어느 계명이 크냐고 예수님께 물었습니다. 예수님은 "네 마음을 다하고 목숨을 다하고 뜻을 다하여 주 너희 하나님을 사랑하라 하셨으니 이것이 크고 첫째 되는 계명이요"(마22:37-38)라고 대답하셨습니다.

이는 계명의 본질을 말씀하신 뜻입니다. 계명 안에는 인간이 가장 먼저 범사에 하나님 중심의 삶을 살 것을 가르치고 있습니다. 이것이 언제나 밝게 살 수 있는 우선적 삶입니다.

아브람은 예배 중심의 삶 (4.18절)과 하나님의 이름을 위한 삶을 살았습니다(7절). 가나안 사람과 브리스 사람이 보는데서 조카와의 싸움은 하나님의 지엄하신 명예가 땅에 떨어질 것이라 생각한 아브람은 자신이 손해볼 것을 감수하며 조카 롯으로 하여금 선택의 우선권을 주어 먼저 들을 차지하도록 했습니다. 이것은 양보와 희생의 삶입니다.

2. 남의 유익을 위한 삶을 살았습니다

"네 이웃을 네 몸과 같이 사랑하라" (마22:39)는 계명을 지키며 나보다 남을 낫게 여기는 삶을 살아갈 때에는 우선권을 타인에게 두게 되므로 불이익이 돌아오고 지금 당장 괴로운 삶을 살 수밖에 없는 처지에 처한다 할지라도 마음에는 주께로부터 받은 평안과 기쁨이 있어 언제나 밝은 미소를 지으며 살아갈 수 있습니다.

목축업을 하는 자들의 생명은 초지와 물샘의 차지입니다. 어느 모로보나 아브람이 우선권을 가지고 있었지만 이웃인 (한 골육) 조카의 유익을 먼저 생각함으로 또한 약속하신 하나님이 모든 삶을 주관하여 주실 것을 믿는 그 믿음은 조카에게 여호와의 동산 같고 애굽의 땅과 같은 비옥하고 물이 넉넉한 땅을 주었던 것입니다(10-12절).

3. 믿음의 눈으로 비전을 가진 삶을 살았습니다

하나님은 의로운 아브람에게 찾아오셨고, 눈을 들어 동서남북을 바라보게 하셨으며, 가나안 땅에 대한 약속을 받았습니다. 아브람은 믿음의 눈으로 비전을 가지고 바라보았습니다. 그는 언제나 함께 하신 하나님을 생각하며 행동하였고 더 큰 비전을 가슴에 품을 때 언제나 어디서나 밝게 살 수 있었습니다.

믿음으로 도전하자

《마 7:7-11》

구하라 그리하면 너희에게 주실 것이요 찾으라 그리하면 찾아낼 것이요 문을 두드리라 그리하면 너희에게 열릴 것이니 구하는 이마다 받을 것이요 찾는 이는 찾아낼 것이요 두드리는 이에게는 열릴 것이니라 너희 중에 누가 아들이 떡을 달라 하는데 돌을 주며 생선을 달라 하는데 뱀을 줄 사람이 있겠느냐 너희가 악한 자라도 좋은 것으로 자식에게 줄 줄 알거든 하물며 하늘에 계신 너희 아버지께서 구하는 자에게 좋은 것으로 주시지 않겠느냐

성도님들은 기도의 제목이 결정되었으면 믿음으로 끝까지 도전해야 합니다. 그런데 기도하다가 응답이 오지 않는다고 중도에 포기하는 성도들도 있습니다. 이는 확신이 없기 때문입니다. 기도는 반드시 응답됩니다. 기도가 꼭 응답받기 바랍니다.

1. 하나님의 통치권

"여호와께서는 하늘에 그 보좌를 세우시고 그 정권으로 만유를 통치하시도다"(시103:19). 만유는 하나님이 창조하셔서 존재하는 모든 것입니다(rules over all). 모든 면에서 모든 것을 통치하십니다(everything in every way). 그러므로 우리를 다스리시고 우리의 모든 것을 선한 길로 인도하십니다.

다윗은 절대적인 하나님의 통치권을 인정하였습니다 (대상29:11). 부귀가 주께로부터 오는 것을 믿었습니다. 그의 손에 권세와 능력이 있는 것을 믿었습니다. 모든 명예도 주님이 주신 것을 알았습니다. 그러므로 그는 이 절대적인 통치권을 가지시고 다스리시는 하나님께 모든 것을 기도로 받았습니다. 예수님도 제자들에게 "하물며 하늘에 계신 너희 아버지께서 구하는 자에게 좋은 것으로 주시지 않겠느냐"고 하나님의 절대적 통치권을 믿

게 하며 기도하게 하였습니다. 우리의 기도의 대상은 만유를 통치하시는 하나님이십니다. 하나님의 통치권에 대한 확신을 가진다면 끝까지 기도할 수 있습니다. 먼저 그의 나라와 그의 의를 구해야 합니다(마 6:33).

2. 하나님과의 관계성

예수님은 하나님을 "너희 아버지께서"라고 강조하셨습니다. 세상의 악한 아버지의 예화를 드시며 강조하신 이유가 무엇일까요? 그것은 사랑입니다. 세상의 악한 아버지일지라도 자식들을 사랑합니다. 구하는 모든 것을 줍니다. 이를진대 하물며 하늘에 계신 하나님을 아버지로 확실히 모시고 사는 성도에게는 모든 것을 주십니다. 십자가는 하나님이 우리의 아버지이시요 우리를 너무너무 사랑하신다는 확증이요 증표인 것입니다.

바울은 이 사랑을 잘 알고 체험하였기에 로마서 8장 32절에 "자기 아들을 아끼지 아니하시고 우리 모든 사람을 위하여 내어 주신 이가 어찌 그 아들과 함께 모든 것을 우리에게 은사로 주지 아니 하시겠느뇨"라고 확고하게 말하고 있습니다. 하나님은 우리의 아버지가 되십니다. 우리는 예수님처럼 확신을 가지고 "아빠 아버지"라 부르며 기도하여 응답을 받읍시다.

3. 기도 응답의 확신

반드시 기도는 응답된다고 예수님은 가르치고 있습니다. 기도하다 보면 확신이 서지 않을 수도 있습니다. 이때 더 주님의 뜻을 찾아야 합니다. 깨달음이 오면 이제 결단해야 합니다. "하나님, 이제 제가 이렇게 하겠습니다" 하고 결단해야 합니다. 끝까지 두드리면 응답의 문이 열립니다. 기도 응답은 확신있는 자의 것입니다. 이런 자만이 끝까지 도전할 수 있고 승리할 수 있습니다.

기도란 무엇인가?

《눅 22:39-44》

예수께서 나가사 습관을 따라 감람 산에 가시매 제자들도 따라갔더니 그 곳에 이르러 그들에게 이르시되 유혹에 빠지지 않게 기도하라 하시고 그들을 떠나 돌 던질 만큼 가서 무릎을 꿇고 기도하여 이르시되 아버지여 만일 아버지의 뜻이거든 이 잔을 내게서 옮기시옵소서 그러나 내 원대로 마시옵고 아버지의 원대로 되기를 원하나이다 하시니 천사가 하늘로부터 예수께 나타나 힘을 더하더라 예수께서 힘쓰고 애써 더욱 간절히 기도하시니 땀이 땅에 떨어지는 핏방울 같이 되더라

오늘 본문은 예수님이 겟세마네 동산에서 하신 기도에 관한 내용입니다. 십자가를 지시기 위해 이땅에 오신 예수님께서 인성의 연약함을 있는 그대로 보여주신 애끓는 기도입니다. 이 기도를 통하여 우리가 교훈받을 내용은 무엇일까요?

1. 기도는 내 뜻을 아버지께 고하는 것입니다

예수님은 하나님을 아빠 아버지라 부르십니다 (막 14:36). 기도는 하나님의 자녀가 하나님 아버지께 자신의 뜻을 고하는 것입니다. 어떤 것도 구애받지 않고 말씀 드릴 수 있습니다. 구원받은 모든 성도는 양자의 영을 받았으므로 아빠 아버지라 부를 수 있습니다. 정말 정다운 표현이라 생각됩니다(롬 8:15,갈 4:6 참조).

기도를 정의할 때 기도는 하나님과의 대화라고 합니다. 그러므로 진실된 마음으로 자신의 뜻을 밝히면 됩니다. 바울 사도는 "쉬지 말고 기도하라" (살전 5:17)고 당부합니다. "기도를 계속하고 기도에 감사함으로 깨어 있으라" (골 4:2). 기도는 하나님의 자녀만이 갖는 특권이자 축복입니다. 여러분 모두 이 축복을 누리시길 기도합니다.

2. 기도는 하나님의 말씀을 듣는 것입니다

대화는 상호 작용입니다. 서로의 의사 교환입니다. 그러므로 일방적으로 내 뜻을 전하고 마치는 게 아니라 주의 뜻 곧 주의 말씀을 경청하는 것입니다. 이 커뮤니케이션이 되지 않으면 기도의 응답이 없습니다. 그러므로 기도를 정의할 때 기도는 호흡이라고 합니다. 육적인 호흡이 중단되는 순간 죽음이 오듯, 기도가 끊어질 때 곧 하나님과의 교제가 끊어지는 순간 영적인 죽음이 찾아옵니다.

옛날에 기도를 많이 했기 때문에 이루어지는 것이 아닙니다. 오늘 기도가 필요합니다. 예수님은 아버지의 뜻을 묻고 있습니다. "아버지여 만일 아버지의 뜻이어든." 어떤 경우도 우리의 뜻이 관철되기를 원해서는 안 됩니다. "그러나 내 원대로 마옵시고 아버지의 원대로 되기를 원하나이다." 우리가 기도할 때 부르짖어 기도하는가 하면 잠잠하며 고요하게 주의 말씀을 듣는 시간을 가져야 이 기도가 바른 기도이며 응답받을 수 있는 기도입니다. 이 기도를 성령께서는 우리의 마음에 말씀으로 깨닫게 해줍니다.

3. 기도는 내 뜻을 하나님의 뜻에 굴복시키는 것입니다

예수님께서는 너무도 괴롭고 힘들어서 아버지께 간절히 애쓰고 힘써 기도하였습니다. 그러나 아무 응답이 없었습니다. 그럼에도 아버지의 보낸 뜻을 그대로 순종했습니다. 이것이 진정한 기도입니다. 우리는 우리의 뜻을 이루어 달라고 떼를 쓰는 것도 필요하겠으나 더 성숙한 기도는 응답이 없을 때에도 주께서 평소에 무어라고 말씀하셨는지 그 뜻을 알고 결단해야 합니다. 그리고 그대로 순종하는 자세로 나가는 것이 진정한 기도입니다. 진정한 기도는 내 뜻과 주님의 뜻이 다를 때 내 뜻을 굽히고 주님의 뜻에 기꺼이 따르는 순종의 자세를 가지는 것입니다.

주님께서 가르쳐 주신 기도

《마 6:9-13》

그러므로 너희는 이렇게 기도하라 하늘에 계신 우리 아버지여 이름이 거룩히 여김을 받으시오며 나라가 임하시오며 뜻이 하늘에서 이루어진 것 같이 땅에서도 이루어지이다 오늘 우리에게 일용할 양식을 주시옵고 우리가 우리에게 죄 지은 자를 사하여 준 것 같이 우리 죄를 사하여 주시옵고 우리를 시험에 들게 하지 마시옵고 다만 악에서 구하시옵소서 나라와 권세와 영광이 아버지께 영원히 있사옵나이다 아멘

하나님이 원하시는 기도는 바른 기도입니다. 주님께서 가르쳐 주신 기도가 기도의 모델입니다. 기도가 바르면 응답도 빠릅니다. 제자들에게 가르쳐 주신 기도가 가장 바른 기도입니다. 주님이 가르쳐 주신 대로 기도하면 쉽고 응답도 신속합니다. 주기도문은?

1. 예수님이 가르쳐 주신 모범 기도문입니다

먼저 하나님께 영광과 찬송과 감사로 시작하며 끝맺음도 영원하신 하나님을 찬양토록 그 방법을 가르쳐 주셨습니다. 그리고 그 이름과 하나님 나라를 위하여 기도하게 하셨습니다. 또한 이 땅에서 하나님이 지금 이 시간 자신이 있는 곳에서 하늘의 뜻을 이루도록 기도를 가르쳐 주셨습니다. "뜻이 하늘에서 이루어진 것 같이 땅에서도 이루어지이다." 일용할 양식과 죄용서 그리고 영적 전투에서 매일 매일 승리할 수 있도록 그 방법을 가르쳐 주셨습니다. 많은 성도들이 기도가 어렵다고 할 줄 모른다고 합니다. 그러나 모두가 주님이 가르쳐 주신 기도는 암송할 줄 알며 예배 때마다 합니다. 그러므로 한번만 관심을 가지고 주님이 가르쳐 주신 기도의 방법을 내 삶에 그대로 적용한다면 가장 바른 기도를 하나님께 드릴 수 있습니다.

2. 꼭 필요한 내용이 모두 들어 있습니다

사람의 제일 된 목적은 하나님을 영화롭게 하고 그를 영원토록 즐거워하는 것입니다. 그러므로 주님은 하나님의 마음을 가장 기쁘시게 할 수 있는 내용을 가르쳐 주셨습니다. 그 내용이 무엇일까요? 먼저 하나님의 영광스런 이름을 찬양하게 하셨고 하나님의 통치가 자신, 가정, 직장, 사업장에 이루어지도록 그 내용을 가르쳐 주셨습니다.

하나님의 통치는 전도의 미련한 방법을 사용하십니다(고전 1:21). 그러므로 성령 받는 성도들이 자신들이 처해 있는 현 위치에서 전도하며 생명을 살리는 일을 하게 하신 것입니다.

그리고 하나님 나라를 위하여 그의 백성이 육신을 유지하며 살 수 있도록 일용할 양식을 구하게 하셨습니다. 이는 오직 주님이 생명 되시고 성도를 인도하신 것을 인정토록 하신 것입니다.

또한 하나님 나라는 은혜의 왕국이므로 은혜 받는 우리가 우리에게 죄지은 자를 용서토록 하셨습니다. 그리고 언제든지 마귀는 유혹하고 넘어지게 한다는 사실을 알게 하여 영적인 무장을 잘 할 수 있도록 기도의 내용을 가르쳐 주셨습니다.

3. 하나님의 뜻에 맞는 기도를 해야 합니다

하나님은 질서를 가장 좋아하십니다. 바울은 혼란에 빠진 고린도 교회 성도들에게 "모든 것을 품위 있게 하고 질서 있게 하라"(고전 14:40)고 했습니다. 하나님 나라에는 이에 걸맞는 질서와 법이 있습니다. 그러므로 이 질서를 따름으로써 하나님으로부터 인정을 받을 수 있습니다. 따라서 기도할 때에 먼저 구할 것은 하나님 나라입니다. 하나님이 보시기에 기도 내용이 바르면 응답이 빠르고 삶도 풍성해집니다.

언약을 받은 다윗의 기도

《삼하 7:27-29》

만군의 여호와 이스라엘의 하나님이여 주의 종의 귀를 여시고 이르시기를 내가 너를 위하여 집을 세우리라 하셨으므로 주의 종이 이 기도로 주께 간구할 마음이 생겼나이다 주 여호와여 오직 주는 하나님이시며 주의 말씀들이 참되시니이다 주께서 이 좋은 것을 주의 종에게 말씀하셨사오니 이제 청하건대 종의 집에 복을 주사 주 앞에 영원히 있게 하옵소서 주 여호와께서 말씀하셨사오니 주의 종의 집이 영원히 복을 받게 하옵소서 하니라

다윗은 하나님의 언약을 받고 하나님께 간절히 기도하였고 그 기도는 응답되었습니다.

그가 언약을 받을 수 있었던 배경은 어떠하며, 축복된 언약의 내용은 무엇일까요? 또한 기도의 내용은 무엇일까요?

1. 언약을 받을 수 있었던 배경

하나님은 전능하시고 또한 언약의 하나님이십니다. 그 언약을 하나님은 신실하게 이루어 가십니다. 목동으로 일하던 그를 왕으로 기름 부으신 하나님은 여러 가지 시련을 통과하게 하시고 왕의 보좌에 앉게 하셨습니다. 다윗은 백향목 궁에 거하며 휘장 가운데 계신 하나님을 생각하였습니다. 모든 것을 다 드리고 모든 정성을 다하여 성전을 건축하기로 작정하였습니다. 그 밤에 하나님은 다윗에게 언약을 하셨습니다. 그렇습니다!

우리의 신앙도 다윗과 같이 오직 교회 중심으로 살기 원하며 주를 위해 헌신하기로 결단하면 주님의 언약이 우리의 것이 됩니다. 지금 하나님은 기록된 말씀을 통하여 언약하십니다. 하나님을 위해 충성, 봉사하고자 하는 성도들에게 성령으로 감동시켜 하나님의 복된 약속을 심비에 새기게 합

니다. 솔로몬은 일천 번제를 하나님께 드렸습니다. 그 밤에 하나님은 꿈에서 계시하셨습니다. 내가 너를 위하여 무엇을 줄꼬? 언약이 있는 자에게는 생명이 있습니다. 언약이 있는 자에게는 그 언약이 소망이 되어 살아갑니다. 아브라함은 하나님의 언약을 생명줄로 잡고 승리하였습니다.

2. 언약의 내용

하나님은 다윗에게 '네 이름을 존귀하게 만들어 주리라' 하였습니다. 은혜 받은 모든 성도들은 이 땅의 존귀한 자요, 주님은 우리의 이름이 존귀하게 되게 하시어 영광받기를 원하십니다. 또한 너를 모든 대적에서 벗어나 평안케 하리라고, 여호와가 너를 위하여 집을 이루겠다고 하시며 더 영원하고 넘치는 복된 축복을 약속하셨습니다. 네 위가 영원히 견고하리라고 하셨습니다. 모든 언약이 다 성취되었습니다. 하나님의 왕국 곧 다윗 왕국을 그의 후손이신 예수 그리스도가 다 이루셨습니다. 그의 나라는 하늘과 땅의 속한 모든 권세 있는 나라요, 만물 위에 뛰어난 나라입니다. 의와 평강의 나라요 영원한 나라입니다. 하나님은 오늘 우리 모두에게 주어진 언약을 신실하게 다 이루십니다.

3. 기도의 내용

다윗은 언약을 받고 기도할 마음이 생겼습니다. 우리 성도님들에게 기도할 마음이 있다면 이처럼 복된 일도 없습니다. 다윗은 기도할 때에 그 언약을 상기시켰습니다. 다윗의 기도는 하나님께 상달되어 모두 응답되었습니다. 우리는 기도할 때 하나님이 주신 약속을 붙잡고 간절히 기도해야 합니다. 하나님과 온전한 교제가 이루어지는 삶을 위해 기도하고 하나님께서 주신 복으로 살기 위해 기도해야 합니다.

하나님의 마음에 맞는 기도

《대하 1:1-12》

다윗이 전에 예루살렘에서 하나님의 궤를 위하여 장막을 쳐 두었으므로 그 궤는 다윗이 이미 기럇여아림에서부터 그것을 위하여 준비한 곳으로 메어 올렸고 옛적에 훌의 손자 우리의 아들 브살렐이 지은 놋제단은 여호와의 장막 앞에 있더라 솔로몬이 회중과 더불어 나아가서 여호와 앞 곧 회막 앞에 있는 놋 제단에 솔로몬이 이르러 그 위에 천 마리 희생으로 번제를 드렸더라

솔로몬은 하나님께서 베풀어 주신 은혜에 대해 감사함으로 일천 번제를 드렸습니다. 바로 그 밤에 하나님께서 내가 네게 무엇을 줄꼬 너는 구하라고 하셨습니다. 그가 무엇을 구했기에 하나님의 마음을 감동시켰을까요?

1. 솔로몬의 중심

"천 마리 희생으로 번제를 드렸더라"(6절). 정말 대단한 제사입니다. 여기서 천 마리 희생은 한꺼번에 일천 마리 양을 잡았다는 뜻입니다. 솔로몬은 과거에 아비 다윗에게 주신 하나님의 은혜에 감사하는 마음이 충만하였습니다(8절).

하나님은 무엇보다도 우리의 중심에 감사가 있는지 확인합니다. 감사로 제사를 드리는 자가 나를 영화롭게 하리라 하였습니다. 모든 일에 감사함으로 하나님께 아뢰면 응답을 주시겠다고 약속하셨습니다.

솔로몬은 아비 다윗에게만 아니라 지금 자신에게 베풀어 주신 은혜에 감사하였습니다. "나로 대신하여 왕이 되게 하였사오니." 그렇습니다. 우리의 과거와 현재, 그리고 미래에 되어질 모든 일에 감사하는 자가 되어야 합니다. "주께서 나로 땅의 티끌같이 많은 백성의 왕을 삼으셨습니다"(9절). 그는 주신 사명에 감사하고 있습니다.

2. 솔로몬의 태도

그의 태도는 겸손하였습니다. 사람들이 어려운 일 당할 때는 자신을 살피고 주 앞에서 회개하며 더욱 자신을 낮추어 겸손한 태도를 지니다가 일이 잘 되어 가면 자신이 무엇을 다 해낸 것처럼 교만에 빠지기도 합니다. 그러나 솔로몬은 나라가 창대할 때 하나님 앞에 자신을 낮추었습니다. 그는 아버지 다윗 왕으로부터 신앙 훈련과 왕자로서 왕의 할 일을 잘 배워 왔지만 성인이 되었음에도 불구하고 경험과 지혜가 부족하여 하나님 나라를 다스릴 능력이 없다고 하나님 앞에 내어놓았습니다.

제자가 스승 앞에 서 있는 것과 비교할 바 없는 겸손한 태도로 하나님께 간구하고 있습니다. 우리는 어떤 경우라도 겸손히 자신을 낮추는 자가 되어야겠습니다. 예수님은 나는 마음이 온유하고 겸손하니 내 멍에를 메고 내게 와서 배우라고 하셨습니다.

3. 솔로몬의 기도 내용

"주께서 나로 땅의 티끌 같은 백성의 왕을 삼으셨사오니 주는 이제 내게 지혜와 지식을 주사 이 백성 앞에서 출입하게 하옵소서." 열왕기상 3:9에서는 구체적으로 말하였습니다.

"누가 주의 이 많은 백성을 재판할 수 있사오리까 지혜로운 마음을 종에게 주사 주의 백성을 재판하여 선악을 분별하게 하옵소서."

이 기도가 하나님의 마음에 맞았습니다. 즉시로 하나님은 응답하였습니다. 오히려 구하지 아니한 부와 영광도 줄 것을 약속하셨습니다. 너의 전후에 너와 같은 자 없을 정도로 복을 주시겠다고 말씀하셨습니다. 솔로몬은 응답받는 기도를 하나님께 드렸습니다. 감사의 마음과 겸손한 태도로 기도하였고 그 기도 내용은 오직 하나님 나라를 위하여 기도하였습니다.

가장 바른 기도의 자세

《눅 18:9-14》

또 자기를 의롭다고 믿고 다른 사람을 멸시하는 자들에게 이 비유로 말씀하시되 두 사람이 기도하러 성전에 올라가니 하나는 바리새인이요

성전에서 바리새인과 세리 두 사람의 기도 중 세리의 기도가 인정받았습니다. 그 이유가 무엇일까요? 하나님을 향한 마음의 자세 때문입니다. 이 시간 어떤 자세로 기도해야 하는지 살펴보고 여러분들도 주님으로부터 인정받으시길 바랍니다.

1. 겸손한 자세

바리새인은 자신을 의로운 자로 인정하여 자신의 행위를 자랑했습니다. 심지어 다른 사람들과 비교하여 자신의 의를 자랑했습니다.

이것은 하나님 앞에 선 자세가 아닙니다. 바리새인은 하나님을 알지 못한 자였습니다. 하나님 앞에 우리의 의는 더러운 옷과 같고 죄악 가운데 빠지기 쉬운 인간입니다(사64:1). 우리는 오직 하나님의 은혜로 구원받아 의롭게 됩니다(엡2:8). 구원받은 자라 할지라도 죄의 유혹에 빠져들 수 있습니다(벧전 5:8,9).

그리스도인들은 성령의 거룩하게 하심으로 성화되어 갈 수 있습니다. 그러므로 자랑할 것은 오직 그리스도와 십자가밖에 없습니다. 세리는 모든 사람들에게 천대받는 죄인입니다. 바리새인들로부터 벌레처럼 취급받았습니다. 그러나 그가 하나님께 오히려 의롭다 인정받을 수 있었던 것은 하나님 앞에 겸허하게 선 자세 때문입니다.

자신의 연약함과 죄인 됨을 인정하고 멀리 서서 하나님을 감히 우러러보

지 못했습니다. 이는 오직 하나님의 긍휼 없이는 살아갈 수 없음을 인정하는 겸손한 마음을 가졌기 때문입니다.

2. 오직 긍휼에 호소하는 자세

"다만 가슴을 치며 가로되 하나님이여 불쌍히 여기시옵소서(13절)." 여기서 가슴을 치는 것은 마음의 애통함입니다. 주님은 말씀하시기를 애통하는 자는 복이 있나니 저희가 위로를 받을 것임이라 하셨습니다.

주님이 원하시는 것은 자신의 의를 나타내는 것이 아닙니다. 우리의 상한 심령입니다. 또한 하나님의 긍휼 없이는 단 일 초도 살아갈 수 없음을 인정하는 자세입니다.

소경 바디메오가 불쌍히 여기시라고 외치자 (주님을 찾자) 주님은 가시던 발걸음을 멈추시고 그의 소원을 들어주셨습니다(막10:46-52 참조).

3. 죄인임을 인정하는 자세

구원받은 자는 의롭다 인정을 받았지 완전한 의인이 된 것이 아닙니다. 하나님만 완전하십니다. 육신의 몸을 입고 사는 동안 누구든지 죄를 지을 수 있습니다. 그러므로 하나님 앞에 두렵고 떨림으로 서야 합니다.

"그러므로 나의 사랑하는 자들아 너희가 나 있을 때뿐 아니라 더욱 지금 나 없을 때에도 항상 복종하여 두렵고 떨림으로 너희 구원을 이루라"(빌 2:12).

선지자 이사야는 거룩하신 하나님 앞에서 화로다 나여 망하게 되었다고 외쳐서 사죄의 은총이 임하였습니다(사 6:5). 시몬 베드로는 주님의 능력을 보고 죄인임을 고백했습니다(눅 5:1-11 참조). 이 날 베드로는 예수님의 제자로 선택되었습니다.

내게 응답하소서

《시 69:1-13》

하나님이여 나를 구원하소서 물들이 내 영혼에까지 흘러 들어왔나이다 나는 설 곳이 없는 깊은 수렁에 빠지며 깊은 물에 들어가니 큰 물이 내게 넘치나이다 내가 부르짖음으로 피곤하여 나의 목이 마르며 나의 하나님을 바라서 나의 눈이 쇠하였나이다

"내게 응답하소서." 하고 부르짖은 다윗은 큰 문제를 만났을 때 어떻게 그 문제를 해결해 나갔을까요?

1. 기도를 최우선으로

하나님이 살아 계시기에 우리는 갈등과 고통이 있어도 소망을 가지고 기도할 수 있습니다. 불신자는 돈, 권력으로 해결하려고 하나 한계에 부딪치고 맙니다. 결국에는 낙심하고 죽음에 이르게 됩니다.

다윗은 환난의 늪에 들어서자 헤엄칠 수조차 없이 큰 물이 덮이므로 죽음에 이르는 극한 상황에 놓여 있었습니다. 또한 원수의 수효가 머리털같이 무리를 지어 모든 것에서 끊으려 하고 취하지 않은 것도 물어내게 만드는 억울한 상황에 놓였습니다. 이러한 어려움 속에서 문제 해결을 위하여 기도로 시작했습니다. 그는 부르짖으므로 목이 마르고 주님만 바라보며 눈물의 기도를 드리므로 눈이 쇠하여졌습니다.

2. 오직 인내와 믿음으로

다윗은 자신을 위한 삶이 아니라 주를 위하고 주의 집을 위해 열심을 다했음에도 커다란 고난이 임하였습니다.

가장 가까운 형제들에게 객 취급을 당하고 친형제들은 외국인처럼 어울려 주지를 않았습니다. 다윗은 이런 상황을 원망하지 않고 오직 주님으로부터 문제를 해결받기 위하여 금식하며 회개하고 기도했습니다.

그러나 오히려 원수들에게는 욕이 되었고 말거리가 되었습니다. 또한 성문에 모인 자들에게 말거리가 되어 사람들의 입방아에 올랐으며 주정꾼들의 말거리가 되고 말았습니다. 기도를 해도 금방 응답이 오지 않았습니다.

그러나 다윗은 포기하지 않았습니다. 다윗은 오히려 열납하시는 주님께 지속적으로 기도했습니다. 성도 여러분들도 문제 해결을 위한 기도를 쉬지 말고 지속하시기 바랍니다.

3. 확신과 감사로

다윗은 위기와 환란 가운데서 오히려 적극적인 기도요 확신에 찬 기도를 했습니다. 그 이유는 하나님의 선하심을 알기 때문이며, 주님이 확실히 응답해 주신다는 확신이 있었기 때문입니다. 그는 기도할 때 방법을 잘 알았습니다. 주의 긍휼에 호소하고 주의 얼굴을 구한 것입니다. 주님의 전지하신 능력에 호소했습니다.

그는 무엇보다도 내면에서 문제가 해결되어야 하는 것을 알았기 때문에 내영혼에 가까이 해 달라고 간구했습니다. 그리고 하나님의 이름을 찬양하며 그의 권능을 찬양했습니다. 주님을 가장 기쁘게 해 드리는 기도를 드림으로써 응답을 확실히 이끌어 내었던 것입니다.

주님은 우리를 고난의 자리를 통과시키면서 성결한 믿음을 소유하게 만들고 기도 응답을 체험케 하며 축복의 현장에 이르게 합니다.

기도 응답의 비밀

《요 15:1-16》

나는 참포도나무요 내 아버지는 농부라 무릇 내게 붙어 있어 열매를 맺지 아니하는 가지는 아버지께서 그것을 제거해 버리시고 무릇 열매를 맺는 가지는 더 열매를 맺게 하려 하여 그것을 깨끗하게 하시느니라 너희는 내가 일러준 말로 이미 깨끗하여졌으니 내 안에 거하라 나도 너희 안에 거하리라 가지가 포도나무에 붙어 있지 아니하면 스스로 열매를 맺을 수 없음 같이 너희도 내 안에 있지 아니하면 그러하리라 나는 포도나무요 너희는 가지라 그가 내 안에, 내가 그 안에 거하면 사람이 열매를 많이 맺나니 나를 떠나서는 너희가 아무 것도 할 수 없음이라 사람이 내 안에 거하지 아니하면 가지처럼 밖에 버려져 마르나니 사람들이 그것을 모아다가 불에 던져 사르느니라 너희가 내 안에 거하고 내 말이 너희 안에 거하면 무엇이든지 원하는 대로 구하라 그리하면 이루리라 너희가 열매를 많이 맺으면 내 아버지께서 영광을 받으실 것이요 너희는 내 제자가 되리라

교회 안에는 기도하는 사람들이 많이 있습니다. 그러나 기도를 응답받는 사람은 적습니다. 기도의 방법과 바른 기도의 자세를 알고 있어도 기도 응답의 비밀을 잘 알고 있지 못하기 때문입니다. 기도의 응답은 반드시 삶과 연결되어 있습니다. 이 비밀을 찾아내어 매일 매일 응답받는 성도가 되시기를 주의 이름으로 부탁합니다. 이 비밀이 무엇일까요?

1. 주님과 바른 관계를 가져야 합니다

주님과의 바른 관계가 이루어질 때 기도하는 것마다 응답받습니다. 예수가 하나님의 아들 그리스도인 것을 믿을 때 성도는 하나님과 자녀의 관계가 됩니다. 주님은 오늘 본문 말씀에서 "나는 포도나무요 너희는 가지니"(5절) 라고 하셨습니다. 가지가 포도나무에 붙어 있으면 저절로 열매를 맺는다 고 비유의 말씀을 하셨습니다. 그리고 "저가 내 안에 내가 저 안에 있으면 이 사람은 과실을 많이 맺나니"라고 약속하셨습니다. 이 의미가 무엇일

까요? 이는 믿음을 가지고 있으면 하나님과 바른 관계가 성립되고 기도가 응답받는다는 말씀입니다. 우리는 예수님을 하나님의 아들 그리스도로 인정할 뿐 아니라 삶 속에서 늘 주님으로 모시고 살아야 합니다. 또한 그의 언약을 생명처럼 믿고 따라야 합니다.

2. 말씀을 순종하며 살아야 합니다

아브라함은 하나님의 말씀을 순종하여 가나안 땅에 나아갔고 아들을 바치라는 명령이 떨어졌을 때 즉각 순종하는 삶을 살았습니다.

노아는 비 한 방울 보지 못했지만 하나님을 경외하므로 그의 명령을 순종하여 방주를 만들었고 가족을 구원에 이르게 하였습니다.

성도들이 기도해도 응답받지 못하는 이유는 말씀에 순종하는 삶이 없기 때문입니다. 본문에서 "너희가 내 안에 거하고 내 말이 너희 안에 거하면 무엇이든지 원하는 대로 구하라 그리하면 이루리라"(7절)고 했습니다. 이 말씀은 믿음과 기도로 하나님과 아름다운 관계를 유지하는 자가 말씀을 순종하는 삶을 살 때 그의 기도는 다 들어주신다는 것입니다. 바울은 이웃의 영혼을 지극히 사랑하여 복음을 전파하며 양육하며 종의 삶을 살았습니다. 그는 기도하는 것마다 응답을 받았습니다. 오늘도 주님은 우리에게 말씀에 순종하기를 원하십니다.

3. 예수 이름의 권세를 믿고 사용해야 합니다

우리 하나님은 예수님의 이름으로 기도하면 모든 것을 들어주십니다. 그 이유는 예수님이 하나님의 아들이기 때문입니다. 그는 아버지의 뜻을 온전히 이루신 중보자이십니다. 이 주님의 이름은 하나님과 인간 사이를 연결하는 능력의 이름입니다. 하늘과 땅의 모든 권세를 가지신 이름입니다.

첫 사랑을 회복하자

《계 2:1-7》

에베소 교회의 사자에게 편지하라 오른손에 있는 일곱 별을 붙잡고 일곱 금 촛대 사이를 거니시는 이가 이르시되 내가 네 행위와 수고와 네 인내를 알고 또 악한 자들을 용납하지 아니한 것과 자칭 사도라 하되 아닌 자들을 시험하여 그의 거짓된 것을 네가 드러낸 것과 또 네가 참고 내 이름을 위하여 견디고 게으르지 아니한 것을 아노라 그러나 너를 책망할 것이 있나니 너의 처음 사랑을 버렸느니라 그러므로 어디서 떨어졌는지를 생각하고 회개하여 처음 행위를 가지라 만일 그리하지 아니하고 회개하지 아니하면 내가 네게 가서 네 촛대를 그 자리에서 옮기리라 오직 네게 이것이 있으니 네가 니골라 당의 행위를 미워하는도다 나도 이것을 미워하노라 귀 있는 자는 성령이 교회들에게 하시는 말씀을 들을지어다 이기는 그에게는 내가 하나님의 낙원에 있는 생명 나무의 열매를 주어 먹게 하리라

에베소는 고대 세계에서 거대한 항구 도시의 하나로 상업적으로 유명했을 뿐 아니라 부하고 종교적으로 유명한 도시였습니다.

이러한 도시에서 일어나는 타락된 모습은 오늘날 거대한 도시의 모습과 다르지 않을 것입니다. 이 시간은 단순히 고대의 도시 이야기가 아니라 지금 우리가 살아가는 타락한 도시의 모습과 비교하여 반성하고 회복을 외칠 수 있는 기회로 삼아야 할 것입니다.

이제 에베소의 타락은 무엇이며, 어떻게 해야 회복할 수 있는지 알아봅시다.

1. 에베소 배경

에베소에 위치한 다이아나 신전 (The Temple of Diana) 에서는 달의 여신을 예배하기 위해 발광적이고 음란한 행위가 자행되었습니다. 따라서 도덕적으로 완전히 타락한 도시였습니다.

하나님의 은혜와 섭리로 바울을 통하여 복음의 씨가 뿌려지고 열매를 맺게 되었습니다. 이곳에서 그후 디모데가 목회했습니다.

2. 에베소 교회의 모습

에베소 교회는 행위와 수고와 인내가 대단했고 열정 있는 뜨거운 사랑의 교회였습니다.

그러나 40여 년이 지난 후 사도 요한을 통하여 변질된 교회에게 하신 책망의 말씀을 듣고 우리 자신의 모습을 발견하여야 할 것입니다. 본문 23절에서는 칭찬을 아끼지 아니하셨던 주님은 촛대를 옮길 것을 경고하실 만큼 크게 책망하셨습니다.(4절)

"너의 처음 사랑을 버렸느니라" 고 하셨습니다.

그렇습니다. "첫 사랑" 을 말씀하신 것입니다.

3. 첫 사랑을 회복하십시오

사랑하는 성도님들이여! 우리가 처음 주님을 만나서 사죄의 은총을 누리고 기뻐 뛰며 내 생명까지도 모두 드리겠다는 결심을 했다가 어느 날부터 그 뜨거운 사랑이 냉랭해 지지는 않았습니까?

습관적인 교회생활, 헌금생활, 봉사생활을 통해 다른 사람으로부터 신앙이 좋다는 평을 받을 수는 있습니다. 그러나 주님은 아십니다. 첫 사랑이 결여된 생활을 주님은 아십니다.

주님과의 교제는 반드시 사랑 안에서 이루어집니다. 그러므로 성도님들은 주님을 더욱 사랑하시길 바랍니다.

전무후무한 은혜를 받자

《행 10:1-48》

이튿날 가이사랴에 들어가니 고넬료가 그의 친척과 가까운 친구들을 모아 기다리더니 마침 베드로가 들어올 때에 고넬료가 맞아 발 앞에 엎드리어

가장 아름다운 교회는 은혜가 충만한 교회입니다. 그러므로 우리 성도님들은 심령대부흥성회가 열렸을 때 열심히 참석하여 전무후무한 은혜를 받아야 합니다. 다 함께 은혜를 받는 비결이 무엇일까요? 그리고 은혜받는 나는 어떻게 생활해야 복된 삶을 누릴 수 있을까요?

1. 다함께 은혜 받기를 힘써야 합니다

"고넬료가 그의 친척과 가까운 친구들을 모아 기다리더니"(24절). 이 얼마나 감동적인 내용입니까. 이것은 베드로가 올 것을 대비해 부흥회를 준비해 둔 것입니다. 베드로를 통하여 하나님이 주시는 말씀을 받기 위해 모든 사람들을 모았던 것입니다. 가장 잘 알고 가까운 사람들에게 베드로를 소개하려고 축복의 기회를 놓치지 않도록 찾아가서 데려 왔습니다. 모인 사람들이 다 은혜받고 능력까지 받았습니다.

우리 교회와 이웃을 향하신 불타는 하나님의 사랑을 함께 받을 수 있도록 모두가 고넬료와 같이 일어서야 합니다. 다 함께 은혜받기를 힘쓸 때 하나님은 우리의 마음과 노력을 보시고 전무후무한 은혜를 주실 것입니다.

2. 다 하나님 앞에 서 있어야 합니다

고넬료는 불러모은 모든 사람들에게 미리 하나님의 사람을 소개한 것 같

습니다. 하나님의 말씀을 사모하게 한 것입니다. 무엇보다 신중히 하나님의 말씀을 잘 듣게 하였습니다. 믿음은 들음에서 납니다. 말씀을 간절히 사모하는 자와 자리만 채우는 자는 전혀 다르게 은혜가 임합니다. 우리의 모든 문제가 해결되고 최고의 축복을 받아 이 시대를 살릴 수 있는 성도는 하나님 앞에 서서 겸손히 자신을 돌아보고 회개하며 복된 말씀을 듣는 성도입니다. 고넬료는 하나님을 사랑하고 그의 말씀을 너무나도 사모하였기에 베드로 앞에 엎드렸습니다. 곧 하나님 앞에 선 것입니다. 귀한 성도님들이여, 오늘 교만을 다 버리고 주님이 보내 주신 사자를 통해 우리를 사랑하신 하나님의 음성을 들읍시다. 그러기 위하여 마음을 비우고 엎드리는 자의 자세로 임합시다.

"베드로가 이 말을 할 때에 성령이 말씀 듣는 모든 사람에게 내려오시니 베드로와 함께 온 할례 받은 신자들이 이방인들에게도 성령 부어 주심으로 말미암아 놀라니 이는 방언을 말하며 하나님 높임을 들음이러라 이에 베드로가 이르되 이 사람들이 우리와 같이 성령을 받았으니 누가 능히 물로 세례 베풂을 금하리요 하고 명하여 예수 그리스도의 이름으로 세례를 베풀라 하니라 그들이 베드로에게 며칠 더 머물기를 청하니라(행 10:44-48).

3. 결단과 순종으로 축복을 받읍시다

어부 베드로는 예수님의 집회에 참석하였습니다. 주님이 강단 (배)를 요구하실 때 즉시 드렸고 바로 주님 곁에서 주옥 같은 말씀을 경청하고 '아멘' 하였습니다. 은혜받은 그는 깊은 곳에 가서 그물을 던지라는 주님의 명령에 순종하여 그물을 내려 두 배에 가득 채운 만선의 축복을 받았습니다. 그리고 그는 주님을 따랐고 수제자가 되었습니다. 복음을 위해 전 생을 바쳤고 이 땅에 태어난 사람 가운데 가장 복된 자의 삶을 살았습니다.

전도는 교회의 사명

《막 1:35-39》

새벽 아직도 밝기 전에 예수께서 일어나 나가 한적한 곳으로 가사 거기서 기도하시더니 시몬과 및 그와 함께 있는 자들이 예수의 뒤를 따라가 만나서 이르되 모든 사람이 주를 찾나이다

예수님의 전도는 전략적인 단계를 가지고 있었습니다. 우리 모든 교회가 이 단계를 잘 따라가면 건강한 교회로 부흥이 될 수 있습니다.

1. 예수님을 만난 감격으로 하는 전도

요한복음 1장에서 안드레와 요한은 예수님과 만나 대화를 나눈 후 먼저 형제들을 찾아갔습니다. 안드레는 자기 형제 시몬을 찾아가서 "우리가 메시야를 만났다"(요1:41) 하고 데리고 예수께로 왔습니다(요1:42). 또한 빌립이 예수님을 만난 후 나다나엘을 찾아가서 구약에 예언된 그분을 우리가 만났다. 요셉의 아들 나사렛 예수니라 말하고 예수께 데리고 왔습니다(요1:43-47). 사마리아 여인은 다섯 남편이 있었지만 여섯 번째 남자와 동거하고 있는 창녀와 같은 여자였습니다. 사람들의 조롱이 두려워 태양이 작렬하는 정오에 물을 길으러 나온 여자였습니다 . 그러나 그의 속에는 이 기구한 팔자와 운명을 해결해 줄 메시야를 기다리고 있었습니다. 예수님은 이러한 여인을 만나주셨고 자신이 그리스도임을 밝혔습니다.

요한복음 4:25-26에 그녀는 견딜 수 없는 감격에 부끄러움도 다 잊고 물동이를 버려둔 채 동네에 들어가 "와 보라 이는 그리스도가 아니냐"(요4:29)고 외쳤습니다. 이로써 수많은 사마리아인들이 구원을 받게 되었습니다(요39-42). 예수가 그리스도인 사실을 믿기만 하면 감격이 있습니다.

2. 새 신자를 통한 전도

존 스토트는 "전도란 내게 임한 그리스도의 영광을 말하는 것이다" 라고 말했습니다. 하나님이 함께하는 감격을 말하게 하는 단계가 너무 중요합니다. 거라사의 귀신 들린 자는 고침을 받고 데가볼리에서 예수가 자기에게 어떻게 큰 일을 행하시는 것을 전파하여 많은 사람들을 구원받게 하였습니다(막5:19-20).

사도행전 3장에서 나면서 못 걷게 된 이를 일으킨 사건으로 장정이 5천 명이 믿게 되는 역사가 일어났습니다(행4:4).

3. 성령의 감동으로 되어지는 전도

예수님은 3년 간 제자들과 함께 동거하시며 그의 하시는 사역을 통해 만왕의 왕이신 그리스도를 계속 경험케 하였습니다. 이로 인하여 예수만이 그리스도이시며 하나님의 아들이심을 제자들의 전인격에 각인시켰습니다. 그리고 승천 직전에 "오직 성령이 너희에게 임하시면 너희가 권능을 받고 예루살렘과 온 유다와 사마리아 땅끝까지 내 증인이 되리라 하시니라"(행1:8)고 말씀하셨습니다.

이 약속을 붙잡고 전혀 기도에 힘쓴 자들에게 (행1:14) 성령 충만이 임했습니다(행2:1-4). 예수님의 전도 전략 단계는 예수님을 만난 감격으로 데려오게 하는 단계와, 전도 현장에 나가게 하는 단계이며, 성령의 감동으로 전도가 되어지게 하는 단계입니다.

여러분의 교회 현실은 어떻습니까? 부흥을 원하십니까? 건강한 교회로 성장되기 원하십니까? 어렵지 않습니다. 예수님의 방법을 따르면 반드시 될 것을 확신합니다.

전도자의 자격

《요 1:1-13》

자기 땅에 오매 자기 백성이 영접하지 아니하였으나 영접하는 자 곧 그 이름을 믿는 자들에게는 하나님의 자녀가 되는 권세를 주셨으니

오늘 이 시간 전도자의 자격에 대해서 알아보고 우리 모두 훌륭한 전도자가 됩시다.

1. 하나님을 알아야 전도할 수 있습니다

요한은 그가 세상에 계셨으며 세상은 그로 말미암아 지은 바 되었으되 세상은 그를 알지 못하였고 자기 땅에 오매 자기 백성이 영접치 아니하였다(요1:10-11)고 말했습니다.

바울은 사람들이 하나님을 알되 하나님으로 영화롭게도 아니하며 감사치도 아니하고 오히려 그 생각이 허망하여지며 미련한 마음이 어두워졌나니 스스로 지혜 있다 하나 우둔하게 되어 썩어지지 아니하는 하나님의 영광을 썩어질 사람과 금수와 버러지의 형상의 우상으로 바꾸었느니(롬1:21-23) 라고 말했습니다. 하나님을 모르는 자들은 전도할 수 없습니다.

2. 예수 그리스도의 비밀을 알아야 합니다

성막의 비밀이 곧 예수 그리스도의 비밀입니다. 광야에서 함께하신 하나님은 성막을 통해서 이스라엘과 함께 하셨습니다. 겉으로 보면 햇볕에 바래지고 비바람 모래 먼지에 더럽혀진 집의 담장과 같은 성막 뜰의 포장과 그 속의 성막 겉 덮개는 해달의 가죽으로 되어 있는 참으로 우중충한 색깔이었습니다. 그러나 그 속에는 황금 벽과 황금 떡 상, 황금 등대, 황금 분향

단과 청색 자색 실과 가늘게 꼰 베실로 짠 곳에 천사들이 나는 모습을 아름답게 수놓은 천장, 일곱 금 촛대에서 찬란히 빛나는 그 빛으로 인하여 드러나는 아름다움과 황금 법궤 위에 날개를 편 두 그룹들 사이에서 이스라엘을 축복하신 하나님을 체험해 보지 못한 자가 어찌 그 아름다움을 말할 수 있겠습니까? 연한 순 같고 마른 땅에서 나온 줄기 같이 고운 모양도 없고 풍채도 없어 매력을 느낄 만한 아무 것도 없는 예수님을(사53:2) 누가 메시야로 보았을까요? 멸시와 천대의 마을 나사렛(요1:46)의 청년이며 목수의 아들인 예수님을 누가 하나님의 아들 그리스도라 말할 수 있겠습니까? 오직 보고 아는 자만이 할 수 있는 일이 전도입니다.

3. 예수 그리스도를 바로 아는 자만이 전도자가 될 수 있습니다

하나님은 세례 요한을 선택해 예수 그리스도의 증인으로 삼았습니다. 세례 요한은 예수님을 세상 죄를 지고 가는 하나님의 어린 양(요1:29), 나보다 먼저 계신 분(요1:30), 성령으로 세례를 주는 이(요1:33), 하나님의 아들(요1;34)이라고 증거하였습니다. 이 증거로 인하여 안드레와 요한이 주님을 좇았고(요1:37) 주님을 만난 그들은 각각 형제들에게 예수가 메시야임을 증거했습니다(요1:42). 이 증거로 인해 베드로와 야고보가 주님을 만나게 되어 예수님의 핵심 인물들이 되었습니다.

예수 그리스도의 이름을 믿을 수 있는 것은 혈통으로나 육정으로나 사람의 뜻으로 말미암지 않고 오직 하나님께로서 난 자들이라고 말했습니다. 물과 성령으로 거듭나지 않고는 하나님 나라에 들어갈 수 없다(요3:5)고 밝혔습니다. 성령은 예수 그리스도를 바로 알고 성령 충만한 자가 복음을 전할 때 그리스도를 보게 하고 알게 하고 믿게 합니다. 전도는 엄밀하게 말해서 하나님의 일입니다. 오직 성령으로 역사하십니다.

효과적인 전도

《눅 3:3-9》

요한이 요단 강 부근 각처에 와서 죄 사함을 받게 하는 회개의 세례를 전파하니 선지자 이사야의 책에 쓴 바 광야에서 외치는 자의 소리가 있어 이르되 너희는 주의 길을 준비하라 그의 오실 길을 곧게 하라 모든 골짜기가 메워지고 모든 산과 작은 산이 낮아지고 굽은 것이 곧아지고 험한 길이 평탄하여질 것이요 모든 육체가 하나님의 구원하심을 보리라 함과 같으니라

하나님은 이스라엘 민족에게 예수가 하나님의 아들 그리스도이신 것을 믿도록 하기 위하여 세례 요한을 먼저 보내셨습니다(요1:6). 예수님께 세례를 베풀 때 세례 요한은 그가 예수님임을 알았습니다. 전도자는?

1. 먼저 예수님을 바로 알아야 합니다

세례 요한은 "나도 그를 알지 못하였으나 나를 보내어 물로 세례를 주라 하신 그이가 나에게 말씀하시되 성령이 내려서 누구 위에든지 머무는 것을 보거든 그가 곧 성령으로 세례를 주는 이인줄 알라"(요1:33)는 말씀을 듣고 내가 직접 보고 그가 하나님의 아들이심을 증거하였노라고 말했습니다.

세례를 베풀 때 많은 사람들이 있었으나 오직 세례 요한만 본 것입니다. 하나님이 영의 눈, 곧 마음의 눈을 여사 보게 하셨고 마음의 귀를 열어 들을 수 있게 하셨습니다.

다메섹에 가까웠을 때 정오보다 밝은 빛을 보고 주의 음성을 확실하게 들을 수 있는 자는 오직 사울뿐이었습니다(행9:3-4). 육신의 눈과 귀로는 하나님의 일을 보고 들을 수 없습니다. 열왕기하 6장에서 엘리사의 종은 아람 군대가 엘리사를 잡기 위해 도단 성을 에워싸는 것을 보았으나 하나님의 군대인 불 말과 불 병거가 산에 가득하여 엘리사를 둘러섰는 것은 볼 수 없

었습니다. 그러므로 엘리사가 기도하였고 하나님께서 그 종의 눈을 여시어 볼 수 있게 하였습니다. 전도를 왜 하지 않느냐고 책망하기 전에 교인들이 주님을 바로 알고 있는가를 확인해야 합니다. 또 내 자신이 주님에 대한 감격이 있는가를 스스로에게 물어보아야 합니다

2. 전도자 자신을 바로 알아야 합니다

전도자 자신이 먼저 자신을 극복해야 합니다. 타락된 본성을 가지고 옛 습관을 버리지 못한다면 자신을 길들이기가 어렵습니다. 자신을 제어하지 못하면 하나님을 대적하는 세상과 사탄의 방해를 받게 됩니다. 사탄은 정사와 권세와 이 세상의 어두움의 주관자들과 공중에 속한 악한 영들을 통해서 방해하고 핍박합니다(엡6:12). 육신의 힘으로 사탄의 공세를 이기며 승리할 수 있는 자는 아무도 없습니다. 오직 주님이 승리케 하십니다.

3. 전도자는 담대하게 앞으로 나가야 합니다

반드시 승리하려면 하나님의 방법대로 전략을 세워야 하고 그 전략대로 움직여야 합니다. 전도에는 일정한 방법이 정해지는 것은 아닙니다. 그러나 주님이 주신 전략과 동일하게 반드시 하나님의 전신갑주로 무장한 일꾼이 앞장서야 합니다. 그리고 그 일꾼들은 그리스도의 복음전파를 위하여 쉬지 않고 때를 얻든지 못 얻든지 복음을 전해야 합니다. 그러나 더 중요한 것은 법궤 중심이 되어야 합니다. 이것은 하나님 중심을 말합니다. 하나님의 언약을 믿고(두 돌비) 하나님의 전능하심과(싹 난 지팡이) 인도하심(만나 담은 항아리)을 믿음으로 달려가야 합니다.

전도 현장에서 승리하려면 예수님의 말씀을 잘 기억하고 성경적 전도 방법을 사용해야 합니다(마28:18-20).

전도를 가르친 예수님

《눅 9:1-6》

예수께서 열두 제자를 불러 모으사 모든 귀신을 제어하며 병을 고치는 능력과 권위를 주시고 하나님의 나라를 전파하며 앓는 자를 고치게 하려고 내보내시며 이르시되 여행을 위하여 아무 것도 가지지 말라

1. 전도는 예수님의 명령입니다

예수님은 그의 공생애 사역의 말기가 다가왔을 때 12 제자와 70인 전도단을 전도 현장으로 내어 보냈습니다. 이들은 많은 기적의 현장들을 보았습니다. 그럼에도 불구하고 그들은 육신의 속한 사람들이었습니다. 성찬에 참여한 후에도 다툼이 일어났습니다 "또 저희 사이에 그중 누가 크냐 하는 다툼이 난지라"(눅22:24). 이러한 제자들이 어떻게 사역 현장에 나아가서 큰 역사를 일어나게 하겠습니까?

주님은 제자들에게 귀신을 제어하며 병을 고치는 능력과 권세를 주시고 내어 보냈습니다(눅9:1-2, 10:1). 제자들은 나가서 각 촌에 두루다니며 곳곳마다 복음전파하며 병을 고쳤습니다(눅9:6). 70인 전도단들은 둘씩 짝지어서 전도하러 나가 기뻐 돌아왔습니다 주의 이름으로 귀신들이 자신들에게 항복하는 모습을 맛보았습니다(눅10:17).

2. 직접 나가서 전도 현장을 체험해 보아야 합니다

이것이 주님의 방법입니다. 성도님들이 밖으로 나가 전도 현장으로 나가기만 하면 됩니다. 예수 그리스도는 승천하신 후 성령으로 우리와 함께 하십니다. 우리가 모여서 주님이 예비하신 영혼을 만나게 해 달라고 기도하고 나가면 됩니다. 예배 후 점심을 먹은 후에나 오후 예배를 마치고 전 성

도님들이 전도현장에 나가는 교회는 반드시 부흥됩니다. 이미 우리에게는 예수님의 이름의 권세가 와 있습니다.

믿고 나가면 병든 자들, 귀신들린 자들이 다 고쳐집니다. 영혼이 구원받게 됩니다. 나가서 그리스도를 전하면 성령께서 역사하게 됩니다. 지속적으로 현장에 내보내는 교회마다 부흥되지 않는 교회가 없습니다.

3. 전도자는 기적의 사람들입니다

전도는 주님의 언약이 성취되는 것입니다. 천하보다 귀한 생명을 나를 통해서 살려내고 있는 것을 알게 하는 현장입니다. 그러므로 전도는 하나님이 나를 사용하고 있다는 자부심과 긍지를 갖게 하는 축복의 자리이며 하나님의 기적을 맛보는 자리입니다.

전도하면 할수록 성경이 하나님의 말씀이라는 것을 깨닫게 되고 성경대로 하면 반드시 성령이 역사하신다는 사실을 발견합니다. 성경을 열면 첫 마디부터 기적을 선포합니다. "태초에 하나님이 천지를 창조하시니라"(창1:1). 모든 만물을 말씀으로 창조하신 하나님은 인간만 하나님의 형상으로 만드셨습니다. 그런데 인간은 언약을 불순종하여 죄인이 되었고 하나님의 영광에 이르지 못하게 되었습니다(롬3:23).

죄 지은 인간은 하나님과 같이 된다고 속인 거짓의 아비인 마귀의 종이 되었습니다(요8:44). 그래서 세상 풍속을 좇아 살 수밖에 없는 본질상 진노의 자식이 되었습니다(엡2:2-3). 세상에서 소망이 없고 하나님도 없는 인간(엡2:12)을 하나님의 자녀로 회복하는 길이 전도입니다.

이 놀라운 하나님의 사랑을 타락된 인간의 이성으로는 알 수 없습니다. 전도자가 부활의 증인으로 그리스도를 선포할 때 구원 주시기로 작정된 자를 하나님이 구원하십니다.

전도는 하나님이 내리신 엄명입니다

《딤후 4:1,2》

하나님 앞과 살아 있는 자와 죽은 자를 심판하실 그리스도 예수 앞에서 그가 나타나실 것과 그의 나라를 두고 엄히 명하노니 너는 말씀을 전파하라 때를 얻든지 못 얻든지 항상 힘쓰라 범사에 오래 참음과 가르침으로 경책하며 경계하며 권하라

한국 교회에는 북한 선교의 열정이 넘치는 목사님들이 많습니다. 어떤 분들은 더욱 담대하게 북한 선교에 앞장서고 있습니다. 우리에게 북한 선교는 주님의 절대 절명이며 주님의 소원임을 잊지 말아야 할 것입니다.

이런 심정에서 그리스도를 바로 아는 성도들을 택해 성령 충만한 자로 양육하여 민족을 가슴에 품을 수 있는 성도로 만드는 것이 얼마나 신나는 일입니까? 어떻게 하면 성령 충만한 전도자가 될 수 있을까요?

1. 우리는 주님의 증인이 되어야 합니다

증인은 어떤 사건에 있어서 실제로 그 현장을 목격한 자요, 그 사건 속에 일어난 여러 말들을 직접 들은 자며 물증을 가지고 있는 자입니다. 주님의 증인은 곧 부활의 증인입니다.

예수는 하나님의 아들 그리스도인 것을 부활을 통해 확증했습니다(롬 1:4). 진정한 부활의 증인으로 복음의 합당한 삶을 살며 복음을 전파할 수 있는 자는 성령 충만한 자입니다.

하나님이 그 아들 예수 그리스도를 이 땅에 보내신 목적은 잃어버린 자를 찾아 구원케 하신 것입니다(눅19:10). 이 일을 위하여 예수님은 전 생애를 바쳤습니다.

2. 성령의 능력을 힘입어야 합니다

예수님은 열두 제자를 세워 훈련하셨고 실제로 사역 현장에서 전도의 모범을 보이셨습니다(눅8:1-3). 귀신을 제어하며 병 고치는 능력과 권세를 주시고 하나님 나라를 전파하며 앓는 자를 고치게 하려고 내어 보내셨습니다(눅9:1-2).

또한 평신도 70인을 따로 세워 훈련하신 주님은 친히 가시려는 각 동네와 각 지역으로 둘씩 앞서 보내셨습니다(눅10:1).

부활 후 너희는 가서 모든 족속으로 제자를 삼으라는 지상 명령을 내리셨습니다(마28:16-20).

세상 끝날 까지 항상 함께 있을 것을 약속하셨습니다. 그리고 승천 직전에 오직 성령이 너희에게 임하시면 너희가 권능을 받고 내 증인이 될 것임을 약속하셨습니다.

3. 마음을 같이하여 전혀 기도에 힘써야 합니다

주님의 소원을 가슴에 품은 120여 명의 성도들이 마가의 다락으로 모여들었고 다 함께 더불어 마음을 같이하여 전혀 기도에 힘쓰기 시작했습니다.

그 결과 주님의 약속대로 오순절의 성령은 저들의 마음에 내주하셨고 다 성령의 충만함을 받고 성령의 말하게 하심을 따라 다른 언어들로 말하게 하셨습니다(행2:1-4).

하나님의 뜻대로 기도하였더니 성령 충만함을 입었다고 많은 사람들이 간증합니다. 여러분 모두 성령 충만한 삶을 살아가시기 바랍니다.

지혜를 가지고 전도해야 합니다

《수 6:1-21》

여호수아가 그 땅을 정탐한 두 사람에게 이르되 그 기생의 집에 들어가서 너희가 그 여인에게 맹세한 대로 그와 그에게 속한 모든 것을 이끌어 내라

정보와 전략이란 단어는 군사 용어입니다. 선교에서 이 용어를 사용할 수밖에 없는 이유는 가나안 땅 전체를 차지하기 위하여 기존의 가나안 일곱 족속들과 전투하여 승리하여야 하기 때문입니다. 마찬가지로 전도는 악한 사탄의 권세를 깨뜨리는 영적 전투라 말할 수 있습니다.

그렇다면 여호수아 6장의 공격 목표는 무엇입니까? 여리고 성입니다. 이 성의 특징은 철옹성과 같아서 감히 이스라엘은 넘볼 수 없는 성입니다. 그러나 이미 아브라함과 모세를 통하여 약속하셨으며 여호수아에게 그 약속한 땅을 네 손에 붙였다고 말씀하셨습니다. 여호수아는 어떤 정보와 전략으로 승리하였으며, 우리는 어떻게 하여야 전도라는 영적 전쟁에서 승리할 수 있을까요?

1. 정확한 정보는 전쟁 승패를 결정합니다

여호수아는 2명의 정탐꾼을 보내어 기생 라합을 통하여 정확한 정보를 알아냈습니다. 승리의 첫 번째 단계는 적진에서 아군의 편에 확실하게 설 수 있는 사람과 정확한 정보를 알아 낼 수 있는 자를 찾아내는 것입니다. 기생 라합은 최고의 적임자였습니다. 그는 이방 나라의 사람임에도 불구하고 여리고 성의 왕명을 거역하고 이스라엘 편에 서서 두 정탐꾼을 숨겨 주었습니다.

그리고 "여호와께서 이 땅을 너희에게 주신 줄 내가 아노라"(수2:9), "너

희 하나님은 상천 하지의 하나님이시니라"(수2:11), "우리 생명을 죽는 데서 건져내기로 이제 여호와로 맹세하고 네게 진실한 표를 내라"(수6:13)고 말했습니다. 사는 길이 하나님께만 있음을 알았기 때문입니다.

2. 우리가 승리할 것을 믿어야 합니다

전도를 하기 위해서 부자나 권세 있는 자를 만날 때 상대가 너무 커 보이면 전도가 잘 되지 않습니다. 주께서 2천 년 전에 십자가에서 이미 사탄의 권세를 깨뜨려 놓으시고(요19:30), 예수의 이름만 들으면 벌벌 떨게 만들어 놓았다는 사실을 믿고 들어가야 합니다.

또한 전도하기를 원하는 지역에는 반드시 기생 라합과 같은 하나님을 경외하는 일꾼을 숨겨 놓았음을 믿고 가야 합니다. 바울은 이러한 일꾼을 잘 찾았습니다. 빌립보 교회를 이루기 위해 루디아를 찾아냈고 데살로니가 교회를 세우기 위해 야손과 같은 숨겨 놓은 일꾼을 찾아냈습니다.

고린도 교회를 이루시기 위해 로마에서 글라우디오 황제의 추방명령에 의해 고린도에 온 브리스가 부부를 찾아내었던 것을 볼 수 있습니다. 영적 전쟁은 승리를 확신함에 있습니다.

3. 무너질 때까지 지속해야 합니다

전쟁에서 이기려면 첫째는 전 군사가 부지런해야 합니다. 새벽부터 전략을 사용하여 전투에 임해야 합니다. 새벽 기도부터 시작해야 합니다(수6:12, 15). 새벽에 잠자는 일꾼은 하나도 없습니다. 둘째 여전한 방법을 사용하며 금방 열매가 눈에 보이지 않는다고 실망치 말아야 합니다(수6:14-15). 그리고 셋째는 전군이 말 없이 힘을 합하여 끝까지 인내하며 지속해야 합니다. 그럴 때 승리는 우리 것입니다.

하나님 나라의 선포

《눅 19:1-10》

예수께서 여리고로 들어가 지나가시더라 삭개오라 이름하는 자가 있으니 세리장이요 또한 부자라 그가 예수께서 어떠한 사람인가 하여 보고자 하되

하나님의 뜻은 하나님 나라를 이 땅에 세우는 것입니다(마6:33, 마28:16-20). 하나님의 백성을 창조하기 위하여 우리의 형상대로 우리의 모양대로 사람을 만들자고 말씀하셨습니다. 에덴 동산에서 축복을 누리며 살게 하였습니다. 그러나 인간은 하나님을 떠났고 경배할 수도 없는 타락된 인간이 되었습니다(창3:1-6, 롬1:18-32). 예수께서 오심은?

1. 예수님은 이 땅에 구원자로 오셨습니다

하나님은 아담과 하와를 에덴 동산에서 그냥 내쫓으신 것이 아니라 구원의 길을 열어 놓으셨습니다(창3:15). 하나님 자신이 인간의 몸을 입고 이 땅에 오셔서 잃어버린 자를 찾아 구원하기 위해 오셨습니다 (요1:14, 눅19:10). 주님은 보내신 자의 뜻을 이루시기 위하여 온전히 십자가에서 구원을 성취하셨습니다(요4:34, 요19:30).

마지막 지상 대 명령을 내리실 때에 너희는 가서 모든 족속으로 제자를 삼아 아버지와 아들과 성령의 이름으로 세례를 주라 말씀하셨습니다(마28:16-20). 믿는 자에게 삼위일체 하나님께서 저희에게 와서 거처를 삼으리라고 약속하셨습니다(요14:23).

믿는 성도들에게 삼위일체 하나님의 이름으로 축복하시고(고후13:13) 있으며, 또한 승천 직전에 지상 대 명령인 복음전파를 이루기 위하여 오직 성령으로 권능을 받고 증인이 되어질 것을 약속하셨습니다(행1:8).

2. 예수님은 생명을 살리려고 오셨습니다

그리스도 안에서 하나님의 형상으로 회복된 성도는 영적인 자녀를 생산하는 전도와 그리고 전도된 자들은 지속적으로 양육해야 합니다. 주님은 공생애 끝에 골고다 언덕에서 죽음으로 보내신 아버지의 뜻을 온전히 이루기 위하여 비장한 발걸음을 예루살렘을 향하여 옮겨 놓으셨습니다.

그리고 여리고에서 예수님은 잃어버린 자 삭개오를 찾아 오셔서 사랑으로 만나주시고 그와 함께 유하기를 원하셨습니다.

예수님께서 "삭개오야, 속히 내려오라 내가 오늘 네 집에 유하여야 하겠다" 하시니 삭개오는 급히 내려와 즐거워하며 영접하였고 자기를 위한 삶에서 주님을 위한 삶으로 삶의 방향을 완전히 바꾸겠다는 의지를 주님께 보여 주었습니다. 주님은 이때 삭개오에게 구원을 선물로 주셨고 주님이 오신 목적을 분명히 밝혔습니다.

3. 예수님은 잃어버린 자를 찾아 구원하러 오셨습니다

"인자가 온 것은 잃어버린 자를 찾아 구원하려 함이니라"(눅 19:10). 그렇습니다. 이 장면은 너무도 드라마틱하고 환상적인 구원의 장면으로서 전도의 아름다운 현장을 제자들에게 보여 주신 것입니다.

여기에서 우리는 생명을 살리는 방법을 찾아야 합니다. 그리고 만나는 자에게 예수님의 사랑을 보여 주어야 합니다. 예수님이 오늘 네 집에 유하여야겠다는 말씀을 영어 성경에서는 'I must at your house today.' 라고 했는데 이는 꼭 머물겠다는 의지입니다. 그러므로 전도자는 복음을 받는 자에게 주님이 꼭 함께 있기를 원하는 메시지를 전함으로써 복음을 받는 자가 삭개오와 같이 즐거운 마음으로 예수님을 구주로 마음에 영접하게 해야 합니다.

간단한 전도방법론

《롬 4:1-25》

그런즉 육신으로 우리 조상인 아브라함이 무엇을 얻었다 하리요 만일 아브라함이 행위로써 의롭다 하심을 받았으면 자랑할 것이 있으려니와 하나님 앞에서는 없느니라

전도를 잘 하기 위해서는 전도 대상자의 마음을 잘 읽어야 합니다. 사람들은 나름대로 힘든 삶을 살아가고 있습니다. 따라서 잘 접근해야 합니다.

1. 전도 대상자의 상태를 잘 알아야 합니다

사람들의 상태에 따라 마음을 움직일 수 있는 말 한마디는 여러 설명보다 큰 효과를 거둘 수 있습니다. 그 이후에 메시지를 주어야 합니다. 전도 대상자는 크게 두 부류로 나눌 수 있습니다. 성경을 아는(지식적) 불신자와 성경을 전혀 모르는 불신자입니다.

이들에게 어떻게 효과적으로 증거해야 할까요? 여기에 전도의 모든 핵이 다 들어있습니다. 로마서 4장은 성경을 알고 있는 유대인들에게 전하는 메시지입니다. 오늘날 교회 안에나 밖에서나 지식적으로 성경을 알고 있는 자에게 전해야 될 메시지입니다. 또한 사도행전 17장 22절부터 34절은 성경을 전혀 알지 못하는 불신자들에게 전하는 메시지입니다.

2. 성경 지식만 알고 있는 종교인들 전도법

"일을 아니할지라도 경건치 아니한 자를 의롭다 하시는 이를 믿는 자에게는 그의 믿음을 의로 여기시나니"(롬4:5).

이미 로마서 1장18절에서는 사람들의 모든 경건치 않음과 불의에 대하

여 하나님의 진노가 나타난다고 말씀했습니다. 에베소서 2장3절에서는 경건치 않은 불신자를 본질상 진노의 자녀라고 하셨습니다. 유대인들은 율법을 행함으로 구원에 이른다고 생각하였지만 율법을 좇아간 이스라엘은 의에 이르지 못했고 율법을 좇지 아니한 이방인들이 의를 얻었으니 곧 믿음으로 받는 의였습니다(롬4:2, 롬9:30-31).

전도자는 대상자를 바로 분석해야 합니다. 성경은 알고 있으나 생명을 얻지 못하는 자에게 본질(상태)을 바로 알게 하는 것이 중요합니다. 곧 죄로 인하여 하나님을 떠나 있기에 하나님을 만날 수 없고 저주와 진노 아래 있음을 지적하고 하나님의 복음을 선포해야 합니다.

3. 불신자 전도법

하나님과 원수의 관계인 것을 알게 하여 이 문제를 해결하는 유일한 길은 예수 그리스도밖에 다른 길이 없음을 알게 해야 합니다. 그리스도께서 우리의 죄를 대속하시기 위하여 죽으시고 죽은 자 가운데서 살아나셔서 믿는 자에게 새 생명을 주시고 하나님의 자녀가 되는 권세까지 주신 것을 전해야 합니다.

바울은 이 은혜를 설명하면서 일한 것이 없이 하나님께 의로 여기심을 받는 사람의 복에 대해 말했습니다(롬 4:4-8). 불법의 사하심을 받고 그 죄를 가리우심을 받는 자가 복이 있고 주께서 그 죄를 인정치 아니하실 사람이 복이 있다고 말씀하셨습니다. 예수 그리스도의 보혈의 권세는 모든 믿는 자의 원죄와 자범죄를 완전히 덮으십니다.

우리가 예수 그리스도의 십자가의 죽으심과 부활을 마음으로 믿고 입으로 시인하도록 성령을 의지하며 선포할 때 지식적인 믿음을 소유한 종교인들이 참 복을 받는 놀라운 역사가 분명하게 일어납니다.

구별 말고 초청하라!

《사 55:1-5》

오호라 너희 모든 목마른 자들아 물로 나아오라 돈 없는 자도 오라 너희는 와서 사 먹되 돈 없이, 값 없이 와서 포도주와 젖을 사라 너희가 어찌하여 양식이 아닌 것을 위하여 은을 달아 주며 배부르게 하지 못할 것을 위하여 수고하느냐 내게 듣고 들을지어다

하나님은 너희 목마른 자들아 물로 나아오라고 초청하고 있습니다. 이 세상에서 영혼이 목마르지 않은 사람은 하나도 없습니다. 그러므로 하나님은 아무도 구별하지 않고 다 초청하신 것입니다. 주의 은혜를 받고 그의 보내심을 받은 성도님들은 차별없이 이웃을 초청해야 합니다. 그 이유는 무엇일까요?

1. 하나님은 다 구원받기 원하시기 때문입니다

"하나님은 모든 사람이 구원을 받으며 진리를 아는 데 이르기를 원하시느니라"(딤전2:4). 하나님은 "너희에 대하여 오래 참으사 아무도 멸망치 않고 다 회개하기에 이르기를 원하시느니라"(벧후3:9).

오늘 본문은 목마른 인간들을 위하여 생수이신 예수님을 이 땅에 메시야로 보내셔서 그의 은혜로 구원받게 하시기 위하여 다 물로 나아오라 초청하고 있습니다.

돈 없고 가난한 자들로 모두 다 나아오라 합니다. 참 생명은 인간이 소유한 보화로 살 수 없는 가장 값진 것이기에 와서 거저 받으라는 것입니다.

성도님들은 모두 주님으로부터 부여받은 초청장을 가지고 나아가 구별 말고 초청하시기를 원합니다.

2. 하나님은 다 복을 누리며 살기 원하시기 때문입니다

"와서 사 먹되 돈 없이 값 없이 포도주와 젖을 사라"(사55:1). 여기서 포도주가 의미하는 것은 참된 기쁨과 만족입니다. 이 세상에 참 기쁨과 만족은 오직 그리스도 예수 안에 있습니다. 이것은 가나 혼인 잔치에서 물로 포도주를 만든 사건에서도 발견됩니다. 연회장은 맛을 보고 최고의 맛으로 평가하였습니다.

예수님의 말씀에 순종한 종들의 마음은 뛸 듯이 기뻤습니다.

사도 베드로는 말씀을 가리켜 순전하고 신령한 젖이라 하였고 성도들을 향하여 갓난아이와 같이 사모하라고 하였습니다(벧전 2:2). 어머니는 자식에게 그냥 공짜로 젖을 줍니다. 사랑하며 줍니다. 건강하게 자라기를 원하며 축복하고 줍니다.

주님은 믿는 우리에게 신앙생활을 건강하게 할 수 있는 젖을 주시기 원하십니다. 하나님의 말씀은 송이꿀보다 달다고 했습니다. 그리스도인들이 말씀을 붙들고 기도할 때 기도가 모두 응답되고 복을 누리며 살아가게 됩니다.

3. 하나님은 다 증인되어 초청하기 원하시기 때문입니다

선교의 사명은 축복입니다. 예수님께서는 "너희는 가서 모든 족속으로 제자를 삼아"(마28:19)라고 말씀하십니다. 우리 모두 증인되기를 원하십니다. 하루 빨리 새 하늘과 새 땅에서 영원한 축복을 누리며 왕 같은 삶을 살기 원하십니다.

이것이 하나님의 뜻입니다. "오직 성령이 너희에게 임하시면 너희가 권능을 받고 예루살렘과 온 유대와 사마리아와 땅 끝까지 이르러 내 증인이 되리라 하시니라"(행1:8).

듣든지 아니 듣든지

《겔 2:1-10》

그가 내게 이르시되 인자야 네 발로 일어서라 내가 네게 말하리라 하시며 그가 내게 말씀하실 때에 그 영이 내게 임하사 나를 일으켜 내 발로 세우시기로 내가 그 말씀하시는 자의 소리를 들으니 내게 이르시되 인자야 내가 너를 이스라엘 자손 곧 패역한 백성, 나를 배반하는 자에게 보내노라 그들과 그 조상들이 내게 범죄하여 오늘까지 이르렀나니 이 자손은 얼굴이 뻔뻔하고 마음이 굳은 자니라 내가 너를 그들에게 보내노니 너는 그들에게 이르기를 주 여호와의 말씀이 이러하시다 하라 그들은 패역한 족속이라 그들이 듣든지 아니 듣든지 그들 가운데에 선지자가 있음을 알지니라 인자야 너는 비록 가시와 찔레와 함께 있으며 전갈 가운데에 거주할지라도 그들을 두려워하지 말고 그들의 말을 두려워하지 말지어다 그들은 패역한 족속이라도 그 말을 두려워하지 말며 그 얼굴을 무서워하지 말지어다 그들은 심히 패역한 자라 그들이 듣든지 아니 듣든지 너는 내 말로 고할지어다

유대 민족이 바벨론 포로로 잡혀간 지 5년이 되었습니다. 하나님께서는 에스겔에게 환상을 보여주시며 선지자로 부르시고 사명을 부여하셨습니다. 이는 곧 패역한 이스라엘 백성에게 듣든지 아니 듣든지 복음을 전파하라는 것입니다. 이것은 오늘 우리를 부르셔서 세상을 향해 듣든지 아니 듣든지 주 예수 그리스도를 증거하라는 강한 메시지임을 깨닫고 우리 모두 전도자의 자세로 마음을 가다듬기 원합니다. 전도자는?

1. 확신을 가져야 합니다

"인자야 일어서라 내가 네게 말하리라… 그 신이 내게 임하사 나를 일으켜 세우시기로 내가 그 말씀하는 자의 소리를 들으니"(1,2절).

"인자야 내가 네게 이르기를 말을 듣고… 네 입을 벌리고 내가 네게 주는 것을 먹으라 하시기로" "내가 먹으니 그것이 내 입에 달기가 꿀 같더라"(3:3).

사명자로 세우신 분은 인간이 아닌 하나님이라는 사실을 확신해야 합니다. 또한 하나님이 말씀하신 내용을 잘 듣는 일이 우선되어야 하며 그리고 들은 말씀을 먹어서 맛을 알아야 확신할 수 있습니다. 전도자로서 확신에 넘쳐야 전도를 잘 할 수 있습니다.

2. 전도 대상자를 구분하지 말아야 합니다

"이 자손은 얼굴이 뻔뻔하고 마음이 강퍅한 자니라"(4절). 전도 대상자는 우리 주위의 모든 사람들입니다.

나를 배반하는 자, 전도받기를 싫어하며 예수 믿는 자를 핍박하는 모든 자들을 전도 대상으로 삼으라고 하신 것입니다. 한 생명이 천하보다 귀하기 때문입니다. 이들을 구원해야 할 사명이 전도자에게 있습니다.

3. 복음의 능력만 전해야 합니다

"듣든지 아니 듣든지 그들 가운데 선지자가 있을 줄을 알지니라"(5절).

"듣든지 아니 듣든지 너는 내 말로 고할지어다"(7절).

사도 바울은 복음을 부끄러워 아니하였습니다. 그 이유는 복음은 믿는 자에게 구원을 주시는 하나님의 능력이기 때문입니다. 인간의 지혜와 지식을 동원하지 말고 오직 하나님의 말씀만 믿고 전할 때 회개의 역사와 영생이 선물로 주어지게 됩니다.

"하나님 앞과 살아 있는 자와 죽은 자를 심판하실 그리스도 예수 앞에서 그가 나타나실 것과 그의 나라를 두고 엄히 명하노니 너는 말씀을 전파하라 때를 얻든지 못 얻든지 항상 힘쓰라 범사에 오래 참음과 가르침으로 경책하며 경계하며 권하라"(딤후 4:1,2).

알지 못하는 신

《행 17:1-34》

바울이 아덴에서 그들을 기다리다가 그 성에 우상이 가득한 것을 보고 마음에 격분하여 회당에서는 유대인과 경건한 사람들과 또 장터에서는 날마다 만나는 사람들과 변론하니 어떤 에피쿠로스와 스토아 철학자들도 바울과 쟁론할새 어떤 사람은 이르되 이 말쟁이가 무슨 말을 하고자 하느냐 하고 어떤 사람은 이르되 이방 신들을 전하는 사람인가보다 하니 이는 바울이 예수와 부활을 전하기 때문이러라 그를 붙들어 아레오바고로 가며 말하기를 네가 말하는 이 새로운 가르침이 무엇인지 우리가 알 수 있겠느냐 네가 어떤 이상한 것을 우리 귀에 들려주니 그 무슨 뜻인지 알고자 하노라 하니 모든 아덴 사람과 거기서 나그네 된 외국인들이 가장 새로운 것을 말하고 듣는 것 이외에는 달리 시간을 쓰지 않음이더라 바울이 아레오바고 가운데 서서 말하되 아덴 사람들아 너희를 보니 범사에 종교심이 많도다 내가 두루 다니며 너희가 위하는 것들을 보다가 알지 못하는 신에게라고 새긴 단도 보았으니 그런즉 너희가 알지 못하고 위하는 그것을 내가 너희에게 알게 하리라

본문은 바울이 아테네에서 성경을 전혀 알지 못하는 아테네 사람과 거기서 나그네된 외국인들에게 아레오바고 가운데 서서 선포하였던 내용입니다. 이 방법을 우리의 전도 현장에서 사용할 때 큰 역사가 일어납니다.

1. 하나님을 바로 알려야 합니다

이 메시지를 듣고 몇 사람이 그를 가까이 하여 믿었으며 그중 아레오바고 관원 디오누시오와 다말이라 하는 여자와 또 다른 사람들도 있었더라고 성경은 말하고 있습니다(행17:22-31).

하나님이 지상 만민 중에서 이스라엘을 자기 기업의 백성으로 택하신 이유를 밝혔습니다. 다른 민족들보다 수효가 많은 연고가 아니라 가장 적은 민족이지만 다만 너희를 사랑하심을 인하여 성민을 삼으셨다고 하셨습니다(신7:6-8). 그리고 그들에게 출애굽기 19장부터 24장까지 자기 백성들이

지켜야 할 법을 주셨고 그 법 안에서 항상 함께 하시며 인도하셨습니다. 하나님은 범죄한 자기 백성을 용서하시고 아름다운 교제를 이루시기 위하여 성막 법을 제정하시고 제사법을 주어 항상 함께 하셨습니다. 이 때 꼭 알아야 할 것은 대제사장의 관에는 "여호와께 성결"이라는 패를 붙이게 하셨던 것입니다.

하나님은 내가 거룩하니 너희도 거룩하라고 말씀하셨습니다(레11:45). 대제사장 되신 그리스도는 영원한 하나님이시며 거룩하신 분이십니다. 하나님의 자녀 또한 거룩해야 하나님으로부터 쓰임 받을 수 있습니다(고전3:16,17).

2. 바른 교리를 가지고 전도해야 합니다

오늘 우리는 하나님께 쓰임받기 위하여 신앙을 먼저 정립해야 합니다. 어렵지 않습니다. 사도신경에서 우리가 고백한대로 그대로 해 보십시오. 성령이 반드시 역사하실 것입니다. 예수가 주님이시고 그리스도이십니다. 그는 살아 계신 하나님의 아들입니다. 그는 성령으로 잉태하여 동정녀 마리아에게 나시고 십자가에 우리의 죄를 사하시기 위하여 죽으셨습니다. 죽은 지 사흘만에 다시 살아나셨습니다. 이 사실을 마음으로 믿고 입으로 시인하면 구원을 얻습니다(롬10:9-10). 바울은 평안의 복음의 예비한 것으로 신을 신으라고 말했습니다(엡6:15).

사도 베드로는 성도가 바로 서고 교리적으로도 잘 준비되어 있어야 한다고 말합니다(벧전3:15,16). 사도신경 속에 체계화 되어 있는 교리의 전도 메시지를 자신의 것으로 만들어 전도 현장의 상황에 맞게 선포할 때에 죽은 영혼이 살아나는 기적의 역사를 반드시 경험하게 될 것입니다.

우리가 가진 위대한 전도 메시지

《고전 1:18-31》

십자가의 도가 멸망하는 자들에게는 미련한 것이요 구원을 받는 우리에게는 하나님의 능력이라 기록된 바 내가 지혜 있는 자들의 지혜를 멸하고 총명한 자들의 총명을 폐하리라 하였으니 지혜 있는 자가 어디 있느냐 선비가 어디 있느냐 이 세대에 변론가가 어디 있느냐 하나님께서 이 세상의 지혜를 미련하게 하신 것이 아니냐 하나님의 지혜에 있어서는 이 세상이 자기 지혜로 하나님을 알지 못하므로 하나님께서 전도의 미련한 것으로 믿는 자들을 구원하시기를 기뻐하셨도다

한 영혼을 살리는 일이 얼마나 귀한 일인지 경험해보지 못하면 알기 어려울 것입니다. 전도 메시지를 통해 위대한 구원사역을 경험해 봅시다.

1. 무조건 전도해야 합니다

전도에는 특별한 방법이 없습니다. 전도는 꼭 생명을 살려야겠다는 의지 속에 성령의 인도하심을 받으면 전도 현장마다 다 다르게 역사하신 것을 볼 수 있을 것입니다. 오늘은 사도신경이 우리에게 준 메시지를 소개합니다. 본디오 빌라도에게 고난을 받으사 십자가에 못박혀 죽으시고란 말씀을 살펴보겠습니다. 이는 예수가 하나님의 아들 그리스도임을 확증하는 확실한 메시지입니다. 그리스도가 왜 고난을 받으시고 십자가에 달려 피흘려 죽으셔야 합니까?

2. 하나님을 떠난 인간은 멸망 상태에 있기 때문입니다

하나님을 떠난 인간들은 하나님을 알지 못하고 그 존재 자체도 부인합니다. 저들은 총명이 어두워지고 저희 가운데 있는 무지함과 저희 마음이 굳

어짐으로써 하나님의 생명에서 떠나 있습니다.

그러므로 저희는 양심이 죄에 대한 감각이 없게 되어 자신들을 방탕한 생활 속에 집어넣고 더러운 것들로 욕심으로 행합니다(엡4:18-19). 행복이 없고 참 안식도 없습니다. 저들의 길에는 저주와 고생과 파멸이 있을 뿐입니다. 육신은 질병으로 고난을 당하고 가난에 시달리며 실패하고 좌절합니다. 혹 물질이 풍부하고 육체적 건강과 명예가 있다 할지라도 그들은 쾌락을 일삼고 무가치한 것을 목표없이 붙잡고 방향을 잃은 배처럼 표류하다 결국은 죽게 됩니다. 어떤 부자가 죽었는데 그 아들에게 "무엇을 남겨 놓았습니까?" 물어보니까 "다 남겨두고 가셨습니다."라고 대답 하였습니다. 인생은 결국 수고한 모든 것을 다 남겨두고 빈 손으로 갑니다. 그런데 그가 가는 곳은 심판의 자리인 지옥불에 들어가게 됩니다.

3. 바로 알고 바로 믿어야 합니다

우리가 무엇을 믿든지 잘 믿으면 된다고 말하는 것은 참으로 위험한 태도입니다. 믿음의 대상을 바로 알고 믿어야 합니다. 선한 행실과 구제와 봉사를 잘하면 그 공로로 구원받을 것으로 생각하는 사람이 있습니다. 그러나 신분이 먼저 변해야 구원에 이르게 됩니다. 하나님을 만나지 못한 불신자 상태는 영이 죽은 상태요, 죽은 자가 자신을 살릴 수 없듯이 생명의 성령이 아니고는 살아날 수 없습니다. 자력 구원이란 있을 수 없는 일입니다.

구원이란 인간의 영이 성령 하나님을 만나는 영적 일이기에 사람이 육체로 이 영을 살릴 수 없습니다. 오직 성령으로만 됩니다. 또한 이 성령의 역사는 믿는 믿음을 가진 자의 전도를 통해서 이루어집니다(고전 12:3).

아무리 교회를 다녀도 구원의 감격이 없는 종교인은 선뜻 전도하려 들지 않습니다.

선교의 비밀

《행 14:1-7》

이에 이고니온에서 두 사도가 함께 유대인의 회당에 들어가 말하니 유대와 헬라의 허다한 무리가 믿더라 그러나 순종하지 아니하는 유대인들이 이방인들의 마음을 선동하여 형제들에게 악감을 품게 하거늘 두 사도가 오래 있어 주를 힘입어 담대히 말하니 주께서 그들의 손으로 표적과 기사를 행하게 하여 주사 자기 은혜의 말씀을 증언하시니 그 시내의 무리가 나뉘어 유대인을 따르는 자도 있고 두 사도를 따르는 자도 있는지라

비밀은 감추어져 있는 것입니다. 복음의 비밀도 마찬가지입니다. 감추어진 비밀을 잘 알고 있으면 어떤 어려움이 와도 선교를 잘 할 수 있습니다. 바울의 일차 선교 여행(행13-14장)은 선교의 가장 중요한 비밀을 우리에게 알려 주고 있습니다. 이 시간은 바울과 바나바가 아시아에서 얻은 선교의 교훈 속에서 중요한 비밀을 깨닫는 복된 시간되시기를 축원합니다.

1. 선교 현장에는 영생을 주시기로 작정된 자가 있습니다

"이방인들이 듣고 기뻐하여 하나님의 말씀을 찬송하며 영생을 주시기로 작정된 자는 다 믿더라"(행13:48).

바울과 바나바가 전한 복음을 듣고 다 기뻐하고 다 찬송한 것은 아닙니다. 하나님이 영생을 주시기로 작정된 자들만 다 믿었습니다.

여리고 성에는 기생 라합이 작정되었고, 구브로 섬 바보라는 곳에는 총독 서기오 바울이 있었습니다. 어느 곳에든지 반드시 영생을 주시기로 작정된 영혼이 있습니다. 이들을 예비된 영혼이라고 말할 수 있습니다. 중요한 것은 이들을 찾아내는 것입니다. 그러므로 복음을 바로 알고 선포하는 것은 너무 중요합니다. 성령의 인도하심에 따라 바른 복음이 선포될 때 사

모하는 영혼들을 찾아낼 수 있습니다.

2. 메시지는 하나이나 방법은 다양합니다

바울은 회당에서 유대인들에게는 성경을 가지고 예수가 하나님의 아들 그리스도인 것을 증명하였습니다. 또 다른 방법은 전혀 성경을 알지 못하는 이방인들에게 전하는 방법입니다. 이들에게는 천지를 지으신 하나님이 계신 것을 전하였습니다(행14:15). 이 하나님을 만나는 길이 예수 그리스도를 아는 것입니다(요14:6). 결국은 예수가 그리스도이심이 선포되어야 합니다(행 9:22).

3. 선교는 반드시 열매가 있습니다

복음이 선포되면 쉽게 믿지 않고 핍박하는 현상이 나타납니다. 바울과 바나바에게 있어서 가장 큰 어려움은 동족인 유대인들의 핍박이었습니다(행 16:16-40 참조). 시기와 비방, 그리고 무리를 선동하여 악감을 품게 하고 심지어는 쫓아 내었으며 돌로 쳐 죽이려 하였습니다.

"유대인들이 안디옥과 이고니온에서 와서 무리를 충동하니 그들이 돌로 바울을 쳐서 죽은 줄로 알고 시외로 끌어 내치니라" (행 14:19).

박해를 받을 때마다 바울은 새로운 선교지로 향했습니다. 선교를 막아도 새로운 선교의 문이 예비되었습니다. 온 세계에 복음이 퍼지는 것이 주님의 뜻이기 때문입니다.

그러므로 하나님의 선교를 위해 어떤 어려움이 와도 실망하지 말고 계속 전진해야 합니다. 선교는 반드시 열매가 있습니다. 복음 전파를 그 누구도 막을 수가 없습니다. 선교가 곧 하나님의 일이기 때문입니다. 하나님께서 친히 도와주시고 기뻐하십니다.

선교의 원리

《행 16:6-34》

성령이 아시아에서 말씀을 전하지 못하게 하시거늘 그들이 브루기아와 갈라디아 땅으로 다녀가 무시아 앞에 이르러 비두니아로 가고자 애쓰되 예수의 영이 허락하지 아니하시는지라 무시아를 지나 드로아로 내려갔는데 밤에 환상이 바울에게 보이니 마게도냐 사람 하나가 서서 그에게 청하여 이르되 마게도냐로 건너와서 우리를 도우라 하거늘 바울이 그 환상을 보았을 때 우리가 곧 마게도냐로 떠나기를 힘쓰니 이는 하나님이 저 사람들에게 복음을 전하라고 우리를 부르신 줄로 인정함이러라

"원리"란? "모든 현상이 성립될 수 있는 기본적 원칙" 이라고 한글 사전은 정의하고 있습니다. 선교의 원리란 선교가 잘 되어질 수 있는 기본적인 원칙이라 말할 수 있습니다. 오늘은 사도행전 16장에 나타난 선교의 원리를 발견하여 적용함으로 힘 있는 선교가 이루어지기를 소원합니다.

1. 선교의 주체는 성령 하나님

바울은 제2차 선교 여행에서 중점적으로 아시아 선교를 계획하고 열심을 다하였습니다. 그러나 "성령이 아시아에서 말씀을 전하지 못하게"(행 16:6) 하였고 예수의 영이 허락지 아니하였습니다. 그래서 바울 일행은 성령의 인도하심을 따라 무시아를 지나 드로아로 내려가 기도하던 중 환상을 보았습니다. "마게도냐 사람 하나가 서서 그에게 청하여 가로되 마게도냐로 건너와서 우리를 도우라 하거늘"(행16:9) 곧 떠나 마게도냐로 갔습니다.

이로 인하여 빌립보 교회가 탄생되었고, 데살로니가 교회, 고린도 교회가 세워졌습니다.

선교의 주체는 선교사가 아니라 성령 하나님이십니다. 성공적이고 힘 있는 선교를 하려면 성령 충만하여 온전히 성령의 인도를 받아야 합니다. 바

울은 자신의 진로를 버리고 성령의 뜻을 따라 아시아에서 유럽으로 계획을 바꾸어 승리하였습니다.

2. 선교의 원동력은 성령의 역사

선교의 필연성은 모든 인류가 죄에 매여 마귀의 종살이를 하기 때문입니다. 사람의 말과 지혜로는 하나님을 만나게 할 수 없습니다. 성령께서 알게 하십니다. 그러므로 선교의 원동력은 성령이시며 선교는 성령의 역사로만 되어집니다. 사탄의 권세를 꺾을 수 있는 힘은 오직 성령의 권능입니다. 채찍에 맞아 피를 흘리며 심한 고통 중에서도 바울과 실라가 기도하고 하나님을 찬미하였습니다. 이때 성령은 옥터를 움직여 문을 여시고 모든 사람의 매인 것을 다 풀었습니다. 성령의 뜻에 순종할 때 선교의 문이 열리게 되고 아름다운 열매를 맺게 됩니다.

3. 증인의 증거를 통하여

성령께서는 신실한 증인을 통해서 일하십니다. 구원받고 확신 있는 성령 충만한 증인이 입술을 통하여 그리스도를 증거할 때에 성령께서 역사하십니다. 이것이 사도행전 전체에 나타나고 있습니다.

"그들을 데리고 나가 이르되 선생들이여 내가 어떻게 하여야 구원을 받으리이까 하거늘 이르되 주 예수를 믿으라 그리하면 너와 네 집이 구원을 받으리라 하고 주의 말씀을 그 사람과 그 집에 있는 모든 사람에게 전하더라"(30-32절).

바울은 죄수의 몸이었지만 하나님의 말씀을 선포하자 성령께서 간수의 마음을 열어 예수님을 구주로 영접하였고 온 가족이 새 생명을 얻었습니다. 우리는 때를 얻든지 못 얻든지 전도에 힘써야 합니다(딤후 4:2).

선교의 전략

《행17:1- 9》

그들이 암비볼리와 아볼로니아로 다녀가 데살로니가에 이르니 거기 유대인의 회당이 있는지라 바울이 자기의 관례대로 그들에게로 들어가서 세 안식일에 성경을 가지고 강론하며 뜻을 풀어 그리스도가 해를 받고 죽은 자 가운데서 다시 살아나야 할 것을 증언하고 이르되 내가 너희에게 전하는 이 예수가 곧 그리스도라 하니 그 중의 어떤 사람 곧 경건한 헬라인의 큰 무리와 적지 않은 귀부인도 권함을 받고 바울과 실라를 따르나 그러나 유대인들은 시기하여 저자의 어떤 불량한 사람들을 데리고 떼를 지어 성을 소동하게 하여

전략이란, 전투를 실행하는 수단과 방법을 말합니다. 선교는 사탄이 주관하는 세상 나라를 하나님 나라로 점령해 가는 전투입니다. 그러므로 선교의 전략은 너무도 필요하고 당연히 세워야 할 일입니다.

바울은 제2차 선교 여행에서도 선교의 전략대로 진행하였습니다. 오늘이 바울의 선교 전략을 우리의 전략으로 바꾸어 결실 있는 귀한 시간되시길 원합니다.

1. 팀 사역 전략

선교는 주님의 성령 충만한 종들을 통해서 이루어 집니다. 예수님께서 70인 전도단을 현장에 파송하실 때(눅10:1) 주님이 가시고자 하는 각 동네 각 지역으로 둘씩 짝지어 보내셨습니다. 마찬가지로 바울은 선교 여행을 출발할 때도 홀로 하지 않고 반드시 팀을 이루어 나갔습니다.

이것이 선교 전략입니다. 첫 번째는 바나바와 한 팀을 이루었고, 2차 선교 여행에서는 실라와 디모데와 함께 한 팀을 구성하여 선교 현장에 들어갔습니다. 성경은 합력할 때 세겹줄처럼 훨씬 힘이 강해진다고 말합니다(전 4:9-12 참조).

2. 도시화 전략

바울 사도가 능력을 나타내지 못했고 열매가 적었던 곳은 아덴에서의 복음 사역이었습니다. 이때 그는 홀로 사역했습니다. 그러나 고린도에서 실라와 디모데가 마게도냐에서 내려와 바울과 함께 함으로 큰 결실을 얻을 수 있었습니다. 우리 모두는 서로의 좋은 팀을 이루어 승리하시기를 원합니다. 또한 선교 현장에 아예 팀 사역을 할 수 있도록 훈련시켜 보내는 것이 가장 바람직한 선교인 것을 확신합니다.

바울이 선교 여행에서 가장 큰 목표로 삼았던 곳은 대도시였습니다. 오늘 본문에 나온 데살로니가도 중요한 선교 전략지였습니다. 키케로는 데살로니가를 "우리 영혼의 심장부"라 하였습니다. 마게도냐의 수도였습니다. 정치, 경제의 중심지였습니다. 그러므로 암비볼리와 아볼로니가를 지나 데살로니가를 택한 것입니다. 안디옥도 세계 선교의 중심지가 되었습니다.

3. 회당 전략

바울은 규례를 따라 회당에 들어갔습니다. 그 이유는 그들이 성경을 가지고 있었기 때문입니다. 그러므로 구약에서 약속한 메시야가 곧 예수라는 사실을 바로 알게 하여 교회를 이루려 하였습니다. 사람들이 모이는 회당을 통해 여러 가지 효과를 거둘 수 있었기 때문입니다.

교회를 다니다 시험들어 있는 자들 혹은 다른 곳에서 신앙생활하다 이사 온 자들이 새로운 교회에서 잘 적응하고 좋은 일꾼으로 일어나기도 합니다. 이들을 잘 활용해야 하겠습니다.

전략은 전쟁의 승패를 가름합니다. 바울의 선교의 전략은 팀 사역 전략, 도시화 전략, 회당 전략이었습니다. 이 전략으로 가는 곳마다 승리하였습니다.

선교 현장을 보는 눈

《행17:16-34》

바울이 아덴에서 그들을 기다리다가 그 성에 우상이 가득한 것을 보고 마음에 격분하여 회당에서는 유대인과 경건한 사람들과 또 장터에서는 날마다 만나는 사람들과 변론하니 어떤 에피쿠로스와 스토아 철학자들도 바울과 쟁론할새 어떤 사람은 이르되 이 말쟁이가 무슨 말을 하고자 하느냐 하고 어떤 사람은 이르되 이방 신들을 전하는 사람인가보다 하니 이는 바울이 예수와 부활을 전하기 때문이러라 그를 붙들어 아레오바고로 가며 말하기를 네가 말하는 이 새로운 가르침이 무엇인지 우리가 알 수 있겠느냐

선교는 내가 어떤 눈으로 바라보는가가 중요합니다. 바울은 어떻게 생활하였으며 그 결과는 어떠했습니까?

1. 세심한 관찰을 하였습니다

바울은 데살로니가에서 핍박을 받아 베뢰아로 선교 현장을 옮겼습니다. 그곳에까지 유대인들이 몰려와 대적하여 베뢰아 형제들의 인도를 받아 아덴에 도착하였습니다. 동역자들인 실라와 디모데를 기다리는 동안 온 성에 우상이 가득한 것을 발견하였습니다. 심지어는 알지 못하는 신에게라고 새긴 단도 보았습니다. 또한 새 학문에 심취되어 있는 철학자들과도 만났습니다. 에비구레오 학파는 인간의 쾌락을 최고의 덕으로 삼는 학파로 행복을 추구하며 살아갑니다. 또한 스도이고(스토아) 학파는 운명론적이며 냉철한 이성에 바탕을 둔 도덕적인 삶을 강조하고 있습니다.

성경학자들은 아덴에는 공식화 된 우상이 300 여 개이며 3만 여 개의 신상들이 있었다고 합니다. 이것을 본 사도 바울은 하나님과 인간 사이의 화평을 어떤 종교로도 철학과 선행으로도 할 수 없다는 것을 알았기 때문에 복음을 전하지 않고는 견딜 수 없는 마음이 발생하게 되었습니다.

2. 문제에 대한 분명한 해답을 주었습니다.

모든 아덴 사람들과 거기에 드나드는 외국인들은 가장 새로운 것을 말하고 듣는 것 외에는 달리 시간을 쓰지 않았습니다. 그러므로 바울이 전한 예수와 몸의 부활에 매력을 느낀 것입니다.

바울은 이때를 놓치지 않고 복음을 증거하였습니다. 전도인들에게는 어떤 것을 가지고도 복음 전파의 접촉점을 잡을 수 있는 지혜가 필요합니다. 바울은 그들이 알지 못하는 신에 대하여 증거하였습니다(행 17:23). 하나님은 만유의 창조주이시며 천지의 주재이시므로 사람의 손으로 모시는 곳에 계시지 않고 온 우주에 충만히 계신 것을 전하였습니다. 또한 하나님은 만민의 생명과 호흡을 주관하시며 온 인류의 조상을 지어 모두가 한 혈통으로 온 땅에 거하게 하신다고 전했습니다. 그 분이 하나님인 것을 밝힌 것입니다.

그 하나님을 만나야 살고 만나지 못하면 반드시 심판받을 것을 증거하였습니다. 만나는 길은 예수 그리스도임을 증거하였습니다. 인간의 참 행복과 진정한 도덕적 삶은 하나님을 만나는 데서부터 발생됨을 알린 것이며, 모든 문제의 해결은 주님 예수께 있음을 증거하였습니다.

3. 그러나 열매는 크지 못했습니다

아쉽게도 열매는 크지 못했습니다. 그 이유는 긍휼하신 주의 마음보다는 거룩한 분노가 논쟁화 되었으며 팀 사역이 되지 못했던 것도 이유가 될 수 있습니다.

오직 복음의 열매는 그리스도와 십자가 외에는 어떤 것으로도 맺어질 수 없습니다(요 15:4). 특히 선교는 같은 마음을 품은 사람들이 팀을 이루고 성령이 충만하여 함께 선교 현장에 들어갈 때 큰 역사가 일어납니다.

I can, We can

《빌4:13》

내게 능력 주시는 자 안에서 내가 모든 것을 할 수 있느니라

수 년 전 월드컵 16강이 소원이었던 우리나라 축구가 4강에 올랐습니다. 이를 통하여 모든 국민들이 하나가 되었습니다. 우리 그리스도인들은 축구뿐만 아니라 선교에서도 성경적인 근거를 통해 우리 모두 성공의 비밀을 찾아야 합니다.

1. 발견입니다

바울은 어떤 환경과 형편 속에서도 적응하여 자족할 수 있는 성공자의 비결을 배웠습니다. 그리고 그가 강조한 내용이 오늘 본문입니다. 자신의 힘으로가 아니라 능력을 주신 주 안에서 내가 모든 것을 할 수 있다는 고백이었습니다. 우리도 주 안에서 성공할 수 있는 비밀을 찾아내야 합니다. 개인적으로는 자신의 은사를 발견해야 합니다. 자신의 재능을 찾아야 합니다. 뿐만 아니라 교회적으로는 주일학교 교사부터 모든 지도자들이 각 기관에서 주님이 주시는 은사와 재능을 찾아내야 합니다. 그리고 열심을 다하여 개발해 나가야 합니다.

2. 훈련입니다

히딩크 감독에게는 '오대영' 이란 이름도 붙었습니다. 5:0으로 졌기 때문입니다. 그리고 쫓겨날 위기도 있었습니다. 그러나 끄덕하지 않았다고 합니다. 그가 발견한 선수들의 가장 약한 부분이 체력인 것을 알고 체력 훈련

에 전력투구하였다고 합니다. 신문에서는 우리 선수들과 외국 선수들의 싸움을 다윗과 골리앗의 싸움이라 하였습니다. 그러나 우리 선수들은 끝까지 체력을 유지하였고 그들은 해낼 수 있었습니다. 영적 승리 또한 마찬가지입니다. 자신은 물론 일꾼다운 일꾼을 찾아내어 말씀과 기도의 기본적인 영적 힘의 훈련을 견디고 생활화 시킨다면 반드시 성공합니다.

3. 전략입니다

월드컵 축구 경기에서 승리할 수 있었던 요인 중 하나는 비밀전략이었습니다. 적시 적소에 필요한 선수를 기용했을 뿐 아니라 전체적인 팀 운영을 잘하였기 때문입니다. 이것이 전략입니다.우리 모두 다 승리할 수 있는 비밀은 선교 현장을 파악하고 거기에 대응하는 영적 전략입니다.

요셉은 애굽에서 주님이 주시는 비전을 잃지 않고 함께 하시는 주님으로 인하여 기뻐하며 고통의 환경 속에서 기도의 사람으로 모든 것을 풀어 나갔습니다. 언약하시고 그 언약을 성취하시기 위하여 절대 주권을 가지시고 꿈을 품는 자기 백성(자신)을 통해 일하시는 하나님을 의지하였습니다. 그는 하나님의 사랑을 현장에 적용하는 최고의 지혜의 은사를 잘 활용하는 자였습니다. 그 결과 하나님은 그를 통하여 세계 선교를 이루어 갔습니다.

히딩크는 학연, 지연을 떠나 선수다운 선수를 찾아냈습니다. 의외의 사람들을 세웠습니다. 많은 지탄을 받았지만 결국 승리의 장을 열었습니다. 영적 승리의 비밀은 나를 찾고 우리 모두를 바르게 찾는 데 있습니다.

우리에게는 최고의 영적 전략가이신 주님이 계십니다. 그리고 그의 뜻을 잘 알고 실천하는 지도자들이 있습니다. 선수들이 감독의 전략에 순종하듯 우리 모두 주님과 그의 사자들의 전략에 순종함으로 승리하시기를 소원합니다.

기적을 일으키는 비밀

《수 6:15-21》

일곱째 날 새벽에 그들이 일찍이 일어나서 전과 같은 방식으로 그 성을 일곱 번 도니 그 성을 일곱 번 돌기는 그 날뿐이었더라

하나님은 말씀으로 천지를 창조하신 기적을 일으키셨습니다. 또한 예수님은 이 땅에 오셔서 십자가에서 죽고 사흘 만에 다시 살아나시는 기적을 일으키셨습니다. 오늘 본문에서 하나님께서는 이스라엘에게 여리고 성을 무너뜨리는 기적을 나타내 보였습니다. 하나님은 우리의 삶에 항상 함께 하셔서 여리고 성과 같은 암초의 문제를 해결해 주십니다. 이런 삶을 맛보시기를 원하십니까? 기적의 하나님을 체험할 수 있는 비밀을 찾으십시오. 그 비밀이 무엇일까요?

1. 믿음입니다

믿음이 없이는 하나님을 기쁘게 할 수 없습니다(히 11:6). 믿음이 있는 성도는 하나님을 경외하며 살아야 합니다. 이 경외심이 기적을 일으키게 하는 비밀 중의 비밀입니다. 요단 강을 가르셨던 이유 중 가장 큰 것은 이 땅의 모든 백성이 여호와의 손의 능하심을 알게 하는 것이며, 이스라엘 백성들에게는 가나안 일곱 족속을 하나님께서 친히 앞서서 정복하시겠다는 것을 보여주는 사인입니다. 또한 이를 통하여 하나님을 영원토록 경외하게 하려는 것입니다.

경외한다는 것은 가장 사랑한다는 것이요, 하나님을 삶의 최우선에 두고 산다는 의미입니다. 그러므로 경외하는 자는 하나님을 가장 존귀히 여기며 말씀을 사모하고 묵상하며 말씀 속에서 하나님의 음성을 듣습니다.

2. 말씀 순종입니다

순종이 제사보다 낫습니다(삼상 15:22). 믿음을 소유한 성도가 하나님을 경외하며 살아가는 것은 말씀에의 순종으로 나타납니다. 하나님은 이스라엘 백성들에게 요단 강을 건너 길갈에 진을 치게 한 후 다시 할례를 행하게 하여 나는 너의 하나님이요, 너희는 내 백성인 사실을 더욱 굳게 하셨고 유월절을 지키게 함으로써 구원의 감격을 더하게 했습니다.

그리고 난 후 여호수아 앞에 군대 장관을 보내셔서 발에서 신을 벗게 하셨습니다. 거룩한 하나님의 백성이 기적을 체험하고 순종하며 살게 하셨습니다. 이스라엘 백성은 여호수아의 명령에 따라 끝까지 순종하였습니다. 이렇듯 기적을 일으키는 비밀은 하나님의 말씀에 불평하지 아니하고 순종하는 것입니다.

3. 다 함께 하여야 합니다

하나님은 구원받은 모두를 그리스도 안에 있게 하셨습니다. 그러므로 그리스도는 교회의 머리입니다. 이스라엘 광야 교회가 한 목표를 가지고 주시는 전략에 따라 매일 여리고를 한 바퀴씩 돌게 하셨고 7일에는 일곱 바퀴를 돌게 하셨습니다.

그리고 양각 나팔이 길게 울려 퍼질 때 외치라 명하셨습니다. 또한 외치지 말고 소리 내지 말라고 명령하셨습니다. 불평의 말을 하지 말도록 한 것입니다. 저들은 눈에 아무 증거가 나타나지 아니하여도 인내하며 모두 함께 끝까지 순종하였고 마지막에 함께 외쳤습니다. 즉시 여리고는 무너졌습니다. 교회에 기적의 역사가 일어나기를 원하십니까? 조그마한 것부터 함께 합시다. 믿음을 가지고 하나님을 경외하며 전 성도가 함께 일어날 때 분명히 기적의 역사가 일어날 줄 믿습니다.

여호와 이레

《창 22:1-12》

그 일 후에 하나님이 아브라함을 시험하시려고 그를 부르시되 아브라함아 하시니 그가 이르되 내가 여기 있나이다

여호와 이레의 의미는 "여호와께서 보신다(살피신다), 하나님께서 준비하신다" 입니다. 하나님의 시험에 합격한 아브라함은 아들 대신 수양을 준비하신 하나님의 축복을 받게 되었습니다.

1. 믿음으로

시험은 두 가지가 있습니다. 그것은 사탄이 인간을 불행하게 만들기 위한 유혹(Temptation)이 있는가 하면, 하나님이 믿음을 시험하여 축복하시기 위한 시험(Test)이 있습니다. 하나님은 아브라함의 믿음을 시험하였습니다.

"네 아들 네 사랑하는 독자 이삭을… 그를 번제로 드리라"(창22:2)는 시험이었습니다. 아브라함은 이때 단 한마디의 불평과 의심없이 즉각적으로 순종하였습니다. 믿음으로 순종한 것입니다

"하나님이 능히 죽은 자 가운데서 다시 살리실 줄로 생각하신지라"(히 11:19). 곧 믿음으로 드린 것입니다. 아브라함은 가나안 땅을 네 후손에게 주리라는 약속이 자신의 몸에서 날 자인 이삭을 통해서 이루실 것을 믿었습니다.

이 믿음은 하루 아침에 된 것이 아니고 오랜 세월 속에서 세워진 것입니다. 그러므로 창세기 22장은 아브라함에게는 마지막 인생을 마감하는 최고의 중요한 장입니다. 이후 23장에서는 사라가 죽고, 24장에서는 이삭의 아내 리브가를 준비하는 것으로 보아, 이삭에게 언약의 바톤이 넘어가려는

순간입니다. 아브라함의 믿음은 절정에 이르렀습니다. 이는 우리에게 큰 교훈을 줍니다. 사람이 시험받는 것은 감당할 시험뿐인 것입니다(고전 10:13). 아브라함은 언약을 믿음으로 여호와 이레의 축복을 받았습니다.

2. 행함으로

바른 믿음은 행함이 있는 믿음입니다. 야고보는 "우리 조상 아브라함이 그 아들 이삭을 제단에 드릴 때에 행함으로 의롭다 하심을 받았느니라"(약 2:21)고 했습니다. 아브라함의 순종은 하나님 제일주의에서 나왔습니다. 사흘 길을 걷도록 변치 않는, 요동치 않는 신앙과 이삭을 통해 천하 만민이 복을 받을 수 있게 하신 하나님의 섭리를 믿는 행동이었습니다. 그 이유로서 그가 종들에게 "내가 아이와 함께 돌아오리라"는 것과 아들의 질문에 대한 답에서 볼 수 있습니다.

"아들아, 번제할 어린 양은 하나님이 자기를 위하여 친히 준비하시리라." 부활의 신앙에서 나온 믿음의 행동입니다. 아브라함의 순종은 완전한 순종이 되어 여호와 이레의 축복을 받았습니다.

3. 어떻게 적용할까요

하나님은 모리아 산에서 수양을 친히 준비하심으로 이삭을 대신하여 번제로 드릴 수 있게 하셨습니다. 이는 장차 예루살렘 성전이 세워지고 예수 그리스도를 번제물과 화목 제물로 희생되게 하여 믿는 자는 다 구원을 받게 하실 예표인 것 입니다. 이 구원은 이미 아브라함 때 준비하실 것을 보여주신 철저하시고, 확실하시며, 변함없이 이루신 언약의 성취입니다. 그러므로 안 믿는 자가 예수 믿으면 구원받고 구원받은 우리는 확신 있고, 자신 있게 복음을 전할 수 있습니다.

모이기에 힘쓰자

《히 10:19-25》

그러므로 형제들아 우리가 예수의 피를 힘입어 성소에 들어갈 담력을 얻었나니 그 길은 우리를 위하여 휘장 가운데로 열어 놓으신 새로운 살 길이요 휘장은 곧 그의 육체니라 또 하나님의 집 다스리는 큰 제사장이 계시매 우리가 마음에 뿌림을 받아 악한 양심으로부터 벗어나고 몸은 맑은 물로 씻음을 받았으니 참 마음과 온전한 믿음으로 하나님께 나아가자 또 약속하신 이는 미쁘시니 우리가 믿는 도리의 소망을 움직이지 말며 굳게 잡고 서로 돌아보아 사랑과 선행을 격려하며 모이기를 폐하는 어떤 사람들의 습관과 같이 하지 말고 오직 권하여 그 날이 가까움을 볼수록 더욱 그리하자

본문에서 히브리서 기자는 모이기를 폐하는 어떤 사람들의 습관과 같이 하지 말고 모이기에 힘을 쓰라고 권하고 있습니다. 이것은 오늘날 우리에게 요청하시는 말씀이기도 합니다.

여러 지체들을 품고 함께 성장해 가는 모습은 교회를 더욱 튼튼하게 세워나가는 밑바탕입니다.

자기 생활에 얽매여 다른 사람을 돌보지 않는다면 사랑이 메마르게 될 것입니다. 성도들은 믿음으로 하나된 공동체를 이루어 모이기에 힘써야 합니다.

예배와 말씀과 교제를 통하여 연합을 이룰 때 놀라운 역사가 일어나며 사랑이 넘치게 될 것입니다. 오직 주님의 제자를 만드는 일에 열심을 다 하며 모이기에 힘쓰는 성도의 모습을 사모합시다.

1. 모이기에 힘써야 할 자

"우리가 마음에 뿌림을 받아 양심의 악을 깨닫고 몸을 맑은 물로 씻었으니." 이는 물과 성령으로 거듭난 성도들을 말합니다.

예수그리스도는 자기 백성을 저희 죄에서 구원하시기 위해 성문 밖에서 고난당하시며 피를 흘려야 했던 것입니다(히 13:12).

모이기에 힘쓰는 자들은 어느 누구도 정죄할 수 없는 승리자들이며 하나님의 자녀들입니다.

2. 모이기에 힘써야 할 자의 자세

참 마음과 온전한 믿음을 가지고 하나님께 나아가야 합니다(22절). 충성을 다짐하는 마음으로 흔들리지 않는 확고한 믿음을 가지고 모여야 합니다. 또한 약속에 신실하신 주님을 신뢰하며 믿는 도리의 소망을 가지고 모여야 합니다.

우리가 고백하고 있는 신앙고백을 굽히지 않고 굳게 붙드는 자세가 중요합니다. 혼자만 모이려 하지 말고 서로 돌아보아 권면하고 위로하여 한 마음을 가지고 같은 사랑으로 모여야 합니다.

교회의 가장 큰 적은 방해자보다 방관자입니다.

3. 모이기에 힘써야 할 이유

"모이기"라는 말은 헬라어 "에피쉬나고게"입니다. 주님께서 마태복음 23장 37절에서 사용하신 단어입니다.

"암탉이 병아리를 그 날개 아래 모음"같이 모으시기를 그렇게 원하셨으나 이스라엘 백성들은 주님의 품을 떠나 멸망에 이르게 되었습니다.

주님의 재림이 가까이 왔기 때문에 우리는 더욱 모이기에 힘써야 합니다(25절).

확신이 넘치는 신앙생활

《롬 5:1-21》

한 사람의 범죄로 말미암아 사망이 그 한 사람을 통하여 왕 노릇 하였은즉 더욱 은혜와 의의 선물을 넘치게 받는 자들은 한 분 예수 그리스도를 통하여 생명 안에서 왕 노릇 하리로다 그런즉 한 범죄로 많은 사람이 정죄에 이른 것 같이 한 의로운 행위로 말미암아 많은 사람이 의롭다 하심을 받아 생명에 이르렀느니라 한 사람이 순종하지 아니함으로 많은 사람이 죄인 된 것 같이 한 사람이 순종하심으로 많은 사람이 의인이 되리라

구원받은 성도는 확신이 넘칠 때 기쁨이 있고 전도할 용기를 얻게 됩니다. 로마서 5장은 믿음으로 구원받은 결과(롬5:1-11)와 복음의 보편성(롬5:12-21)을 말씀하고 있습니다.

1. 구원의 확신

신앙생활에서 가장 기초가 되며 전부라고 말할 수 있는 것은 구원의 확신입니다. 바울은 우리가 믿음으로 의롭다 하심을 얻었다고 말했습니다.

이제 우리가 그 피를 인하여 의롭다 하심을 얻었은즉 더욱 그로 말미암아 진노하심에서 구원을 얻게 되었다고 말하였습니다(롬5:1-10 참조).

많은 성도들이 구원받은 후에도 죄책감에 눌려 자유를 누리지 못하고 살아가고 있습니다. 이것은 사죄의 확신을 갖지 못했기 때문입니다.

성경은 "만일 우리가 우리 죄를 자백하면 저는 미쁘시고 의로우사 우리의 죄를 사하시며 모든 불의에서 깨끗케 하실 것이요"(요일1:9) 라고 가르치고 있습니다.

어떤 죄도 그리스도의 보혈의 공로를 의지하여 자신의 죄를 자백하면 용서받을 수 있습니다.

2. 성령 인도의 확신

예수님을 구주로 영접할 때 성령은 우리 안에 거하시고(요14:16) 자기 뜻대로 인도하십니다.

바울은 "우리가 환난 중에도 즐거워하나니 이는 환난은 인내를 인내는 연단을 연단은 소망을 이르는 줄 앎이로다"(롬 5:3-4) 라고 했습니다.

소망이 우리를 부끄럽게 아니함은 우리에게 주신 성령으로 말미암아 하나님의 사랑이 부은 바 되었다고 하였습니다.

이스라엘 백성들이 출애굽 했을 때 구름 기둥과 불 기둥이 함께 하였고 또한 앞서서 인도하였습니다.

광야에서 그 인도를 받은 백성들이 죽음의 광야를 무사히 통과하여 가나안 땅에 들어갈 수 있었듯이 광야와 같은 세상에서 성도가 승리할 수 있는 길은 온전히 성령의 인도를 받는 것입니다.

3. 기도 응답의 확신

믿음으로 의롭다 하심을 얻은 자는 하나님과 더불어 화평을 누릴 수 있는 하나님의 자녀의 신분을 얻었다고 하였습니다(롬 5:2).

여기에서 은혜란 말은 하나님과 화평의 관계를 가진 하나님의 자녀가 계속적으로 하나님의 사랑과 축복을 누리는 것을 말합니다. 예수님은 기도의 응답을 약속하셨습니다.

"너희가 내 이름으로 무엇을 구하든지 내가 행하리니 이는 아버지로 하여금 아들로 말미암아 영광을 받으시게 하려 함이라 내 이름으로 무엇이든지 내게 구하면 내가 행하리라"(요 14:13,14).

구원받은 성도는 이러한 특권을 누려야 합니다.

사랑의 실천

《요일 4:7-21》

사랑하는 자들아 우리가 서로 사랑하자 사랑은 하나님께 속한 것이니 사랑하는 자마다 하나님으로부터 나서 하나님을 알고 사랑하지 아니하는 자는 하나님을 알지 못하나니 이는 하나님은 사랑이심이라 하나님의 사랑이 우리에게 이렇게 나타난 바 되었으니 하나님이 자기의 독생자를 세상에 보내심은 그로 말미암아 우리를 살리려 하심이라 사랑은 여기 있으니 우리가 하나님을 사랑한 것이 아니요 하나님이 우리를 사랑하사 우리 죄를 속하기 위하여 화목 제물로 그 아들을 보내셨음이라 사랑하는 자들아 하나님이 이같이 우리를 사랑하셨은즉 우리도 서로 사랑하는 것이 마땅하도다

하나님께서는 사람을 자신의 모양과 형상대로 지으셔서 하나님 자신과 교통할 수 있게 하였습니다. 하나님의 사랑의 작품이 인간이며, 인간의 하나님에 대한 사랑의 응답은 찬양과 예배와 순종으로 나타납니다.

타락한 인간은 하나님과 멀어지고 말았지만 예수 그리스도의 속량으로 회복된 모든 성도들은 하나님의 사랑에 힘입어 아름다운 사랑을 할 수 있게 되었습니다.

1. 어떻게 사랑을 받았습니까

성령의 역사를 통해 죄에 빠졌던 우리를 살리셔서 하나님을 알게 하심은 우리를 향하신 하나님의 크신 사랑의 표입니다. 그러므로 사도 요한은 사랑은 하나님께 속한 것이라고 말했고(7절) 두 번씩이나 하나님은 사랑 자체라고 말하고 있습니다(8,16절).

인간이 스스로 살아 계신 하나님을 사랑할 수 없는 것을 아셨기 때문에 십자가로 그 사랑을 확증시키셨고 죽음에서 부활하신 영으로 사랑을 부어 주시었습니다(13절). 온전한 사랑을 입은 우리는 세상의 그 어떤 일과 상황

도 두려워 아니하고 담대히 살 수 있으며 하나님을 사랑할 수 있게 되었으니 이것이 큰 은혜이며 축복인 것입니다. 하나님이 먼저 우리를 사랑하셨습니다(19절).

2. 사랑은 대상은 누구입니까

본문에는 '사랑' 이란 단어가 30회, '하나님' 이 22회, '우리' 가 22회 '형제' 와 '서로' 라는 단어가 각각 3회씩 나오고 있습니다. 사랑의 대상은 하나님과 형제들입니다.

마음과 목숨과 뜻을 다하여 하나님을 사랑할 성도는 먼저 가장 기본이 되는 사랑의 표현을 잊지 말아야 합니다. 형제 사랑이 교회를 통해, 그리고 교제를 통해 아름답게 나타나야겠습니다.

3. 하나님을 사랑해야 합니다

하나님을 사랑하는 가장 기본적인 자세는 성도의 온전한 주일성수입니다. 하나님 앞에 나아가 예배를 드리는 것이 가장 중요합니다(시 50:5).

또한 물질로 하나님을 사랑하는 최소의 단위는 십일조로 나타내야 합니다. 그리고 몸 바쳐 헌신, 봉사, 모든 지혜를 다 동원하여 우리에게 주어진 달란트를 사용하여야 합니다.

이웃 사랑은, 시기를 버리는 것부터 시작됩니다.

시기는 무서운 것입니다. 가인의 시기로 아벨이 죽었으며, 열 형제의 시기로 요셉이 노예로 팔렸으며, 대제사장들 바리새인과 서기관들의 시기로 예수님은 처형되었습니다.

비판을 버리고 포용하는 것과 너그러운 용서로 시작됩니다. 이 일은 성도가 마땅히 해야 할 일입니다.

시험에서의 승리

《벧후 2:9-14》

주께서 경건한 자는 시험에서 건지실 줄 아시고 불의한 자는 형벌 아래에 두어 심판 날까지 지키시며 특별히 육체를 따라 더러운 정욕 가운데서 행하며 주관하는 이를 멸시하는 자들에게는 형벌할 줄 아시느니라

인간은 반드시 누군가를 의지해야 하는 의존적인 존재로 만들어져 있습니다. 따라서 그리스도의 종이 되든지 사탄의 종이 되든지 반드시 하나의 종이 됩니다. 내가 믿고 의지하는 주님을 위하고 그 이름을 높이는 것이 참 행복입니다. 주님의 권능에 힘입어 살면 모든 삶에서 승리할 수 있습니다.

1. 시험을 극복해야 합니다

에덴 동산에서 불순종으로 역사하였던(창3:1-6) 사탄은 예수님을 찾아와 시험하였습니다(마4:1-11). 예수님이 아버지의 뜻을 완성시키기 위하여 십자가에 달렸을 때에 관리들이 그리스도이면 자신도 구원할지어다 비웃었습니다(눅 24:35). 그러나 예수 그리스도가 십자가에서 피흘려 죽으심으로 사탄의 머리는 상하게 되었습니다.

하지만 사탄은 권세가 꺾인 상태로 예수님이 재림하여 오실 때까지 최후 발악을 하며 신자들을 대적합니다. 광명의 천사로 가장하여 접근해 시도하므로 영적인 세계를 바로 알지 못하면 실패를 연속하게 됩니다.

예수님은 "너희가 세상에서 환란을 당하나 담대하라 내가 세상을 이기었노라" (요16:33)하셨고, 하늘과 땅에 속한 모든 권세를 내게 주셨으니 그러므로 너희는 가라고 명령하신 주님은 성령으로 세상 끝날까지 항상 함께 하시겠다고 약속 하셨습니다. 이를 믿고 전도 현장에 나가 그리스도를 전

파한 주의 종들은 예수 그리스도의 이름으로 사탄의 권세를 꺾고 승리하였습니다. 이것이 곧 사도행전의 역사입니다. 오늘도 사탄은 불신자들에게 역사하고 우리 안에 내주하신 성령은 우리를 통하여 역사하십니다.

2. 성령의 실재성을 알게 해야 합니다

"생명의 성령의 법이 죄와 사망의 법에서 너를 해방하였음이라"(롬8:2). "누가 능히 하나님의 택하신 자들을 송사하리요 의롭다 하신 이는 하나님이시니 누가 정죄하리요 죽으실 뿐 아니라 다시 살아나신 이는 그리스도 예수시니 그는 하나님 우편에 계신 자요 우리를 위하여 간구하시는 자시니라 누가 우리를 그리스도의 사랑에서 끊으리요 환란이나 곤고나 박해나 기근이나 적신이나 위험이나 칼이랴. 그러나 이 모든 일에 우리를 사랑하시는 이로 말미암아 우리가 넉넉히 이기느니라"(롬8:33-35, 37).

3. 예수 이름으로 승리해야 합니다

예수님을 통한 구원은 하나님이 내어놓은 길이며 법입니다. 그러므로 예수님을 믿는 성도는 의롭다 칭함을 하나님으로부터 받았기 때문에 그 누구도 송사할 수 없습니다. 또한 죄를 완전히 해결하신 그리스도가 지금도 살아 계시니 아무도 그리스도 예수 안에 있는 성도를 정죄할 수 없습니다. 믿는 성령은 성도 안에 실제로 거하시며 영원히 함께 하십니다.

성도가 세상을 살아갈 때에 염려해야 할 일들이 생길 수도 있지만 주님이 돌아보시고(벧전5:7-8) 계신 사실을 믿어야 합니다. 주님께서 어떤 문제라도 해답을 가지고 계신 사실을 믿고 기도하면 됩니다. 영적인 성도로 양육시키기 위하여는 사탄의 실제성과 전략을 알게 해야 하며, 성령의 실재성을 잘 알게 하여 온전한 성령의 인도를 받게 해야 합니다.

노아의 믿음

《히 11:7》

믿음으로 노아는 아직 보이지 않는 일에 경고하심을 받아 경외함으로 방주를 준비하여 그 집을 구원하였으니 이로 말미암아 세상을 정죄하고 믿음을 따르는 의의 상속자가 되었느니라

큰 비를 한 번도 보지 못했음에도 불구하고 대 홍수의 심판을 하나님으로부터 경고받은 노아는 어떻게 응답하였을까요?

1. 하나님의 말씀을 그대로 믿고 받아들였습니다

노아가 보지도 듣지도 못하였던 홍수였습니다. 그런데 하나님은 "내가 홍수를 땅에 일으켜 무릇 생명의 기운이 있는 모든 육체를 천하에서 멸절하리니 땅에 있는 것들이 다 죽으리라" (창 6:17) 하셨으니 이것은 인간의 생각으로는 이해가 가지 못할 말씀입니다.

그러나 하나님으로부터 은혜를 받았던 노아는(창 6:8) 성령의 조명으로 이 말씀을 믿었고 확신하며 받아들였습니다.

2. 행함이 있는 믿음으로 응답하였습니다

야고보 사도는 믿음이 있노라 하고 행함이 없는 믿음은 죽은 믿음이라고 하였습니다(약 2:17). "우리 조상 아브라함이 그 아들 이삭을 제단에 바칠 때에 행함으로 의롭다 하심을 받은 것이 아니냐 네가 보거니와 믿음이 그의 행함과 함께 일하고 행함으로 믿음이 온전하게 되었느니라 이에 성경에 이른 바 아브라함이 하나님을 믿으니 이것을 의로 여기셨다는 말씀이 이루어졌고 그는 하나님의 벗이라 칭함을 받았나니 이로 보건대 사람이 행함으

로 의롭다 하심을 받고 믿음으로만은 아니니라" (약 2:21-24).

노아는 하나님의 경고를 경외함으로 받아들여 120년 동안 명령대로 준행하여 방주를 제작하였고 (창 6 :22) 구원을 예비하였습니다. 또한 하나님의 심판을 세상에 알려 회개하고 돌아올 것을 외쳤습니다(벧전2:5).

3. 구원에 이르는 신앙이었습니다

노아는 분명히 하나님의 말씀이 이루어질 것을 믿고 준비했습니다. 노아 홍수가 노아와 그 가족에게는 구원의 물이 되었고, 세상은 심판의 물에 잠겼습니다. 그는 하나님이 마련하신 새 땅에 안착하여 가족과 함께 의의 후사로 모든 천하를 상속받았고 생육하고 번성하는 축복과 다스리는 권세를 받았습니다.

"하나님이 노아와 그 아들들에게 복을 주시며 그들에게 이르시되 생육하고 번성하여 땅에 충만하라 땅의 모든 짐승과 공중의 모든 새와 땅에 기는 모든 것과 바다의 모든 물고기가 너희를 두려워하며 너희를 무서워하리니 이것들은 너희의 손에 붙였음이니라" (창 9:1,2).

우리는 예수 그리스도를 믿음으로 구원에 이를 수 있습니다. 그리고 그 말씀을 경외함으로 준행하여 나갈 때 완전한 구원에 이르게 됩니다. 사도 바울이 빌립보 교회에 한 말을 읽고 묵상하시기 바랍니다.

"그러므로 나의 사랑하는 자들아 너희가 나 있을 때뿐 아니라 더욱 지금나 없을 때에도 항상 복종하여 두렵고 떨림으로 너희 구원을 이루라" (빌 2:12). "끝으로 형제들아 무엇에든지 참되며 무엇에든지 경건하며 무엇에든지 옳으며 무엇에든지 정결하며 무엇에든지 사랑받을 만하며 무엇에든지 칭찬받을 만하며 무슨 덕이 있든지 무슨 기림이 있든지 이것들을 생각하라" (빌 4:8) .

복된 삶을 누리게 하는 양육

《롬 7:1-25》

내가 원하는 바 선은 행하지 아니하고 도리어 원하지 아니하는 바 악을 행하는도다 만일 내가 원하지 아니하는 그것을 하면 이를 행하는 자는 내가 아니요 내 속에 거하는 죄니라

믿음으로 구원받은 성도는 성도로서의 삶이 아름다워야 합니다. 하나님이 원하시는 삶은 아들의 형상을 본받는 삶입니다.

로마서 6장에서 바울은 죄에서 자유함을 얻은 성도가 복된 삶을 누리려면 하나님을 주인으로 모시고 종의 삶을 살아야 됨을, 로마서 7장에서는 그리스도를 남편으로 모시고 살아야 됨을 밝히고 있습니다. 그러면 어떻게 살아야 가장 복된 삶을 살 수 있도록 가르칠까요?

1. 신분이 변화되었음을 가르쳐야 합니다

"그러므로 내 형제들아 너희도 그리스도의 몸으로 말미암아 율법에 대하여 죽임을 당하였으니 이는 다른 이 곧 죽은 자 가운데서 살아나신 이에게 가서 우리가 하나님을 위하여 열매를 맺게 하려 함이라"(롬7:4).

바울은 구원받은 성도들로 하여금 우리가 은혜로 구원은 받았지만 하나님을 기쁘게 하기 위해서는 율법 아래서 살아야 한다고 하는 율법주의를 나무랐습니다. 대신 은혜 아래서 참 자유를 누리며 하나님을 위하여 열매 맺게 하려고 옛 남편을 율법으로 설명하고 죽은 자 가운데서 살아나신 예수님을 새로운 남편으로 말씀하고 있습니다. 그러므로 성도의 신분은 하나님의 자녀일 뿐만 아니라 그리스도의 신부의 관계가 되었음을 알고 신부로서의 복된 삶을 살도록 가르쳐야 합니다.

2. 삶의 원리와 동력을 알게 해야 합니다

성도는 그리스도 예수 안에서 죽고 새 생명을 얻었으므로 율법에서 벗어났습니다. 그러므로 영의 새로운 것으로 섬길 것이요 의문의 묵은 것으로 해서는 안 됩니다(롬7:6). 이제 성도에게는 성령이 내주하시고 주관하시고 통치하시며 인도하시는 새로운 영역 안에서 사는 삶이 형성된 것입니다. 그러므로 율법의 영역과 지배와 요구에서 벗어나 새로운 영역인 그리스도 안에서 신부로서 성령의 도우심과 능력을 힘입어 살아야 합니다.

이는 곧 문자에 매이지 않고 그 순수한 사랑의 정신에 의해 살게 되었음을 말합니다. 모든 것을 행할 때에는 하나님을 사랑하는 동기를 가지고 형제를 사랑하는 삶을 살아야 합니다. 이 순수한 동기를 행하는 능력은 내 능력이 아니라 내 안에 있는 성령의 능력입니다.

그러므로 그리스도의 신부가 된 성도의 삶의 동력은 오직 성령 충만입니다. 성령 충만하여 거룩한 그리스도의 형상을 닮는 삶을 살려면 말씀과 기도 외에는 없습니다.

율법주의와 율법은 전혀 다릅니다. 율법주의는 율법을 행하면 구원을 받는다고 생각합니다. 그러나 율법을 행할 수 있는 자는 성령에 의하여 믿음으로 말미암아 구원받은 자입니다. 그러므로 남편인 그리스도를 섬기는 방법 자체가 율법에 대한 순종입니다.

3. 그리스도의 신부로서 살도록 가르쳐야 합니다

성도의 삶이 아름다워지도록 양육하려면 신분이 변화되었음을 가르쳐야 합니다. 삶의 원리와 동력을 알게 할 뿐만 아니라 그리스도의 신부된 자의 삶을 알게 하여 하여 복된 삶을 누리도록 해야 합니다. 그리고 무엇보다 전도에 힘쓰도록 해야 합니다(약 5:19,20).

형제 사랑

《요일 4:20-21》

누구든지 하나님을 사랑하노라 하고 그 형제를 미워하면 이는 거짓말하는 자니 보는 바 그 형제를 사랑하지 아니하는 자는 보지 못하는 바 하나님을 사랑할 수 없느니라 우리가 이 계명을 주께 받았나니 하나님을 사랑하는 자는 또한 그 형제를 사랑할지니라

사랑이 무엇입니까? 그리고 어디에서 왔습니까? 요한 사도는 "사랑은 하나님께 속한 것이요"(요일 4:7)라고 했습니다. 하나님이 우리를 사랑하셨다고 하였고 하나님은 사랑이시라고 밝힘으로 하나님이 사랑 자체임을 알게끔 하셨습니다. 이 사랑을 받은 자만이 사랑할 수 있습니다.

세상 사람들은 사랑을 쉽게 이야기하지만 한 영혼을 품고 사랑한다는 것이 얼마나 어려운 일인지 모릅니다. 이것은 섬김과 헌신으로 한 영혼을 품어 본 사람만이 알 수 있습니다. 이기적인 신앙에서 벗어나 형제를 사랑해야 합니다.

하나님은 어떠한 사랑을 우리에게 나타내셨을까요?

1. 하나님의 사랑은 참 사랑입니다

"흙으로 사람을 지으시고 생기를 그 코에 불어 넣으시니 사람이 생령이 된지라"(창 2:7). 흙으로 지은바 된 피조물에 하나님이 친히 그의 입을 맞추어 주시고 그의 생명을 공급하심은 창조주의 사랑의 표시입니다.

그러나 인간은 하나님의 사랑을 저버리고 원수가 되었고 하나님을 알지 못한 채 살았습니다. 그러나 하나님께서는 끝까지 참으시고 독생자 예수를 세상에 보내시어 십자가에 죽게 하심으로 인간의 죄를 용서하시며 다시금

하나님과 교제할 수 있는 사랑을 확증시켜 주셨습니다. 그리고 서로 사랑하라고 말씀하셨습니다.

2. 거짓 사랑은 무엇입니까

"누구든지 하나님을 사랑하노라 하고 그 형제를 미워하면 이는 거짓말하는 자니"(요일 4:20).

이것은 이 말씀은 예수님을 사랑한다고 하면서 형제와의 사이에 불협화음이 일어나는 모든 것을 지적하신 말씀입니다. 다시 말하면 보이는 형제에 대한 사랑이 없는 하나님 사랑은 존재할 수 없는 것을 가리킵니다.

3. 형제에의 사랑은 행함이 있는 사랑입니다

"자녀들아 우리가 말과 혀로만 사랑하지 말고 오직 행함과 진실함으로 하자" (요일 3:10).

신자나 불신자를 다 포함할 수 있습니다. 우리 자신은 내 곁에 있는 형제의 필요가 무엇인지를 알아야 하고, 그 필요를 외면하지 아니하고 실제로 동참하는 것이 사랑의 표현입니다. 사랑은 성도의 의무입니다. 그리고 주께로부터 받은 책임입니다(눅 10:33-37).

"하나님의 사랑이 우리에게 이렇게 나타난 바 되었으니 하나님이 자기의 독생자를 세상에 보내심은 그로 말미암아 우리를 살리려 하심이라 사랑은 여기 있으니 우리가 하나님을 사랑한 것이 아니요 하나님이 우리를 사랑하사 우리 죄를 속하기 위하여 화목 제물로 그 아들을 보내셨음이라 사랑하는 자들아 하나님이 이같이 우리를 사랑하셨은즉 우리도 서로 사랑하는 것이 마땅하도다"(요일 4:9-11).

인간의 타락과 하나님의 사랑

《창 3:5-19》

여호와 하나님이 뱀에게 이르시되 네가 이렇게 하였으니 네가 모든 가축과 들의 모든 짐승보다 더욱 저주를 받아 배로 다니고 살아 있는 동안 흙을 먹을지니라 내가 너로 여자와 원수가 되게 하고 네 후손도 여자의 후손과 원수가 되게 하리니 여자의 후손은 네 머리를 상하게 할 것이요 너는 그의 발꿈치를 상하게 할 것이니라

타락을 바로 알지 못하면 하나님을 만나는 길을 바로 알지 못합니다. 진정한 행복의 길도 찾지 못합니다. 그러므로 구원을 다른 곳에서 찾습니다.

또한 인간 생활 속에 수많은 문제들을 운명으로 생각하고 소망이 없이 살다가 지옥에 갑니다. 그러나 인간의 타락을 바로 알면 창조 당시의 인간으로 회복됨이 얼마나 소중한 것임을 알고 진정한 행복의 길을 찾게 됩니다. 도대체 인간은 왜 타락하였습니까? 타락의 결과는 어떠하며 또한 하나님의 사랑은 어떻게 나타났습니까?

1. 타락한 원인

타락은 인간들의 욕심 때문입니다. "욕심이 잉태한즉 죄를 낳고 죄가 장성한즉 사망을 낳느니라"(약 1:15)고 성경은 말씀합니다. 사탄은 하나님이 먹지 말라고 한 선악과를 먹도록 유혹하였습니다. 하나님께서 선악과를 먹는 날에는 정녕 죽는다고 선언하였는데 사탄은 절대 죽지 않는다고 하였습니다 .

뿐만 아니라 선악과를 먹도록 하기 위하여 먹는 날에는 하나님 같이 된다고 유혹하였습니다(창 3:4,5). 이때 최초의 인간인 하와는 하나님과 같이 되려는 욕심으로 금단의 열매 곧 선악과를 따먹고 남편인 아담에게도 주었

습니다. 타락의 원인은 지나친 욕심 때문이었으며 이 욕심은 하나님의 명령을 대항하고 대적하는 항명죄를 범하게 하였습니다. 그러므로 모든 아담의 자손은 다 죄인으로 정죄되었습니다(롬 5:12).

2. 타락한 결과

죄의 결과, 사람은 하나님과 분리되었습니다. 두려움이 오고 하나님의 낯을 피하여 숨었습니다(7,8절). 고통이 시작되었고 결국은 고통의 연속 속에 살다가 죽음을 맞이하는 인생이 되었습니다. 하나님도 없고 소망도 없는 비참한 삶을 살다 안개처럼 살아지는 인생이 되었습니다. 죄의 결과는 비참한 인간으로 전락되어 결국 지옥의 형벌을 받게 되었습니다.

3. 하나님의 사랑

하나님은 타락한 인간에게 즉시 찾아오셨습니다. 그리고 문제를 해결하는 길을 내어 놓았습니다. 하나님의 형상으로 회복할 수 있는 길(방법)을 약속하셨습니다. 이것을 원시 복음이라고 합니다.

"내가 너로 여자와 원수가 되게 하고 네 후손도 여자의 후손과 원수가 되게 하리니 여자의 후손은 네 머리를 상하게 할 것이요 너는 그의 발꿈치를 상하게 할 것이니라" (창 3:15).

예수 그리스도는 여자의 후손으로 오셨습니다. 예수의 피를 통해 구속받은 자마다 영생을 주십니다. 하나님을 떠난 인간들은 지금도 수많은 문제를 안고 신음하고 고통하며 살아갑니다. 그러나 근본적인 죄의 문제가 해결되면 모든 문제가 즉시 해결됩니다. 해결받을 길은 오직 예수를 믿는 길밖에 없습니다. 여러분, 모두 이 예수를 전하시기를 원합니다. 하나님은 끝까지 자기 자녀를 사랑하십니다..

예수님의 시험에 합격하려면

《요 6:1-15》

그 후에 예수께서 디베랴의 갈릴리 바다 건너편으로 가시매 큰 무리가 따르니 이는 병자들에게 행하시는 표적을 보았음이러라 예수께서 산에 오르사 제자들과 함께 거기 앉으시니 마침 유대인의 명절인 유월절이 가까운지라 예수께서 눈을 들어 큰 무리가 자기에게로 오는 것을 보시고 빌립에게 이르시되 우리가 어디서 떡을 사서 이 사람들을 먹이겠느냐 하시니 이렇게 말씀하심은 친히 어떻게 하실지를 아시고 빌립을 시험하고자 하심이라 빌립이 대답하되 각 사람으로 조금씩 받게 할지라도 이백 데나리온의 떡이 부족하리이다

시험이라 하면 보통 학교에서 보는 시험을 많이 생각합니다. 시험은 시험 결과가 잘 나와야 한다는 스트레스와 긴장감이 있기는 하지만 시험을 통하여 자기 실력이 어느 정도인지, 어떤 점에서 부족한지 객관적으로 알 수 있는 중요한 척도가 되는 것이 또한 시험입니다.

이 시간 시험에 실패한 빌립을 알아봄으로써 그가 왜 실패하였으며, 합격하여 복된 삶을 살아가려면 우리가 어떻게 해야 되는지 알아보겠습니다.

1. 시험 문제

해가 저물어 갈 즈음에 벳세다 뜰에 모여 들어 나아오는 수많은 무리를 보시고 예수님은 이를 목자 없는 양 같이 불쌍히 여기시며 사랑하는 제자 빌립에게 "우리가 어디서 떡을 사서 이 사람들로 먹게 하겠느냐?" 고 물어 보았습니다.

이때 빌립은 "각 사람으로 조금씩 받게 할지라도 이백 데나리온의 떡이 부족합니다" (7절)라고 대답하였습니다. 하지만 이 말은 주님의 마음에 맞는 답이 아니었습니다.

예수님의 물음에 빌립은 별 생각없이 대답하였을 것입니다.

빌립은 현실적인 생각으로 대답을 했으나 예수님의 의도는 다른 곳에 있었습니다.

2. 틀린 대답을 한 이유

예수님이 이렇게 물어보신 것은 "친히 어떻게 하실 것을 아시고 빌립을 시험코자 하심이라"(6절)고 성경은 말씀하고 있습니다.

빌립의 대답을 들은 예수님은 반응을 보이시지 아니하셨습니다.

이 대답은 틀린 것입니다. 이유는 자신의 계산과 모든 여건의 불합리성을 보아서 인간의 방법으로 문제를 풀려고 했기 때문입니다.

문제를 푸는 방법부터 틀렸기 때문입니다.

3. 정답은 무엇입니까 어디에서 찾아야 합니까

정답은 그동안 빌립과 함께 다니신 예수님의 공생애 사역에서 찾아야 합니다. 신약성경에는 약 37회에 걸쳐서 예수님의 기적의 사건이 나타납니다. 본문의 기적의 사건이 20번째로 기록되고 있습니다.

빌립은 예수님이 누구인 것은 알았지만 예수님으로부터 문제가 해결될 것을 잊어 버렸습니다. 대신 눈에 보이는 가시적인 것과 자신의 계산으로 도저히 할 수 없다는 결론에 이른 대답을 한 것입니다.

주님께서는 보리 떡 다섯 개와 물고기 두 마리를 축사하신 후 제자들에게 떼어주어 잔디에 앉아 있는 무리들에게 공급하였습니다. 원대로 먹고, 배불러 남은 조각이 12바구니였습니다. 예수님은 모든 만물의 창조주이시며(요1:3, 히1:3) 죽는 자에게 생명을 공급하시는 생명 그 자체이며(요11:25, 요6:35) 더욱 풍성히 살게 하신 목자장이십니다(요 10:9). 그러므로 빌립이 말해야 할 정답은 "주님이 원하시면 하실 수 있습니다." 입니다.

승리의 비밀

《삿 7:1-8》

여룹바알이라 하는 기드온과 그를 따르는 모든 백성이 일찍이 일어나 하롯 샘 곁에 진을 쳤고 미디안의 진영은 그들의 북쪽이요 모레 산 앞 골짜기에 있었더라

기드온은 미디안, 아말렉, 동방 사람들로 이루어진 수많은 적군을 이기고 완전하게 승리하였습니다. 그 승리의 비밀을 알고 우리도 영적 전투와 세상에서 승리하는 자 되기를 원합니다. 기드온의 승리의 비밀은?

1. 확신 있는 지도자가 되었기 때문입니다

이스라엘은 우상을 숭배하여 하나님 앞에 악을 행하였습니다. 하나님은 저들을 칠 년 동안 미디안 손에 붙였습니다. 모든 것을 강탈당하고 먹을 양식까지 다 빼앗겼습니다. 도저히 살아갈 수 없는 지경에 이르러 하나님께 부르짖었습니다. 하나님은 회개하고 부르짖는 자기 백성을 사랑하시고 기드온을 구원자로 세웠습니다. 기드온은 확신이 없었습니다. 그러나 그가 확신을 가질 수 있었던 것은 "내가 반드시 너와 함께 하리니 네가 미디안 사람 치기를 한 사람을 치듯 하리라"(삿6:16)는 약속이었습니다. 그리고 기도하여 주께서 응답하여 주심을 두 번 체험하고 하나님이 원하시는 바알의 단과 아세라 상을 찍어 하나님을 기쁘게 해 드렸습니다.

그 후 하나님의 성신이 부은 바 되었으며 적진을 정탐하였습니다. 이를 통해 그는 하나님이 미디안 군사를 자신의 손에 붙였다는 것을 확신하였습니다. 이처럼 우리도 부르심의 소명과 하나님이 함께 하신 확신이 있을 때 승리할 수 있습니다.

2. 용감하고 지혜 있는 300명 용사가 있었기 때문입니다

전쟁은 하나님께 속해 있습니다. 숫자의 많음에 승리가 있는 것이 아닙니다. 하나님이 원하는 용사들로 이루어질 때 하나님은 승리케 합니다. 기드온이 군사를 모집했을 때 3만 2천명이었습니다.

그러나 하나님은 두려운 자들을 다 돌려보냈습니다. 두려움이 없는 1만 명만 남았습니다. 그러나 그 중에는 분별력이 없는 자가 많이 있었습니다. 그러므로 기드온은 하나님의 지시를 따라 물가로 인도하여 지혜 있는 자를 찾아냈습니다(삿 7:5,6).

300명만 손으로 물을 떠서 핥아 먹었습니다. 그들은 전쟁터에 있음을 바로 알고 주위를 살피고 자신의 목마름을 해소하는 지혜 있는 자들이었습니다. 그들은 전쟁에서 승리할 수 있는 용맹과 지혜가 겸비한 자들이며 명령에 복종하는 자들이었습니다. 이들 300명은 하나님과 기드온의 칼을 외치며 기드온의 명령에 순복하였습니다.

3. 전술 전략의 지혜를 가졌기 때문입니다

기드온은 300명의 손에 횃불 담는 항아리를 들게 만들고 한 손에는 나팔을 준비하는 전술과 300명을 백 명씩 3군대로 나누어 자신이 직접 백 명을 지휘하며 모든 용사가 신호를 받고 다 전투하게 하였습니다. 적군의 파수꾼이 서로 교대하는 헛점을 사용하여 이 경에(밤10-11시)에 다함께 나팔과 횃불과 외치는 전략으로 승리하였습니다. 이 모든 것은 하나님으로부터 나온 지혜였습니다. 우리는 반드시 승리하며 살아야 합니다. 그러기 위하여 확신과 용맹과 지혜를 갖추고 모든 일에 전술과 전략을 가지고 적절한 때에 적을 총 공략해야 합니다.

두 계명

《마 22 :37-40》

예수께서 이르시되 네 마음을 다하고 목숨을 다하고 뜻을 다하여 주 너의 하나님을 사랑하라 하셨으니 이것이 크고 첫째 되는 계명이요 둘째도 그와 같으니 네 이웃을 네 자신 같이 사랑하라 하셨으니 이 두 계명이 온 율법과 선지자의 강령이니라

바리새인 중 한 율법사가 예수님을 시험코자 율법 중에서 큰 계명이 무엇인지를 물어 보았을 때에 주님은 계명은 크고 작음이 있는 것이 아니라 모든 계명이 한 목표를 지향하고 있다는 것을 가르쳐주었습니다.

1. 두 계명의 의미

첫째는 하나님 사랑이요 둘째는 인간 사랑입니다. 이 사랑은 둘이 아니요 하나이며 율법과 선지자의 대 강령인 것입니다.

먼저 우리를 향하여 사랑을 요구하시는 하나님이 우리에게 어떠한 사랑을 주셨는지 알아볼 필요가 있습니다.

"보라 아버지께서 어떠한 사랑을 우리에게 베푸사 하나님의 자녀라 일컬음을 받게 하셨는고"(요일 3:1). 독생자 예수그리스도를 십자가에서 화목 제물로 삼으면서까지 우리를 사랑하신 그 사랑을 생각할 때 사랑 자체가 인간에게서 발생되는 것이 아니요 "사랑은 하나님께 속한 것"(요일 4:7)임을 알 수 있습니다.

하나님은 이 사랑을 입은 자가 사랑으로 응답하도록 요구하십니다. 적극적이며 진실한 사랑을 요구하십니다. "나를 사랑하는 자들이 나의 사랑을

입으며" (잠 8:17). 하나님을 사랑하면 사랑할수록 하나님께 사랑을 받게 되어 있는 것이 성경의 가르침입니다.

2. 네 마음을 다하라

"네 마음을 다하여라"라는 말은 생명을 바치기까지 목숨을 다하고 뜻을 다 하여 주를 사랑하라는 명령입니다.

우리의 목숨이 다 하는 순간까지 변함없는 사랑과 우리에게 주어진 모든 지혜를 다 하여 사랑의 표현을 나타내라는 것입니다.

이 모든 사랑의 결정적 표현은 예배로 계명을 지킴으로 섬기고, 사모하므로 나타납니다. 하나님을 사랑하는 또 하나의 다른 표현은 이웃을 우리 자신의 몸처럼 사랑하여야 한다는 것입니다. "보는 바 그 형제를 사랑하지 아니하는 자는 보지 못하는 바 하나님을 사랑할 수 없느니라" (요일 4:20).

3. 형제를 사랑하라

우리의 삶의 모든 것이 사랑이라야 합니다. 지금 여러분 자신은 어떠한지요? 이 순간도 미워하는 사람이 없습니까(요일 2:9-11).

하나님보다 세상이 더 사랑스럽지는 않는지요?

"이 세상이나 세상에 있는 것들을 사랑하지 말라 누구든지 세상을 사랑하면 아버지의 사랑이 그 안에 있지 아니하니 이는 세상에 있는 모든 것이 육신의 정욕과 안목의 정욕과 이생의 자랑이니 다 아버지께로부터 온 것이 아니요 세상으로부터 온 것이라" (요일 2:15,16).

우리는 사랑을 실천하여 사랑의 승리자가 되어야 합니다(요일 3:18).

믿음의 사람 야곱과 여인들

《창 30:1-24》

하나님이 라헬을 생각하신지라 하나님이 그의 소원을 들으시고 그의 태를 여셨으므로 그가 임신하여 아들을 낳고 이르되

하나님께서는 하나님을 믿고 순종하는 자를 사용하여 하나님의 나라를 세워 갑니다. 그러므로 우리 모두 믿음의 사람이 되어야 합니다.

하나님이 인정하는 믿음의 사람은 어떤 믿음을 가진 자일까요?

1. 하나님의 공평한 사랑을 믿음

하나님의 사랑은 공평한 사랑입니다. 창세기 30장에는 야곱의 네 아내가 소개 되어 있습니다. 야곱은 편애하지만 하나님은 공평하게 사랑하신 것을 봅니다. 야곱은 레아를 별로 사랑하지 않았습니다. 그런데 하나님은 레아에게 야곱(남편)의 사랑이 없음을 보시고 그의 태를 열어 주었다고 성경은 말씀합니다(창29:31). 또한 종 빌하와 실바도 불쌍히 여겨 태를 열어 주었습니다. 라헬 또한 사랑하셨습니다. 하나님은 모두를 사랑합니다. 창세전에 선택하시고 그리스도 안에서 구원시켜 자녀 삼으신 모든 성도들을 사랑하십니다. 하나님이 지금 이 시간 나를 사랑하신다는 사실을 믿고 주님을 사랑하며 살아가야 합니다. 하나님으로부터 인정받는 성도가 됩시다.

2. 하나님의 절대 주권을 믿음

라헬은 야곱에게 "나로 자식을 낳게 하라 그렇지 않으면 죽겠노라" 고 그 형을 투기하는 분노의 마음으로 말했습니다. 이때 야곱은 "그대로 성태치

못하게 하시는 이는 하나님이시니 내가 하나님을 대신하겠느냐" 고 대답했습니다. 여기에 믿음의 차이가 있습니다. 라헬은 하나님을 믿지만 그의 절대적인 주권 곧 모든 것이 하나님의 기뻐신 뜻대로 하신다는 사실을 믿는 믿음이 부족합니다. 그러나 야곱은 믿고 인정하는 믿음을 가졌습니다.

오직 주님이 원하시는 것이 무엇인가 생각하며 삼가 자신을 지켜 돌아보고 경건한 삶을 살기 위해 더 노력합시다. 여기에 주님이 주신 참 기쁨이 있습니다.

3. 라헬을 향한 하나님의 계획

하나님은 장자권을 가진 사랑하는 야곱이 직접 선택한 라헬을 통하여 믿음의 사람 요셉을 주시려는 뜻이 있었습니다. 그 이유는 야곱의 아들들을 통해 하나님 나라를 세우시려는 뜻입니다. 요셉을 믿음의 본보기로 만들어 형제들을 믿음 안에 들어올 수 있도록 하려는 것 입니다. 그러기 위해서는 라헬의 믿음이 필요했습니다.

그러므로 십여 년을 넘게 라헬을, 훈련을 통하여 만들어갔습니다. 그의 투기와 분노 그리고 수단과 방법을 가리지 않는 인본주의를 다 제거해 내는 작업을 하신 것입니다. 결국 자신의 뜻과 힘으로는 아무것도 할 수 없다는 것을 알고 자신을 포기하고 온전히 주님의 뜻에 모든 것을 맡기는 자가 되게 하셨습니다. 그 후에 하나님은 라헬을 생각하셨습니다(창30:22). 그리고 라헬의 태를 열어 요셉을 주셨습니다. 그는 요셉을 낳고 엘리사벳처럼(눅1:25) 감사하는 자가 되었습니다.

어떤 경우라도 좌절과 실망치 마십시오. 하나님은 우리를 믿음의 사람으로 훈련하여 사용하십니다. 우리에게 주어진 훈련을 인내하며 잘 받고 나갈 때 큰 축복이 주어집니다.

당신은 행복하십니까?

《롬 3:9-31》

모든 사람이 죄를 범하였으매 하나님의 영광에 이르지 못하더니 그리스도 예수 안에 있는 속량으로 말미암아 하나님의 은혜로 값 없이 의롭다 하심을 얻은 자 되었느니라

교회의 성도 가운데 물질적인 축복을 최고로 생각하는 사람들이 많습니다. 전도는 불행한 사람을 가장 복있는 사람으로 만들어내는 것입니다. 복음 전도자는 왜(why) 믿어야 하며 무엇을(what) 믿어야하고 믿음의 결과(result)가 무엇인가를 정확히 전해야 합니다.

1. 왜 예수님을 믿어야 합니까

한마디로 인간은 다 구원을 받아야 하기 때문입니다. 어느 누구도 나은 사람이 없습니다. 유대인이나 헬라인이나 다 죄아래 있습니다(롬3:9). 의인은 없나니 하나도 없고(롬3:10) 모든 사람이 다 죄인입니다(롬3:23).

온 세상은 다 하나님의 심판아래 있습니다(롬3:19). 하나님을 떠난 자들의 상태는 참으로 비참합니다. 하나님을 찾는 자도 없고 선을 행하는 자가 하나도 없으며 저희의 목구멍은 열린 무덤이요 그 혀로는 속임을 베풀며 그 입술에는 독사의 독이 있고 그 입에는 저주와 악독이 가득하고 저희 눈앞에 하나님을 두려워함이 없습니다(롬3:9-18). 반드시 여기에서 빠져나와 구원을 받아야 합니다.

2. 삶의 목적을 알아야 합니다

하늘에 머리를 두고 땅에 발을 붙이고 사는 인간은 다 똑같은 상태요, 구

원받아야만 되는 인간임을 알아야 합니다. 가증스런 포장된 인격에 속아서는 안 됩니다. 내 몸에서 갓 태어난 자식을 보는 산모가 이러한 비밀을 알아야 하나님을 아는 자녀로 기를 수가 있으며 주일학교 교사가 이것을 볼 줄 알아야 영아부와 유년 주일학교를 제대로 살릴 수가 있습니다.

남편과 아내도 마찬가지입니다. 교회 가자고 되는 것이 아니라 죄와 사탄의 권세에서 빠져 나오는 길을 서로 제시할 수 있는 부부가 되어야 합니다. 율법의 행위로는 하나님 앞에 의롭다 인정받을 육체가 없습니다. 복음에는 하나님의 의가 나타나 있습니다. 곧 예수 그리스도입니다. 예수 그리스도를 믿음으로 말미암아 의롭게 됩니다.

3. 믿고 구원받아야 합니다

"모든 사람이 죄를 범하였으매 하나님의 영광에 이르지 못하더니 그리스도 예수 안에 있는 속량으로 말미암아 하나님의 은혜로 값없이 의롭다 하심을 얻은 자 되었느니라"(롬3:23-24). 예수 그리스도 안에 있는 구속을 믿는 자는 구원을 받습니다. 많은 성도님들에게 무엇을 믿으며 복음의 내용이 무엇이냐고 물어보면 머뭇거리는 자들이 많습니다. 그 답은 쉽습니다. 사도신경이 있기 때문입니다. 사도신경에는 핵심적인 복음의 내용이 다 들어있습니다. 곧 "그 외아들 우리 주 예수 그리스도를 믿사오니 이는 성령으로 잉태하사 동정녀 마리아에게 낳으시고 본디오 빌라도에게 고난을 받으사 십자가에 못박혀 죽으시고 장사한지 사흘 만에 죽은자 가운데서 다시 살아나시며 하늘에 오르사 전능하신 하나님 우편에 앉아 계시다가 저리로써 산자와 죽은 자를 심판하려 오시리라" 요약하면 예수 그리스도에 출생, 십자가의 죽음, 부활, 승천과 재림이 복음의 내용입니다. 이 복음의 내용을 믿는 자는 반드시 구원을 받습니다.

부자의 외침

《눅 16:19-31》

한 부자가 있어 자색 옷과 고운 베옷을 입고 날마다 호화롭게 즐기더라 그런데 나사로라 이름하는 한 거지가 헌데 투성이로 그의 대문 앞에 버려진 채 그 부자의 상에서 떨어지는 것으로 배불리려 하매 심지어 개들이 와서 그 헌데를 핥더라

왕과 같은 권세를 누리며 날마다 큰 잔치를 베풀고 쾌락을 즐기면서 살았던 부자. 하나님과는 관계없이 자기 이름과 배만 위해서 살았던 부자가 죽어 지옥에 들어가서 외치는 외침을 이 시간 듣기 원합니다. 어떠한 외침이며 이 부르짖음이 우리에게 주는 메시지는 무엇일까요?

1. 불 가운데서 외치는 외침

예수 안 믿어도 잘먹고 잘살고 출세하는 거처럼 보이고, 예수 믿어도 가난하고 고통받고 질병에 걸릴 수 있습니다(19-21). 그러나 결코 부한 삶이 영원한 행복일 수 없습니다. 인간은 반드시 죽게 되어 있고(22절) 천국과 지옥 중 반드시 한곳에 가야합니다. 인생을 잘못 살았던 부자는 죽음과 동시 지옥에 들어갔습니다.

그곳에는 고통밖에는 없습니다. 또한 천국을 볼 수 있는 곳이기에 더욱 처절합니다. 내가 왜! 예수 안 믿었던가, 영원히 후회할 수밖에 없습니다. 부자는 세상에서 살아갈 때 나사로를 멸시천대하며 인간 취급하지 않았습니다. 그 결과 나사로의 행복한 천국 삶을 바라보며 불꽃가운데서 외치는 처절한 외침입니다. 여러분의 가족을 돌아보시고 주위를 보세요.

인간의 생명은 아침안개와 같습니다.

2. 형제들로 이 고통받는 곳에 오지 않게 해달라는 외침

소망도 없고 위로와 안식이 전혀없는 지옥에서 부자는 형제들이 오지 않도록 외치고 있습니다. 예수 안 믿고 죽은 우리 모든 조상들이 이 시간 동일하게 외치고 있음을 알아야 합니다. 지옥만은 와서는 안 되는 곳이라고요. 감옥에 다녀온 사람들은 다시는 가서는 안 될 곳이 감옥이라고 합니다. 불편한 것은 말할 것 없거니와 자유가 없기 때문입니다.

하지만 그들은 출옥할 날이 있고 그 소망 때문에 살아갑니다. 그러나 무기수와 사형수는 소망이 없습니다. 이것과는 비교할 수 없는 지옥은 어떤 경우라도 형제, 일가친척이 들어와서는 안 되는 곳이기에 처절하게 매달리는 외침입니다.

3. 전도의 필연성을 주는 메시지인 외침

어떻게 지옥을 피할 수 있을까요?

부자는 천국의 행복을 전해달라고 합니다. 그러나 한번 죽은 후에는 다시는 세상에 돌아올 수 없는 것이며 돌아와서 전한다고 할지라도 지옥행을 피할 수 없습니다. 단지 복음을 믿음으로만 지옥에 가지 않고 천국에 갑니다. 그러므로 아브라함은 부자에게, "이르되 모세와 선지자들에게 듣지 아니하면 비록 죽은 자 가운데서 살아나는 자가 있을지라도 권함을 받지 아니하리라 하였다 하시니라" (31절)고 말했습니다.

본문에서 모세는 모세 오경을 말합니다. 곧 범죄한 인간에게 약속한 구세주이신 여자의 후손을 말하는 것이요, 선지자란 하나님이 장차 메시야가 오면 믿음으로 구원 받는다는 외침을 외쳤던 선지자들을 말합니다. 그러므로 이 땅에 오신 그리스도 예수를 우리가 전해야 합니다. 그렇지 않으면 들을 수 없고 믿을 수 없기 때문입니다.

예수 그리스도만이 유일한 구원자이십니다

《행 4:1-12》

사도들을 가운데 세우고 묻되 너희가 무슨 권세와 누구의 이름으로 이 일을 행하였느냐 이에 베드로가 성령이 충만하여 이르되 백성의 관리들과 장로들아 만일 병자에게 행한 착한 일에 대하여 이 사람이 어떻게 구원을 받았느냐

1. 왜 예수님이 유일한 구주이실까요

"다른 이로서는 구원을 받을 수 없나니 천하 사람 중에 구원을 받을만한 다른 이름을 우리에게 주신 일이 없음이라"(행4:12). 모든 사람이 죄인이기에 구원자의 자격은 죄가 없는 인간이어야 합니다(벧전3:18). 아담의 후손이 아니라 여자의 후손이어야 합니다(창3:15). 사탄의 권세를 이길 힘을 가지신 분이어야 합니다. 또한 그는 반드시 죽고 부활하여야 합니다(고전15:3-5). 이 세상에 이런 자격을 가지신분은 단 한 분뿐입니다. 단 한분 인간이신 예수 그리스도 뿐입니다(요1:14). 예수가 유일한 구원자입니다.

2. 예수 그리스도께서 십자가에서 죽어야 할 이유

죄로 인하여 인간과 원수된 사이를 화목하시기 위해 아들의 죽음을 통하여 그 피로 죄값을 지불하시기로 구원의 길을 작정하였습니다. 구약에서는 제사법을 제정하시고 짐승의 피의 제사를 드리게 하셨습니다. 이스라엘을 출애굽 시킬 때에는 흠없는 일년된 어린 수양이나 염소를 잡고 그 피를 집 좌우 설주와 인방에 발랐습니다. 죽음의 사자가 애굽의 장자를 다 죽일 때에 그 피를 보고 넘어가 이스라엘 백성들은 한 사람도 재앙을 만나 죽지 않았습니다. 이스라엘은 당당히 바로의 권세를 꺾고 노예에서 해방되어 출애굽 하였습니다. 하나님은 모세를 통하여 "나무에 달린 자는 하나님께 저주

를 받음이라" (신21:23). 그런데 예수 그리스도는 세상 죄를 지고 가는 하나님의 어린 양으로(요1:29) 오셨고 유월절 양이 되어(고전5:7) 본디오 빌라디오에게 고난을 받으시고 십자가에 못 박혀 저주의 죽음을 죽으셨습니다. 인간은 다 죄인입니다. 자력으로 생명을 얻을 수 없습니다. 하나님이 내어놓으신 그 언약이신 예수 그리스도를 믿으면 구원 얻습니다.

3. 믿음의 결과는 무엇입니까

하나님이 인간을 창조하실 때 하나님의 형상으로 자기 백성을 지으시고 하나님의 영광 속에서 살게 하셨습니다. 그런데 모든 인간은 죄를 범하였으므로 하나님의 영광에 이르지 못한 것입니다(롬3:23). 그래서 모든 인간은 불행한 인간이 되었습니다. 본래의 모습인 하나님의 영광에 이르는 길은 오직 예수뿐입니다. 예수님을 하나님의 아들 그리스도로 믿고 영접하면 하나님의 자녀가 되는 권세를 얻는 축복이 옵니다. 이때 사탄의 영은 떠나고 믿는 자 안에 성령이 내주 하셔서 성전을 이룹니다(고전3:16). 이 뿐만 아니라 천사가 수종들고(히1:14) 하나님과 온전한 교제를 이룰 수 있는 기도의 특권을 받게 됩니다.

이제 예수 이름으로 모든 것을 구하여 받을 수가 있습니다. 환란이 많은 세상 속에서도 세상을 이기신 그리스도가 성령으로 함께 하시므로 승리할 수 있고, 주님이 주신 사명을 축복으로 누릴 수 있습니다. 이것이 복음 전파의 축복입니다. 복음전파는 처참한 인간을 행복하게 해주는 길입니다.

멋진 복음전도자가 되시기를 원하십시오. 반드시 될 것입니다. 이것이 삼위일체 하나님의 소원이기 때문입니다. 왜! 예수님을 믿어야 하는지를 밝히십시오. 그리고 거기에 대한 해답으로 그리스도를 선포하십시오. 믿는 자는 반드시 행복을 찾을 것입니다.

완전한 순종

《왕하 5:8-14》

하나님의 사람 엘리사가 이스라엘 왕이 자기의 옷을 찢었다 함을 듣고 왕에게 보내 이르되 왕이 어찌하여 옷을 찢었나이까 그 사람을 내게로 오게 하소서 그가 이스라엘 중에 선지자가 있는 줄을 알리이다 하니라 나아만이 이에 말들과 병거들을 거느리고 이르러 엘리사의 집 문에 서니 엘리사가 사자를 그에게 보내 이르되 너는 가서 요단 강에 몸을 일곱 번 씻으라 네 살이 회복되어 깨끗하리라 하는지라 나아만이 노하여 물러가며 이르되 내 생각에는 그가 내게로 나와 서서 그의 하나님 여호와의 이름을 부르고 그의 손을 그 부위 위에 흔들어 나병을 고칠까 하였도다

아람 왕의 군대장관 나아만은 왕 앞에서 크고 존귀한 자였으나 나병으로 고통을 당하여 비참한 삶을 살았습니다.

어느날 히브리인 계집종으로부터 사마리아의 선지자에게 가면 나을 수 있다는 소식을 듣고 찾아가 하나님의 사람 엘리사의 말에 순종하자 고침받고 복된 삶을 살게 되었습니다.

그는 완전한 순종에 이르기까지 어떤 하나님의 은혜를 받았으며 순종 후에 받은 축복은 무엇입니까?

1. 구원의 초청을 받아들였습니다

하나님은 나귀의 입을 벌려 발람 선지자에게 말씀하셨고 전도의 어리석은 방법을 통하여 죄인들을 초청하십니다(고전 1:21). 본문에서 하나님은 계집종(2,3절)을 통하여 초청하셨습니다.

이 초청을 받은 나아만은 지체하지 않고 사마리아의 엘리사 선지자를 찾았습니다. 고침은 여기서부터 시작된 것입니다.

모든 사람들은 복음을 통하여 부를 때 이것이 곧 구원의 초청인 것을 깨

닫고 예수 앞으로 나아와야 합니다. 주를 영접하는 자는 구원의 선물을 받아 영생에 이릅니다.

2. 하나님의 은혜를 빨리 깨달았습니다

자기의 생각(11절)과 방법이 아무리 좋아 보일지라도 자존심과 자만심, 이기심 곧 자아를 버리고 하나님의 뜻을 좇아야 합니다.

"그의 종들이 나아와서 말하여 이르되 내 아버지여 선지자가 당신에게 큰 일을 행하라 말하였더면 행하지 아니하였으리이까 하물며 당신에게 이르기를 씻어 깨끗하게 하라 함이리이까 하니" (13절). 나아만은 분을 내어 돌아서서 집으로 가는 순간 종들의 조언을 받아들였습니다.

하나님께서는 자신을 택한 나아만을 그대로 두지 아니하고 끝까지 간섭하십니다. 이것이 곧 하나님의 큰 사랑인 것입니다.

3. 그의 순종은 완전한 순종이었습니다

"나아만이 이에 내려가서 하나님의 사람의 말대로 요단 강에 일곱 번 몸을 잠그니 그의 살이 어린 아이의 살 같이 회복되어 깨끗하게 되었더라" (14절). 수레에서 내려와 빛나는 훈장이 달린 복장을 벗고 알몸으로 요단 강에 일곱 번 몸을 담그었습니다. 하나님의 사람의 말씀대로 행함으로 완치되어 마치 죽음에서 생명으로 옮긴 것과 같은 기적을 체험했습니다.

"나아만이 모든 군대와 함께 하나님의 사람에게로 도로 와서 그의 앞에 서서 이르되 내가 이제 이스라엘 외에는 온 천하에 신이 없는 줄을 아나이다 청하건대 당신의 종에게서 예물을 받으소서 하니 이르되 내가 섬기는 여호와께서 살아 계심을 두고 맹세하노니 내가 그 앞에서 받지 아니하리라 하였더라 나아만이 받으라고 강권하되 그가 거절하니라" (왕하 5:15,16).

또 그릇을 내게로 가져오라

《왕하 4:1-7》

선지자의 제자들의 아내 중의 한 여인이 엘리사에게 부르짖어 이르되 당신의 종 나의 남편이 이미 죽었는데 당신의 종이 여호와를 경외한 줄은 당신이 아시는 바니이다 이제 빚 준 사람이 와서 나의 두 아이를 데려가 그의 종을 삼고자 하나이다 하니 엘리사가 그에게 이르되 내가 너를 위하여 어떻게 하랴 네 집에 무엇이 있는지 내게 말하라 그가 이르되 계집종의 집에 기름 한 그릇 외에는 아무것도 없나이다 하니 이르되 너는 밖에 나가서 모든 이웃에게 그릇을 빌리라 빈 그릇을 빌리되 조금 빌리지 말고 너는 네 두 아들과 함께 들어가서 문을 닫고 그 모든 그릇에 기름을 부어서 차는 대로 옮겨 놓으라 하니라 여인이 물러가서 그의 두 아들과 함께 문을 닫은 후에 그들은 그릇을 그에게로 가져오고 그는 부었더니 그릇에 다 찬지라 여인이 아들에게 이르되 또 그릇을 내게로 가져오라 하니 아들이 이르되 다른 그릇이 없나이다 하니 기름이 곧 그쳤더라 그 여인이 하나님의 사람에게 나아가서 말하니 그가 이르되 너는 가서 기름을 팔아 빚을 갚고 남은 것으로 너와 네 두 아들이 생활하라

엘리사에게 가르침을 받았던 선지자 생도가 죽은 후 그의 아내가 빚에 쪼들려 두 아들이 채주에서 종살이를 가야하는 처참한 과부의 삶에서 아무 염려와 걱정이 없이 풍요로운 삶으로 바뀌지는 이야기입니다.

오늘 제목에 나타난 또 그릇을 내게로 가져오라는 외침은 기쁨과 소망이 넘치는 외침이었습니다. 하나님의 기적을 체험하는 축복을 맛보는 외침이었습니다.

1. 순종한 여인입니다

이 기적은 선지자 엘리사의 말에 순종한 결과로 나타난 증거입니다. 성경은 성도를 그릇으로 비유하고 있습니다. 적은 그릇과 큰 그릇 깨끗하고 더러운 그릇 질그릇과 같은 존재로 말씀하십니다. 또 그릇은 어떤 그릇이었습니까? 그리고 영적의미는 무엇입니까?

2. 빌려온 그릇입니다

하나님의 사람에게 순종하는 것은 축복받을 수 있는 기본자세입니다. "이르되 너는 밖에 나가서 모든 이웃에게 그릇을 빌리라 빈 그릇을 빌리되 조금 빌리지 말고"(3절).

빌려온 그릇은 순종의 결과로 생긴 그릇입니다. 하나님의 사람이 지시한 내용을 잘 보시기 바랍니다. 모든 이웃을 찾아가서 그릇을 많이 빌리라고 말했습니다. 복을 쏟아주려고 하는데 그릇이 부족해 아쉬움이 남지 않아야겠습니다.

3. 빈 그릇을 빌려 와야 합니다

무언가 담을 수 있는 그릇, 깨끗한 그릇이라야 합니다. 회개하는 마음(시 51:3.7), 심령이 가난한 그릇(마5:3)을 가리킬 수도 있습니다. 축복을 받을 수 있는 준비 자세이기도 합니다.

우리의 마음에 자기와 세상 물욕, 허영, 악독, 시기, 질투, 미움이 차있으면 하나님의 축복을 받을 수 없다.

준비된 그릇이 부족하면 아쉬움이 남습니다. 아들에게 그릇이 더 없느냐 외치는 여인의 목소리는 안타까움이 남은 듯 합니다. 처음부터 큰 그릇으로 많이 준비할 걸 하고 후회했는지도 모릅니다. 자신이 준비한 믿음의 분량만큼 복을 받았습니다.

"너는 가서 기름을 팔아 빚을 갚고 남은 것으로 너와 네 두 아들이 생활하라 하였더라"(7절). 이 기적의 현장을 지켜보면서 무엇을 느꼈습니까?

"나는 너를 애굽 땅에서 인도하여 낸 여호와 네 하나님이니 네 입을 크게 열라 내가 채우리라"(시 81:10).

하나님께 빈 그릇을 준비해 나가시기 바랍니다.

세겹줄

《전 4:9-12》

두 사람이 한 사람보다 나음은 그들이 수고함으로 좋은 상을 얻을 것임이라 혹시 그들이 넘어지면 하나가 그 동무를 붙들어 일으키려니와 홀로 있어 넘어지고 붙들어 일으킬 자가 없는 자에게는 화가 있으리라 또 두 사람이 함께 누우면 따뜻하거니와 한 사람이면 어찌 따뜻하랴 한 사람이면 패하겠거니와 두 사람이면 맞설 수 있나니 세 겹 줄은 쉽게 끊어지지 아니하느니라 가난하여도 지혜로운 젊은이가 늙고 둔하여 경고를 더 받을 줄 모르는 왕보다 나으니 그는 자기의 나라에서 가난하게 태어났을지라도 감옥에서 나와 왕이 되었음이니라 내가 본즉 해 아래에서 다니는 인생들이 왕의 다음 자리에 있다가 왕을 대신하여 일어난 젊은이와 함께 있고 그의 치리를 받는 모든 백성들이 무수하였을지라도 후에 오는 자들은 그를 기뻐하지 아니하리니 이것도 헛되어 바람을 잡는 것이로다

두 사람은 한 사람보다 낫고 세 사람은 한 사람보다 훨씬 낫다는 의미로 세겹줄에 비유하였습니다. 본문은 성도가 연합하여 한마음 한뜻으로 협력하여 살아갈 때의 유익성을 말씀하고 있습니다.

1. 좋은 상을 얻을 수 있습니다

좋은 상의 의미는 진정한 우정의 보상 개념을 말합니다.

서로 협력하여 사는 그리스도인들은 각기 상대를 위하여 일하며 선행을 행할 때에 받는 자보다 주는 자가 복 있다는 말씀과 같이 뿌듯한 행복과 기쁨이 찾아옵니다.

베푸는 것 이상으로 자신에게 돌아오는 심령의 낙을 말합니다. 운동선수들이 팀웍을 잘 유지하며 경기할 때 더 좋은 결과를 가져와 서로 기쁨이 넘치듯 협력을 잘하여 주의 일을 하는 그리스도인은 반드시 좋은 상을 얻을 수 있는 성공적인 삶이 주어집니다.

2. 위험을 모면할 수 있습니다

그리스도인의 삶은 광야와 같은 여정의 삶입니다. 서로 돕고 위로할 때에 절망과 좌절에서 일어날 수 있고 실패에서 성공의 길을 걸을 수 있으며 죄악의 길에서 빨리 돌아서서 위험을 피할 수가 있는 것입니다.

위로라는 말은 헬라어 '파라칼레오' 로 가까이 부른다, 기원한다, 훈련한다는 의미입니다. 서로가 서로의 곁에 가까이 있어 사랑스런 음성으로 불러주며 찾고 돌보아주고 서로 위하여 기도해야 합니다. 잘못된 점이 발견되더라도 자신의 일처럼 온유한 심정으로 훈계할 때 그 어떤 위험의 순간에서도 그 위험을 면하여 다시금 평탄한 신앙생활로 전진할 수가 있는 것입니다. 찾아가서 진정한 동반자가 되어주는 더 적극적인 행동을 해야 하지 않을까요?(눅10:25-37 출2:23-25 사66:13 고후1:3-4).

3. 추위를 이기게 합니다

성도는 하나님의 사랑을 받고 살아야 하며 또한 그 사랑을 베풀며 살아야 합니다. 이 사랑은 (요:15:12-13) 살기등등하고, 냉냉하며 시베리아 벌판을 휩쓰는 폭풍한설과 같은 세상을 녹여 훈훈하게 하고 서로의 삶을 아늑한 삶으로 만들어 줍니다.

4. 승리하게 합니다

"마음을 같이하여(同心)같은 사랑을 가지고 (同愛) 뜻을 합하며 (一意)한 마음을 품어(一念)" (빌2:2) 기쁨으로 나아갈 때에 자신과 교회는 큰 유익을 얻어 세겹줄이 끊어지지 않음과 같이 말씀과 기도로 부흥 발전하며 영원히 승리할 것입니다.

영원한 청년 갈렙

《수 14:1-15》

여호수아가 여분네의 아들 갈렙을 위하여 축복하고 헤브론을 그에게 주어 기업을 삼게 하매 헤브론이 그니스 사람 여분네의 아들 갈렙의 기업이 되어 오늘까지 이르렀으니

하나님은 신앙의 젊은이를 찾습니다. 갈렙과 같은 일꾼을 통해서 하나님 나라를 이루어 가십니다. 전도자는 이와 같은 신앙의 젊음을 가져야 합니다. 어떻게 하면 갈렙과 같은 영원한 청년의 젊음을 소유할 수 있을까요?

1. 믿음을 소유한 전도자 갈렙

갈렙은 창조주 하나님을 믿는 믿음의 소유자입니다. 곧 창세기 1장에 나오는 천지를 창조하신 전능하신 하나님을 믿는 것이며 인간과는 다르게 스스로 계신 여호와 하나님을 믿는 것입니다. 또한 창세기 2장의 언약의 하나님을 믿는 신앙을 소유하였습니다. 아브라함에게 언약하신 대로 그 언약을 기억하사 이스라엘 백성을 출애굽 시켜 주시고(출2:24-25) 약속하신 대로 가나안 땅을 분명히 주실 것을 믿었습니다. 가나안땅을 정탐하고 돌아와서 열 정탐꾼은 "그 정탐한 땅을 악평하여 그 거주민을 삼키는 땅이요 거기서 본 모든 백성은 신장이 장대한 자들이며 거기서 네피림 후손인 아낙 자손의 거인들을 보았나니 우리는 스스로 보기에도 메뚜기 같으니 그들이 보기에도 그와 같았을 것이니라"(민13:32-33)고 생각하여 우리는 능히 올라가서 그 백성을 치지 못하리라고 말했습니다. 온 회중들을 부정적으로 충동하여 모세와 아론을 원망하며 여호와가 그들을 가나안 땅으로 인도하여 칼에 망하게 하려고 한다고 애굽으로 돌아가자고 하였습니다.

2. 소망을 준 사람 갈렙

갈렙은 "우리가 두루 다니며 정탐한 땅은 심히 아름다운 땅이라 여호와께서 우리를 기뻐하시면 우리를 그 땅으로 인도하여 들이시고 그 땅을 우리에게 주시리라 이는 과연 젖과 꿀이 흐르는 땅이니라 다만 여호와를 거역하지는 말라 또 그 땅 백성을 두려워하지 말라 그들은 우리의 먹이라 그들의 보호자는 그들에게서 떠났고 여호와는 우리와 함께 하시느니라"(민14:6-9)고 믿음의 말을 하였습니다.

"이제 보소서 여호와께서 이 말씀을 모세에게 이르신 때부터 이스라엘이 광야에서 방황한 이 사십 오 년 동안을 여호와께서 말씀하신 대로 나를 생존하게 하셨나이다. 오늘 내가 팔십오 세로되 모세가 나를 보내던 날과 같이 오늘도 내가 여전히 강건하니 내 힘이 그 때나 지금이나 같아서 싸움에나 출입에 감당할 수 있으니 그 날에 여호와께서 말씀하신 이 산지를 내게 주소서 당신도 그 날에 들으셨거니와 그 곳에는 아낙 사람이 있고 그 성읍들은 크고 견고할지라도 여호와께서 나와 함께 하시면 내가 여호와께서 말씀하신대로 그들을 쫓아내리이다"(수14:10-12). 갈렙은 하나님이 자신에게 주신 약속이 그의 삶의 전부였고 소망이었습니다

3. 하나님의 마음에 든 사람 갈렙

하나님께서 갈렙에게 말씀하시기를 오직 내 종 갈렙은 그 마음이 그들과 달라서 나를 온전히 좇았은 즉 그의 갔던 땅으로 내가 그를 인도하여 드리리니 그 자손이 그 땅을 차지하리라(민14:24) 라는 약속을 굳게 잡았습니다. 그래서 여호수아에게 그 날에 여호와께서 말씀하신 이 산지를 내게 주라고 말하였던 것입니다. 그는 언약을 신실하게 이루시는 하나님을 믿는 믿음의 용장이었고 심신이 강건했습니다.

참 자유를 누리자

《롬 8:1-8》

그러므로 이제 그리스도 예수 안에 있는 자에게는 결코 정죄함이 없나니 이는 그리스도 예수 안에 있는 생명의 성령의 법이 죄와 사망의 법에서 너를 해방하였음이라

일제 36년 압박 동안 그리워하던 자유, 애굽 종살이하는 동안 그렇게도 갈망하던 것은 자유였습니다. 이 자유는 해방으로부터 옵니다. 우리는 죄와 사탄의 종살이에서 해방되었습니다. 그러므로 참 자유를 누리며 살아야 합니다. 참 자유를 누리는 길이 무엇일까요?

1. 그리스도 안에서 더 이상 정죄함이 없음을 알 때

"그러므로 이제 그리스도 예수 안에 있는 자에게는 결코 정죄함이 없나니 이는 그리스도 예수 안에 있는 생명의 성령의 법이 죄와 사망의 법에서 너를 해방하였음이라"(1,2절). 그리스도 예수 안에 있는 그리스도인들은 어떤 사람도 정죄받지 아니합니다. 아무도 죄를 정할 수 없습니다. 그 이유는 그리스도의 생명인 성령께서 그의 능력으로 죄로 인하여 죽음에 이르게 하는 죄의 권세와 그 원리를 다 꺾어 버리고 해결해 버렸기 때문입니다. 그러므로 성경은 "이는 그리스도 예수 안에 있는 생명의 성령의 법이 죄와 사망의 법에서 너희를 해방하였음이라"(롬8:2)라고 말합니다.

생명의 성령의 법이란 의미는 생명을 주시는 성령의 지배적인 능력을 말합니다. 오직 성령의 권능으로만 사망에 이르게 하는 죄의 세력을 꺾고 해방시킬 수 있습니다. 믿는 우리는 하나도 빠짐없이 다 해방되었습니다. 이제 모든 성도님들은 이 놀라운 참 자유를 마음껏 누리며 살아야 합니다.

2. 하나님이 만드신 자유임을 알 때

모든 사람은 다 죄인이며 죄의 종으로 살고 있습니다. 성경은, "기록된 바 의인은 없나니 하나도 없으며"(롬 3:10)라고 말합니다. 죄를 지은 자는 다 마귀에게 속해 있으며 종노릇하고 있습니다. 아무도 하나님의 법인 율법을 지켜 살아갈 능력이 없습니다. 하나님의 율법은 거룩하며 의로우시고 선하십니다. 율법이 인간에게 요구하고 있는 것은 100% 완전한 것을 요구합니다. 그래서 율법을 지키는 행위로는 의로워 질 수 있는 인간이 하나도 없습니다(롬 3:1-20 참조).

예수님은 율법의 모든 요구를 만족시키셨습니다. 예수 안에 있는 자는 다 율법의 요구를 이루어 갈 수 있는 자가 되었습니다. 성령이 그리스도인들의 생명이 되기 때문입니다. 혹 죄를 짓더라도 죄에 눌리지 마시고 바로 회개해야 합니다. 매일 매일의 삶 속에 온전히 성령을 따라 참 자유를 누리시길 바랍니다.

3. 하나님을 기쁘시게 하는 것이 참 자유의 삶

"육신을 좇는 자는 육신의 일을 영을 좇는 자는 영의 일을 생각하나니"(5절). 죄 속에 빠져 있는 인간들을 가리켜 육신에 속한 자 라고 표현 할 수 있습니다. "육신에 있는 자들은 하나님을 기쁘시게 할 수 없느니라"(8절). 곧 타락된 본성을 그대로 가지고 있는 불신자를 가리키는 말입니다. 불신자들은 하나님의 법에 굴복하지 않습니다.

불순종의 아들들이기 때문에 굴복할 수 없는 신분입니다. 그러나 영을 좇아 살아가는 우리는 하나님이 기뻐하시는 일이 무엇인지 알며 분별 능력이 있습니다. 오직 하나님만 기쁘게 해드리기 위한 마음을 가지고 순종의 길에 들어가면 참 자유를 누릴 수 있습니다.

기쁨의 단을 쌓자

《시126:1-6》

여호와께서 시온의 포로를 돌려 보내실 때에 우리는 꿈꾸는 것 같았도다 그 때에 우리 입에는 웃음이 가득하고 우리 혀에는 찬양이 찼었도다 그 때에 뭇 나라 가운데에서 말하기를 여호와께서 그들을 위하여 큰 일을 행하셨다 하였도다 여호와께서 우리를 위하여 큰 일을 행하셨으니 우리는 기쁘도다

기쁨의 단을 쌓는 성도가 해야 할 것은 무엇입니까?

1. 구원의 감격을 회복해야 합니다

본문 1절부터 3절은 과거의 바벨론 포로에서 해방된 감격입니다. "여호와께서 시온의 포로를 돌려 보내실 때에 우리가 꿈꾸는 것 같았도다"(1절). 그렇습니다. 우리 각자가 구원받았을 때의 기쁨은 말할 수 없는 감격입니다. 이 감격이 있을 때 입에는 웃음이 있고 찬양하는 삶을 살 수 있습니다. 그리고 이 기쁨의 삶을 알지 못하는 자들은 곧 믿지 않는 불신자들입니다.

그러므로 시편 기자는 "뭇 나라 가운데서 말하기를 여호와께서 그들을 위하여 큰 일을 행하셨다 하였도다"(2절)고 말했습니다. 우리는 기쁨의 단을 쌓는 소망이 있어야 합니다.

그러므로 오늘 이 시간 자신의 구원의 감격을 반드시 확인하시고 감격을 잃은 성도님들은 어디에서 첫사랑을 잃었는지 찾아내어 회복해야 합니다. 또한 감격이 있는 성도님들은 더 큰 감격의 삶을 유지해야 합니다.

2. 구원을 위하여 기도해야 합니다

본문 4절은 아직 바벨론 포로 생활에서 돌아오지 못하는 형제들을 위한 기도입니다. 네게브 지역의 시내가 건조기에는 물이 흐르지 못합니다. 그

러나 우기에는 물이 가득하여 흐르게 되어 있습니다. 마찬가지로 시편 기자는 시내가 회복되는 것 같이 구원의 회복을 바라며 기도하는 것입니다.

"여호와여 우리의 포로를 남방 시내들 같이 돌려 보내소서"(4절). 오늘 이 시간도 우리 주위에는 사랑하는 이웃들이 죄의 종으로 마귀의 권세에 매여 있으며 세상 속에서 고통을 당하고 있습니다. 그러므로 우리는 우리가 누리는 구원의 감격을 저들도 누릴 수 있도록 구원을 위하여 간절히 기도해야 합니다.

3. 구원을 위하여 씨를 뿌려야 합니다

바벨론에서 해방되어 예루살렘으로 돌아온 시인의 삶이 참으로 어려운 것 같습니다. 그러나 확신이 있고 소망이 있는 것을 봅니다. 다윗은 이스라엘 민족이 "우리가 바벨론의 여러 강변 거기에 앉아서 시온을 기억하며 울었도다"(시 137:1)고 말합니다. 예루살렘으로 다시 돌아가기 위하여 하나님의 약속을 믿고 고통을 참고 견디며 소망을 가지고 기도하였던 것을 기억하며 반드시 주님은 그 약속을 이루어 주신다는 확신이 있었습니다.

그러므로 눈물을 흘릴 수밖에 없는 처지에도 오히려 기쁨의 단을 가지고 돌아올 농부의 모습처럼 씨를 뿌리는 삶을 살고 있습니다. 씨(종자)는 먹어서는 아니됩니다. 기도의 씨, 헌신의 씨, 헌금의 씨, 재능의 씨를 뿌려 봅시다. 아무리 어려워도 소망의 인내를 가지고 뿌려봅시다.

"눈물을 흘리며 씨를 뿌리는 자는 기쁨으로 거두리로다 울며 씨를 뿌리러 나가는 자는 반드시 기쁨으로 그 곡식 단을 가지고 돌아오리로다"(시 126:5-6). 반드시 기쁨의 단을 가져 올 날이 있습니다. 씨를 뿌릴 때 소망이 있습니다. 선한 일에는 반드시 열매가 있습니다. 낙심하지 말고 인내하시기 바랍니다(갈 6:9).

감사의 제사

《시 50:22-23》

하나님을 잊어버린 너희여 이제 이를 생각하라 그렇지 아니하면 내가 너희를 찢으리니 건질 자 없으리라 감사로 제사를 드리는 자가 나를 영화롭게 하나니 그의 행위를 옳게 하는 자에게 내가 하나님의 구원을 보이리라

"감사로 제사드리는 자가 나를 영화롭게 하리니" 오늘 본문 말씀은 결론에 해당되는 말씀이며 제사의 근본정신이 무엇인가를 바르게 가르쳐 주고 있는 것입니다. 이제 우리가 신령과 진정으로 예배를 드리는데 필요한 예배의 근본정신은 무엇일까요?

제사의 근본정신과 같이 예배의 근본정신은 감사입니다. 예배하러 나오면서 억지로 나오거나 다른 것에 정신이 팔려서 몸만 예배하고 있다면 그것은 진정한 예배라 할 수 없습니다.

우리의 마음이 무겁고 어려움이 있더라도 그 마음에 감사함을 주시면 진정한 예배를 드릴 수 있고 예배 안에서 회복과 평안을 누릴 수 있습니다.

자기 감정에 얽매이면 예배로 나아가기가 쉽지 않습니다. 감사하는 마음은 더욱 생기지 않습니다. 우리는 어떻게 감사함으로 하나님께 예배 드릴 수 있을까요?

1. 하나님이 어떤 하나님인가를 깊이 생각해야 합니다

'감사' 라는 의미는 숙고한다는 뜻입니다. 곧 깊이 생각하면 할수록 고마움을 깨닫고 사례하는 행위라고 말할 수 있겠습니다. 그러면 하나님은 우리에게 어떤 하나님입니까?

최초의 유인 우주선을 운행하였고 미국 교회 침례교인이었던 어윈 대령

은 달에서 본 지구를 감탄했습니다. 지구처럼 아름다운 곳은 없다고 말했습니다. 하나님의 창조에 감탄한 것입니다. 창조주 하나님 그리고 모든 창조를 보존하시고 섭리하시는 하나님, 천국을 기업으로 주실 축복의 하나님을 깊이 생각할 때에 우리의 가슴에는 감사의 물결로 가득할 것입니다. 구원받은 백성만이 가지는 특권이 감사입니다.

2. 범사에 감사하는 자로 훈련되어야 합니다

모든 것에 협력하여 선을 이루시는 하나님(롬8:28)은 모든 성도의 위로와 소망이 되십니다. "우리 주 예수 그리스도와 우리를 사랑하시고 영원한 위로와 좋은 소망을 은혜로 주신 하나님 우리 아버지께서 너희 마음을 위로하시고 모든 선한 일과 말에 굳건하게 하시기를 원하노라"(살후 2:16,17). 그렇기 때문에 오늘의 환난과 고통도 기쁨으로 감당할 수 있고 장래의 모든 일을 소망가운데 바라봄으로 영적 승리를 위한 준비를 할 수 있습니다.

3. 은혜에 보답하는 자가 되어야 합니다

"여호와께서 내게 주신 은혜를 무엇으로 보답할꼬" (시116:12) "능히 어떠한 감사함으로 하나님께 보답할꼬"(살전3:9). 성도는 매일 내 곁에서부터 감사의 조건을 찾으며 그 조건이 하나님의 은혜로 되었다는 사실을 깊이 인식해야 합니다. 생활 속에 감사하는 자가 되어 감사의 생활을 기뻐할 때 하나님께서 영광을 받으시며 예배 또한 받으십니다.

예배에 참여하기 위해 교회를 나올 때 이미 그 마음에 감사가 있습니다. "아버지께 참되게 예배하는 자들은 영과 진리로 예배할 때가 오나니 곧 이때라 아버지께서는 자기에게 이렇게 예배하는 자들을 찾으시느니라"(요 4:23).

여호와께 감사하라

《시136:1-26》

여호와께 감사하라 그는 선하시며 그 인자하심이 영원함이로다 신들 중에 뛰어난 하나님께 감사하라 그 인자하심이 영원함이로다 주들 중에 뛰어난 주께 감사하라 그 인자하심이 영원함이로다 홀로 큰 기이한 일들을 행하시는 이에게 감사하라 그 인자하심이 영원함이로다 지혜로 하늘을 지으신 이에게 감사하라 그 인자하심이 영원함이로다 땅을 물 위에 펴신 이에게 감사하라 그 인자하심이 영원함이로다 큰 빛들을 지으신 이에게 감사하라 그 인자하심이 영원함이로다 해로 낮을 주관하게 하신 이에게 감사하라

범사에 하나님께 감사하고 어려울 때 주님의 도우심을 바라보는 신앙이 최고의 신앙입니다. 시편 기자는 왜 여호와께 감사하라고 하였습니까? 우리는 어떻게 감사해야 할까요?

1. 창조주이시기 때문입니다

하나님은 홀로 큰 기사를 행하셨습니다. 천지를 창조하시고 공중의 새와 물 속의 고기 그리고 땅위의 짐승들을 다 지으셨습니다. 그 중에서 가장 뛰어난 인간을 만드셨습니다. 곧 오늘 나를 지으신 분은 하나님이십니다. 그러므로 감사해야 합니다. 이 주님께 더 깊은 감사를 드리려면 하나님을 잘 알아야 합니다. 하나님은 모든 신 위에 뛰어나신 영원하신 하나님이십니다. 그리고 전능하시며 지혜로 모든 것을 지으셨습니다.

또한 모든 만든 것을 주관케 하십니다. 해로 낮을 주관케 하시고 달과 별들로 밤을 주관케 하시며 모든 것을 관리하시는 주관자이십니다. 무엇보다도 감사할 것은 천지의 모든 것을 주관할 수 있는 능력을 인간에게 주셨습니다. 그러므로 우리 모두는 하나님께 감사해야 합니다. 오늘을 살게 하신 주님은 내일도 우리의 주관자가 되시어 인도하십니다.

2. 사랑이 영원하시기 때문입니다

그는 선하십니다. 그의 사랑은 영원하십니다. 그러므로 시편 기자는 26절 속에 "그 인자하심이 영원함이로다" 고 밝혔습니다. 이 세상에 가장 힘있고 능력 있는 것은 사랑입니다. 믿음, 소망, 사랑 중에 사랑이 제일입니다. 인간의 사랑은 변할 수 있습니다. 그러나 창조, 구원, 인도, 보호, 역사하시는 모든 것에 주님의 사랑은 불변합니다. 그의 사랑은 자신을 내어 주신 사랑입니다. 그러기에 큰 사랑이며 이 사랑의 값을 정할 수 없을뿐더러 너무도 고귀한 사랑의 값이기에 세상의 가치 기준으로 정할 수 없습니다. 세상의 금은보화로 살 수 없습니다.

그러므로 가난 한자나 부한 자 모두가 소유할 수 있도록 거저 주시고 값없이 돈 없이 믿음으로만 살 수 있게 하셨습니다(사55:1-3 참조). 우리는 안전합니다. 그가 영원히 사랑하기 때문입니다. 그러므로 우리는 모든 일에 있어서 영원히 감사해야 합니다.

3. 구체적으로 사랑하시기 때문입니다

하나님은 인간을 구체적으로 사랑하십니다. 인간을 창조하시고 타락에서 구원(애굽)하셨습니다. 홍해를 통과케 하시고 광야를 통과케 하셨습니다. 대적들을 치시고 이스라엘을 승리케 하셨습니다. 또한 약속대로 땅을 기업으로 주셨습니다. 모든 육체에게 먹을 식물을 주셨습니다. 시편 기자는 하나님의 사랑을 구체적으로 표현하였습니다. 오늘 우리 성도님들에게도 구체적으로 사랑하십니다. 이 사랑 때문에 우리는 구체적으로 감사를 표현해야 합니다. 물질로, 시간으로, 은사로, 다 감사해야 합니다. 때마다 일마다 감사해야 합니다. 구원의 은혜에 감사해야 합니다. 이 땅에서 승리의 삶을 살아가도록 은혜 주시는 주님께 구체적으로 감사해야 합니다.

추수할 일꾼

《눅 10:1-6》

그 후에 주께서 따로 칠십 인을 세우사 친히 가시려는 각 동네와 각 지역으로 둘씩 앞서 보내시며 이르시되 추수할 것은 많되 일꾼이 적으니 그러므로 추수하는 주인에게 청하여 추수할 일꾼들을 보내 주소서 하라

일꾼은 할 일을 바로 알고 일하는 방법을 잘 알뿐 아니라 일을 열심히 하는 자를 말합니다. 오늘 본문은 영적인 일꾼을 추수꾼에 비유하고 있습니다. 추수할 주인은 하나님이요, 추수할 일꾼은 복음 전도자며 추수할 것은 구원의 대상자입니다. 곧 심령이 갈급한 자요 하나님이 구원하시기로 작정된 준비된 영혼을 말합니다. 주인되신 하나님은 구원받아야 될 사람들은 많지만 복음의 사명자들은 적다고 탄식하십니다.

나는 추수할 일꾼으로 무엇을 가장 중히 여겨야 하는지 알아야 합니다. 그리고 어떻게 생활해야 할 것인가 본문을 통해 자신의 것 되시기 바랍니다. 추수할 일꾼은?

1. 짝짓기를 잘해야 합니다

먼저 전도자는(일꾼) 영적, 추수(전도)의 필연성과 긴박성이 있어야 합니다. 또한 가장 소중히 여겨야 합니다. 뿐만 아니라 현장에 들어갈 때 주님이 원하는 대로 짝을 지어 가야 합니다. 영적으로 깨어 있는 짝을 찾아야 합니다. 불신자를 바로 볼 줄 알고 거기에 맞는 메시지를 전할 수 있는 짝을 지어야 합니다. 평소에 이런 일꾼을 찾아야 하며 주의 뜻대로 일꾼을 보내 달라고 피맺힌 절규를 해야 합니다. 짝을 잘 짓게 되면 혹 내가 힘이 없을 때 또한 시험에 들 때에 빨리 일어설 수 있고 성령 충만을 지속할 수 있

습니다. 현장에서는 권세가 나타나 효과적인 전도를 할 수 있습니다. 그러나 불평불만하고 기도 없는 짝을 만나면 서서히 내 영혼도 죽게 됩니다. 예수님께서는 나의 멍에를 매라고 하셨습니다(마 11:29,30).

2. 확신이 있어야 합니다

주님은 열두 제자를 보낼 때와 동일하게 "내가 너희를 보냄이 어린 양을 이리 가운데로 보냄과 같도다"(눅10:3) 하셨습니다. 그러므로 복음 전도를 위해 가는 자들에게 영원히 성령으로 함께 하십니다. 하늘과 땅의 권세를 가지신 주님이 함께 하신다는 확신을 가져야 합니다. 또한 일할 일꾼에게는 반드시 먹을 양식을 주십니다. 그래서 "전대나 주머니나 신을 가지지 말며"라고 하셨습니다. 농촌에서 일하는 일꾼들에게 먹을 것과 세참까지 주며 일한 삯을 지불합니다. 국가를 지키는 군인에게는 모든 것 다 줍니다. 똑같은 원리입니다. 전도하십시오. 먹고 마시고 입을 것이 다 해결됩니다. 주의 권능이 나타납니다. 일꾼은 확신이 있어야 합니다.

3. 집중해야 합니다

전도자에게 가장 무서운 적은 분주한 것입니다. 가장 중요한 생명 살리는 일(추수)을 버리고 가치 없는 것에 분주합니다. 이것처럼 어리석은 것이 없습니다. 추수할 시기를 놓쳐서 다 버립니다. 추수할 시기를 중요시 여기지 않고 긴박하게 처리하지 않으면 1년 농사 다 버립니다. 알곡을 창고에 넣을 때까지 다른 것에 정신 팔리지 말고 열심히 추수에 집중해야 합니다. 그래서 주님은 전도할 때에 "길에서 아무에게도 문안하지 말며"(눅10:4)라고 심심 당부 하셨습니다. 우리 성도님들 모두는 생명 살리는 추수를 가장 소중히 여기며 집중적으로 이 일에 전력합시다. 이것이 주님의 뜻입니다.

심고 거두는 법칙

《갈 6:6-10》

가르침을 받는 자는 말씀을 가르치는 자와 모든 좋은 것을 함께 하라 스스로 속이지 말라 하나님은 업신여김을 받지 아니하시나니 사람이 무엇으로 심든지 그대로 거두리라 자기의 육체를 위하여 심는 자는 육체로부터 썩어질 것을 거두고 성령을 위하여 심는 자는 성령으로부터 영생을 거두리라 우리가 선을 행하되 낙심하지 말지니 포기하지 아니하면 때가 이르매 거두리라 그러므로 우리는 기회 있는 대로 모든 이에게 착한 일을 하되 더욱 믿음의 가정들에게 할지니라

콩 심은 데 콩 나고 팥 심은 데 팥이 나듯 영계에도 심고 거두는 법칙이 있습니다.

아무것도 심지 않고 무언가 열매가 맺기를 바라고 있다면 그 보다 어리석은 사람은 없을 것입니다. 그러나 더 중요한 것은 무엇을 심느냐 입니다. 죄악의 씨앗을 심은 자는 반드시 그 열매는 죄악의 열매가 열리게 됩니다. 성도들은 어떤 씨앗을 심어야겠습니까?

주의 자녀라면 반드시 성령의 씨앗을 심어 성령의 열매가 가득 넘치도록 해야 할 것입니다. 성령의 열매가 가득 넘칠 때에 우리는 비로소 성령으로부터 영생을 거두게 됩니다. 이러한 소망을 가지고 오늘 우리가 무엇을 심고 있는지 생각해 봅시다.

1. 심는 자가 있습니다

"자기의 육체를 위하여 심는 자는 육체로부터 썩어질 것을 거두고 성령을 위하여 심는 자는 성령으로부터 영생을 거두리라"(8절).

자기의 육체를 위하여 심는 자가 있습니다. 그는 마음, 정성, 뜻과 건강,

시간, 물질, 달란트를 오직 자신의 영광과 기쁨과 출세를 위하여 심는 자 입니다.

또 한사람은 성령을 위하여 심는 자 입니다. 그는 오직 하나님의 영광을 위하여 모든 것을 다 심은 자 입니다.

2. 무엇을 심을까요

콩을 얻기 위해서는 콩의 씨를 심어야만 되는 것입니다. 좋은 종자가 필요한 것입니다. 육체를 위한 자가 심는 것은 정욕의 씨이며 하나님과는 무관한 삶인 것을 말씀하고 있습니다.

성령을 위하여 심는 자는 하나님이 기뻐하시는 모든 사람을 위하여 착하고 선한 행동을 기회 있는 대로 행하는 삶을 말합니다. 이러한 삶에는 어려움이 닥쳐올 때도 있습니다. 그러기 때문에 성경은 "선을 행하되 낙심하지 말지니" 라고 힘을 더해주고 있는 것입니다.

3. 거두어들이는 것입니다

"사람이 무엇으로 심든 지 그대로 거두리라" (7절)는 말씀은 반드시 심는 대로 거둔다는 것입니다. 우리의 말, 행동, 모든 삶에는 반드시 뿌리는 씨가 되어서 때가 이르면 거두어 드려야만 합니다.

무슨 열매를 거두시렵니까? 썩어진 것입니까? 영생입니까?

하나님에게 중간은 없습니다. 정확하게 콩 심은 데 콩 나고 팥 심은 데 팥이 열리는 것은 진리입니다. 성령의 열매를 많이 맺는 성도 여러분이 되시기를 바랍니다.

감사하는 자가 되라

《엡 5:15-21》

그런즉 너희가 어떻게 행할지를 자세히 주의하여 지혜 없는 자 같이 하지 말고 오직 지혜 있는 자 같이 하여 세월을 아끼라 때가 악하니라 그러므로 어리석은 자가 되지 말고 오직 주의 뜻이 무엇인가 이해하라 술 취하지 말라 이는 방탕한 것이니 오직 성령으로 충만함을 받으라 시와 찬송과 신령한 노래들로 서로 화답하며 너희의 마음으로 주께 노래하며 찬송하며 범사에 우리 주 예수 그리스도의 이름으로 항상 아버지 하나님께 감사하며 그리스도를 경외함으로 피차 복종하라

이 세상에서 성도님들은 무엇을 감사하십니까? 먹을 것, 입을 것, 마실 것, 건강, 직장, 자녀 주시는 것에 감사하십니까? 다른 사람은 병원에 입원해 있는데 나는 힘있게 건강하게 살아갈 수 있음에 감사하십니까? 이 모든 것이 감사의 조건이 됩니다.

감사하십시오. 그러나 본질적 의미의 감사는 구원의 은혜와 열매맺는 삶을 살게 하심에 깊은 감사가 넘쳐야 하며 성도님들의 감사 생활이 실제로 나타나야 할 것입니다.

범사에 감사하는 것은 어떻게 이룰 수 있습니까?

1. 입술로 감사가 넘쳐야 합니다

19절에 "시와 찬미와 신령한 노래들로 서로 화답하며" 하였습니다.

구속의 은혜에 감사와 찬양이, 우주를 창조하심에 감사와 찬양이 우리의 입술을 통하여 불러져야 할 것이며, 서로 화답송이 이루어져야 할 것입니다. 사도 바울은 옥중에서도 넘치는 은혜에 감사하여 찬미 하였습니다.

주님은 이러한 찬미를 올려드리는 자들에게 한없는 축복과 인도하심으로 보호하십니다.

또한 나아갈 길과 할 일들을 밝히 보여주십니다. 주님으로 인한 감격이 가득한 신령한 찬양을 올려드리는 것은 우리의 영을 새롭게 하는 능력이 있습니다. 시와 찬미와 신령한 노래들로 서로 화답하는 자리에 적극적으로 참여해야 합니다.

신령한 노래의 가사가 온전히 나의 고백으로 올려드려질 때에 성령의 충만함이 함께 할 것입니다. 이러한 기대로 찬양의 자리에 나아오시기를 바랍니다.

2. 마음으로 감사가 넘쳐야 합니다

마음은 인간의 중심입니다. "나는 예수 믿습니다" 라고 말하는 정도가 아닙니다. 예수 그리스도를 생각할 때마다 죄와 허물로 죽었던 자를 대속하신 그 은혜와 사랑의 감격이 중심에서 뜨겁게, 그리고 열정적으로 변함없이 나타나야 합니다. 중심의 감사는 헌신, 봉사로서 반드시 열매맺게 되어 있습니다.

마리아는 구원의 은혜가 너무도 커서 가장 소중한 나드 향을 예수님의 머리에 부어 주님의 마음을 가장 기쁘게 해드렸습니다.

3. 범사에 항상 감사가 넘쳐야 합니다

어떤 일이 있을 때에도, 언제라도 끊임없는 감사 생활이 성도의 생활임을, 이 시간을 왜 주께서 주셨는지 우리를 향하신 하나님의 뜻을 이해할 때 우리의 감사는 일과 시간 속에서 계속적으로 나타날 것입니다.

진정한 감사는 감사할 수 없을 때에 감사하는 것입니다. 상황이 어떠해도 하나님의 선하심만을 구하는 것이 성도의 참 모습입니다.

내 입에 꿀보다 더 다니이다

《시 119:103》

주의 말씀의 맛이 내게 어찌 그리 단지요 내 입에 꿀보다 더 다니이다

말씀의 맛을 전하기 원하는 그리스도인들은 자신이 먼저 말씀의 맛을 보아야 합니다.

말씀의 맛을 제대로 아는 자만이 맛본 말씀을 전할 수 있습니다. 말씀을 전하는 것은 선교사나 목사나 교역자만이 하는 것이 아닙니다. 우리 모든 주의 자녀들이 주의 제자이며 주의 일꾼이며 주의 말씀을 전하는 자들 입니다.

주일 예배 때 와서 성경 본문을 읽을 때에 한 번 펼쳐보는 것이 성경 말씀이 아닙니다. 성도의 삶에 가장 밀접하게 자리잡고 큰 비중을 차지해야 할 것이 바로 말씀입니다. 말씀이 없이는 믿음도 없습니다.

말씀의 맛을 안다는 것은 하루 아침에 아는 것이 아니라 서서히 깨달아 가면서 저절로 되어집니다. 하나님이 직접 계시로 주신 말씀이야말로 이 세대를 살아가는 우리들이 의지하고 사모해야 할 선물입니다.

어떻게 하면 그 말씀이 우리 삶에 꿀보다 달게 다가올까요?

1. 말씀의 맛을 보아야 합니다

말씀의 맛을 보아야 합니다. 에스겔은 하나님께서 주시는 두루마리를 먹고 "내가 먹으니 그것이 내 입에서 달기가 꿀 같더라" (겔3:3)고 하였고 시편기자는 "주의 말씀의 맛이 네게 어찌 그리 단지요 내 입에 꿀보다 더 하니이다."(시119:103)고 말하였습니다. 이스라엘 백성들이 광야의 만나를

맛보았을 때 그 맛을 "꿀 섞은 과자와 같다"고 하였습니다(출16:31). 이 만나를 주께서 자신에게 비유합니다. "나는 하늘에서 내려온 산 떡이요 생명의 떡이라고 합니다." 곧 예수님이 말씀이며 생명입니다. 그래서 제자들은 영생의 말씀이 있으매 어디로 가리이까 라고 반문했습니다.

2. 말씀을 전해야 합니다

하나님을 알지 못하는 영혼들은 마귀의 종이 되어 삶이 비참히 밟힌 상태에 있습니다. 아담이 에덴동산에서 버림을 받은 후 우리 모두는 아담 안에서 하나님으로부터 버려진 자들이 되었습니다.

"그러므로 한 사람으로 말미암아 죄가 세상에 들어오고 죄로 말미암아 사망이 들어왔나니 이와 같이 모든 사람이 죄를 지었으므로 사망이 모든 사람에게 이르렀느니라"(롬 5:12). 아담의 불순종으로 하나님의 형상을 잃어버린 것입니다.

자신의 힘으로는 찾을 수 없어 참 맛을 잃고 살았으나 주예수 그리스도를 영접하는 순간 하나님의 형상으로 회복되어 맛을 낼 수 있는 소금이 되었으니 이 기쁜 소식을 전하여 알지 못하는 자로 생명을 얻게 하는자 되어야 합니다.

3. 말씀에 순종해야 합니다

"그의 어머니가 하인들에게 이르되 너희에게 무슨 말씀을 하시든지 그대로 하라 하니라"(요 2:5)고 명하신 대로 종들은 예수님이 시키는 대로 결례 통의 물을 퍼서 회당장에게 갔다 주었습니다. 이때 놀랍게도 포도주로 변해 있었습니다. 주의 명령에 순종하는 삶을 살 때 하나님께 영광을 드러내게 되고 주위의 사람들에게도 유익을 줄 수가 있습니다.

율법의 완성

《롬 13:8-10》

피차 사랑의 빚 외에는 아무에게든지 아무 빚도 지지 말라 남을 사랑하는 자는 율법을 다 이루었느니라 간음하지 말라, 살인하지 말라, 도둑질하지 말라, 탐내지 말라 한 것과 그 외에 다른 계명이 있을지라도 네 이웃을 네 자신과 같이 사랑하라 하신 그 말씀 가운데 다 들었느니라 사랑은 이웃에게 악을 행하지 아니하나니 그러므로 사랑은 율법의 완성이니라

죄를 죄로 깨닫게 하기 위해 주신 것이 바로 율법입니다. 율법을 지키지 않으면서 거룩하다 할 수 없습니다.

율법은 우리에게 족쇄가 되어 생활을 영위하는데 어려움이 되어서는 안 됩니다. 그렇다고 적당히 지켜야 하는 것도 아닙니다. 애써 지키려고 하지 않아도 율법의 모든 것을 완성시키는 것이 있으니 바로 사랑입니다.

사랑 그 자체이신 하나님은 우리에게 사랑이 율법의 완성이라고 말씀하십니다.

1. 성도는 사랑의 빚진 자입니다

이런 사실을 알아야 빚을 갚을 마음이 일게 됩니다. "피차 사랑의 빚 외에는 아무에게든지 아무 빚도 지지 말라"(8절) 고 성경은 말씀합니다. 빚을 지지 말라는 것은 우리에게 사랑의 빚은 지되 꼭 갚아야 하는 의무가 있다고 말씀하십니다.

사랑의 빚진 자는 사랑의 빚을 갚아야 합니다. 우리는 사랑의 빚을 태어날 때부터 가지고 났습니다. 하나님께서는 우리를 창세 전에 선택하시고 예수 그리스도로 말미암아 구원을 주시고 우리의 삶의 위험에서 보호하시고 어려움에서 소망의 삶으로 인도하셨습니다.

"우리가 아직 죄인되었을 때에 그리스도께서 우리를 위하여 죽으심으로 하나님께서 우리에게 대한 자기의 사랑을 확증하셨느니라"(롬5:8)고 말씀하셨습니다. 우리는 부모님에게도 빚진 자입니다.

또한 우리를 전도한 자에게도 또 말씀을 가르치는 모든 자에게 사랑의 빚진 자입니다.

2. 어떻게 갚아야 하는가

성도는 사랑의 빚을 이웃을 사랑함으로 갚을 수 있습니다. 고린도전서 13장에 나오는 사랑의 방법을 실천하시기 바랍니다.

"사랑은 오래 참고 사랑은 온유하며 시기하지 아니하며 사랑은 자랑하지 아니하며 교만하지 아니하며 무례히 행하지 아니하며 자기의 유익을 구하지 아니하며 성내지 아니하며 악한 것을 생각하지 아니하며 불의를 기뻐하지 아니하며 진리와 함께 기뻐하고 모든 것을 참으며 모든 것을 믿으며 모든 것을 바라며 모든 것을 견디느니라"(4-7절).

네 이웃을 네 자신과 같이 사랑하라 하신 이것입니다.

이 희생의 사랑을 하는 자만이 사랑의 빚을 갚는 자가 되는 것입니다.

3. 갚는 자의 축복

사랑의 빚을 갚는 자는 예수님으로부터 인정받습니다. 오직 성령에 의한 사랑이 진짜요 성령에 붙잡힌 성도가 진짜 성도입니다.

예수님이 이루신 사랑은 성령 안에서 율법을 완성시킨 것입니다. 예수님이 부활하여 왕의 왕 되신 것 같이 성령의 사람, 사랑의 사람은 부활의 축복과 영원한 나라를 기업으로 받게 됩니다.

능력 있는 삶

《사 40:28-31》

너는 알지 못하였느냐 듣지 못하였느냐 영원하신 하나님 여호와, 땅 끝까지 창조하신 이는 피곤하지 않으시며 곤비하지 않으시며 명철이 한이 없으시며 피곤한 자에게는 능력을 주시며 무능한 자에게는 힘을 더하시나니 소년이라도 피곤하며 곤비하며 장정이라도 넘어지며 쓰러지되 오직 여호와를 앙망하는 자는 새 힘을 얻으리니 독수리가 날개치며 올라감 같을 것이요 달음박질하여도 곤비하지 아니하겠고 걸어가도 피곤하지 아니하리로다

세상에서 흔히 말하는 능력은 재능, 재산, 외모, 학력, 직장 등으로 이야기 합니다. 그러나 성도들에게 능력은 또 다른 의미가 있습니다. 삶 속에서 하나님의 영광을 나타내고 영적으로 승리하는 것이 능력입니다.

이러한 능력을 잃은 성도는 세상에서 말하는 능력으로 대신 채우려고 합니다. 하나님으로부터 얻어야 할 능력이 세상 것들로 채워지면 하나님과 멀어질 수밖에 없습니다. 세상에서 말하는 능력도 필요합니다. 하지만 하나님께서 부어주시는 능력이 우선입니다.

"하나님의 나라는 말에 있지 아니하고 오직 능력에 있음이라"(고전 4:20)고 성경은 말씀하고 있습니다. 우리 모두가 이 험한 세상을 승리로 이끌 수 있는 능력있는 삶을 살려면 어떻게 해야 할까요?

1. 여호와를 앙망해야 합니다

"앙망"은 우러러 본다, 기다린다는 뜻을 내포하고 있습니다.

믿음을 가지고 인내하는 것입니다. 불뱀에 물려 죽어가던 광야의 이스라엘 백성들이 장대에 매어 놓은 놋뱀을 "바라보면 살리라"는 하나님의 약속의 말씀을 믿고 믿음의 눈으로 놋뱀을 쳐다본즉 살았습니다.

금과 은은 없지만 나사렛 예수의 이름으로 명령할 때 베드로는 능력을 얻고 성전 미문의 앉은뱅이를 일으켰습니다. 하나님의 자녀들은 예수님이 행하셨던 것처럼 능력을 나타내야 합니다. 자기 만족과 성공을 위한 것이 아니라 오직 하나님께만 영광을 돌리기 위함입니다.

2. 앙망하는 자에게 주어진 축복이 있습니다

1) 점점 잘되는 축복

"여호와를 앙망하는 자는 독수리가 날개치며 올라감 같을 것이요"

하나님의 섭리를 깨닫게 됨으로 힘있게 되며 신앙의 시야가 넓어지고 더 멀리 바라보는 비전이 있으므로 하는 일이 점점 더 잘되어지는 축복을 받을 수가 있습니다.

2) 승리를 맛 보는 축복

"소년이라도 피곤하며 곤비하며 장정이라도 넘어지며 쓰러지되..., 달음박질 하여도 곤비하지 아니하겠고" 곤비하지 아니하겠다는 말은 숨기지 아니 하다는 의미입니다. 어떤 것을 하더라도 짜증스럽지 않고 힘에 겹지 않게되며 실패하는 일이 없도록 승리케 하십니다.

3) 전진에 전진을 거듭할 수 있는 축복

"걸어가도 피곤치 아니하리로다" 하나님을 앙망하는 자에게는 피곤할 때 능력을 주시며 무능한 것을 느낄 때에 용기를 더하여 힘나게 하십니다.

험산준령을 넘을 수 있는 힘을 주시어 어떤 어려움에도 인내할 수 있고 어떤 명령이라도 순종하여 쉬임없이 주님의 발자취를 따라 갈 수 있는 축복을 주십니다.

우리의 시민권

《빌 3:17-21》

형제들아 너희는 함께 나를 본받으라 그리고 너희가 우리를 본받은 것처럼 그와 같이 행하는 자들을 눈여겨 보라 내가 여러 번 너희에게 말하였거니와 이제도 눈물을 흘리며 말하노니 여러 사람들이 그리스도의 십자가의 원수로 행하느니라 그들의 마침은 멸망이요 그들의 신은 배요 그 영광은 그들의 부끄러움에 있고 땅의 일을 생각하는 자라 그러나 우리의 시민권은 하늘에 있는지라 거기로부터 구원하는 자 곧 주 예수 그리스도를 기다리노니 그는 만물을 자기에게 복종하게 하실 수 있는 자의 역사로 우리의 낮은 몸을 자기 영광의 몸의 형체와 같이 변하게 하시리라

사도 바울이 수많은 매를 맞고 투옥된 후 놓이게 될 때에 나는 로마 사람이라고 밝힌바 있습니다.

그때 상관들이 로마인이라는 말을 듣고 두려워 떨며 사정하여 떠나게 하였던 것을 사도행전에서 밝히고 있습니다(행16:37-40).

그 당시에 로마 시민권은 대단한 것입니다. 사도 바울은 자신이 로마 시민이라는 것을 자랑하려고 밝힌 것이 아닙니다. 오히려 모두가 부러워하는 로마 시민권 보다 더 귀한 시민권을 사람들에게 전하려는 것입니다. 사도 바울은 우리에게 무엇을 말하고 있습니까?

1. 나를 본받으라고 말했습니다

"형제들아 너희는 함께 나를 본받으라... 그와 같이 행하는 자들을 눈여겨 보라"(17절)는 것은 본을 보이는 삶을 살 뿐 아니라 본받으며 살아가라는 것입니다.

신앙의 선배인 바울 사도의 삶을 잘 본받아 그대로 행하여 가라는 것입니다. 바울은 세상의 그 어느 것과 바꿀 수 없는 천국 시민권을 지닌 자입

니다. 모든 성도들도 동일한 시민권이 주어졌음을 밝혀 확실한 소속감을 갖게 하려는 것입니다.

천국 시민권을 가진 자이기에 더욱 바울을 본받아서 우리에게도 "나를 본 받으라" 는 고백이 있어야겠습니다.

2. 하늘의 것을 생각하며 살아야 합니다

"땅의 것을 생각하지 말라" 고 하였습니다.

땅의 것은 십자가의 원수로 행하는 것입니다. 그러므로 그들의 종말은 멸망으로 끝나게 되는 것입니다.

이땅의 것만을 생각하는 자들은 자신만을 내세우며 자신의 부귀와 영광을 위해 살게되므로 죄악을 더욱 쌓게 되는 결과가 됩니다. 하늘의 시민권을 가진 성도들의 삶이 이렇게 될까 두려워서 사도 바울은 눈물을 흘리면서 강조하고 있는 것입니다.

3. 소망을 가지고 살아가야 합니다

만물을 복종케 하실 만왕의 왕되신 예수님을 기다리며 사는 것입니다.

그는 우리를 구원하실 뿐만 아니라 오시는 그날 이 땅의 모든 것을 끝나게 하시고 우리의 낮은 몸을 그리스도의 몸과 같이 변케하시어 신부로 영접하실 것입니다.

현실의 생활에만 집중하면 정작 중요한 것을 잃어버릴 수 있습니다.

이 땅에서 어려운 일이 없을 수 없으나 천국 소망을 지니고 살아갑시다. 예수님은 반드시 오실 것입니다. 하늘의 첫 시민권자는 그리스도이십니다.

작은 능력을 가지고도

《계 3:7-13》

빌라델비아 교회의 사자에게 편지하라 거룩하고 진실하사 다윗의 열쇠를 가지신 이 곧 열면 닫을 사람이 없고 닫으면 열 사람이 없는 그가 이르시되 볼지어다 내가 네 앞에 열린 문을 두었으되 능히 닫을 사람이 없으리라 내가 네 행위를 아노니 네가 작은 능력을 가지고서도 내 말을 지키며 내 이름을 배반하지 아니하였도다 보라 사탄의 회당 곧 자칭 유대인이라 하나 그렇지 아니하고 거짓말 하는 자들 중에서 몇을 네게 주어 그들로 와서 네 발 앞에 절하게 하고 내가 너를 사랑하는 줄을 알게 하리라 네가 나의 인내의 말씀을 지켰은즉 내가 또한 너를 지켜 시험의 때를 면하게 하리니 이는 장차 온 세상에 임하여 땅에 거하는 자들을 시험할 때라 내가 속히 오리니 네가 가진 것을 굳게 잡아 아무도 네 면류관을 빼앗지 못하게 하라 이기는 자는 내 하나님 성전에 기둥이 되게 하리니 그가 결코 다시 나가지 아니하리라 내가 하나님의 이름과 하나님의 성 곧 하늘에서 내 하나님께로부터 내려오는 새 예루살렘의 이름과 나의 새 이름을 그이 위에 기록하리라 귀 있는 자는 성령이 교회들에게 하시는 말씀을 들을지어다

주께서 아시아 7교회에게 편지하실 때 칭찬과 책망을 겸하여 말씀하셨으나 그 중에 서머나 교회와 빌라델비아 교회는 칭찬받는 교회였습니다. 무엇을 칭찬하셨으며 칭찬받는 교회로 성장되기 위해서 우리 교회는 어떻게 해야 할까요?

1. 작은 능력의 의미

주께서는 네 행위를 다 안다고 하시면서 "네가 작은 능력을 가지고서도 내 말을 지키며 내 이름을 배반하지 아니하였도다"(8절)고 칭찬하셨습니다. 여기서 작은 능력의 의미는 ① 누구나 다 받을 수 있는 능력이며 ② 교인수가 적고 물질이 부족한 가운데서 나타난 능력을 말합니다. 빌라델비아 교회는 수적으로 적고, 헌금도 약했으며, 보편적으로 인한 은혜로 받은 능

력을 소유하였으나 주를 사랑하며 한마음을 가지고 주의 기뻐하시는 뜻을 이루어 드리므로 칭찬의 대상이 되었습니다.

2. 작은 능력을 가지고 어떻게 살았는가

① "내 말을 지키며" 살았습니다. 이는 말씀의 순종의 삶을 살았다는 것입니다. 10절에서 "네가 나의 인내의 말씀을 지켰은즉" 이라고 했습니다. 완전하시고(시19:7-10) 권위 있는 말씀(시119:1) 그리고 약속 있고 생명이 있는 말씀(벧1:23,25)을 열심을 다하며, 인내로 조심스럽게 하나님의 약속을 믿으며 참고 견디는 삶을 생활화함으로 항상 주님을 기쁘게 해드렸습니다. "너희에게 인내가 필요함은 너희가 하나님의 뜻을 행한 후에 약속을 받기 위함이라"(히10:36).

② "내 이름을 배반하지 아니하였다"고 했습니다. 말씀 지키는 것이 순종이라면 배반하지 않는 삶은 증거자의 삶을 의미하고 있습니다. 이는 핍박 가운데서도 끝까지 주의 이름을 시인하고 사랑하는 것을 말합니다.

3. 축복

주의 확증된 사랑의 대상이 되었고 시험의 때를 면케 하심으로 구원의 확증을 주셨으며 성전의 기둥이 되게 하심으로 진리의 기둥처럼 사용하시겠다고 하셨습니다.

"이기는 자는 내 하나님 성전에 기둥이 되게 하리니 그가 결코 다시 나가지 아니하리라 내가 하나님의 이름과 하나님의 성 곧 하늘에서 내 하나님께로부터 내려오는 새 예루살렘의 이름과 나의 새 이름을 그이 위에 기록하리라"(12절).

결코 상을 잃지 아니하리라

《마 10:40-42》

너희를 영접하는 자는 나를 영접하는 것이요 나를 영접하는 자는 나를 보내신 이를 영접하는 것이니라 선지자의 이름으로 선지자를 영접하는 자는 선지자의 상을 받을 것이요 의인의 이름으로 의인을 영접하는 자는 의인의 상을 받을 것이요 또 누구든지 제자의 이름으로 이 작은 자 중 하나에게 냉수 한 그릇이라도 주는 자는 내가 진실로 너희에게 이르노니 그 사람이 결단코 상을 잃지 아니하리라 하시니라

사랑의 수고를 결코 잊지 아니하시는 주님은 70제자들을 보내시면서 제자들에게 행한 모든 선한 일을 보상하시겠다고 약속하셨습니다.

우리가 상상할 수 없는 더 좋은 것으로 축복하시고 보상하십니다. 때문에 이 보상을 물질로만 이야기해서는 안 됩니다.

냉수 한 그릇이라도 진심으로 주의 이름으로 대접하는 것까지 결코 잃지 않고 상을 베푸시겠다고 말했습니다.

여러분 모두 현세와 내세에 복된자 되시기를 바랍니다. 이 약속된 축복을 받기 위해서는?

1. 주의 일꾼을 축복하시는 주님

"너희를 영접하는 자는 나를 영접하는 것이요"(40). 이 말씀은 제자들이 하는 일은 주님을 대신하여 하는 일이기 때문에 제자들 자체를 예수님 자신과 같다는 힘 있는 말씀으로 제자들에게 확신과 용기 그리고 자신감과 담대함을 주신 것입니다.

또한 제자들로 하여금 주의 일꾼된 것 자체가 얼마나 복된 것인가를 알게 하여 자부심을 가지고 일하게 하셨습니다.

2. 섬기는 종을 축복하시는 주님

먼저 일꾼과 그 일꾼을 섬기는 자의 차원에서 축복을 알아보아야 합니다. "수고하는 농부가 곡식을 먼저 받는 것이 마땅하니라"(딤후 2:6). "일꾼이 그 삯을 받는 것이 마땅하다 하였느니라"(딤전 5:18). 주님은 복음의 일꾼에게 먹고 마시고 먹는 문제가 어렵지 않도록 축복하셨습니다.

또한 이 일꾼들을 영접('영접'이란 말은 '데코메노스'로 헬라어로 환영하다, 대접하다)하는 자들에게 상(미스도스,품삯, 보수, 보상)을 베풀어 주신다고 하셨습니다.

교회는 말씀을 가르치는 자와 모든 좋은 것으로 함께 하라(갈6:6) 는 말씀이 얼마나 축복받을수 있는 말씀인가를 알고 행해야 합니다.

주님이 부어주시는 축복의 예는 성경에 많이 있습니다(왕상 17장 사르밧 과부, 왕하 4장 수넴 여인 등).

3. 상을 베푸시기를 기뻐하시는 주님

소자에게 냉수 한 그릇이라도 주는 자에게 주님이 직접 상을 주시겠다는 것입니다. 강조 용법입니다. 작지만 선한 마음으로 섬기고 헌신하는 자를 잊지 않으시는 주님이십니다.

"결단코 상을 잃지 아니하리라" 소자는(헬, 미크로스) 보잘 것 없는 미미한 자입니다. 곧 어린 아이로 해석해도 좋습니다.

자기 백성의 수고를 결코 잊지 아니함은 출애굽 때와 고레스 왕 때 귀환하는 백성에게 은금을 주시는 것에서도 알 수 있습니다.

주님은 상을 베푸시기를 기뻐하십니다. 성도들의 선한 헌신이 넘쳐나기를 바랍니다.

평화를 준비하시는 하나님

《사 9:6-7》

이는 한 아기가 우리에게 났고 한 아들을 우리에게 주신 바 되었는데 그의 어깨에는 정사를 메었고 그의 이름은 기묘자라, 모사라, 전능하신 하나님이라, 영존하시는 아버지라, 평강의 왕이라 할 것임이라 그 정사와 평강의 더함이 무궁하며 또 다윗의 왕좌와 그의 나라에 군림하여 그 나라를 굳게 세우고 지금 이후로 영원히 정의와 공의로 그것을 보존하실 것이라 만군의 여호와의 열심이 이를 이루시리라

하나님은 평화의 하나님이십니다. 죄로 인하여 하나님과 불화 된 인간을 구원키 위해 계획하시고 철저하게 준비하셨습니다. 그러므로 믿음의 가족들은 언제나 평화를 준비하고 이루는 자가 되어야 겠습니다.

1. 하나님이 준비하시는 평화는 무엇일까요

평화롭다는 뜻의 "샬람" 에서 온 "살롬" 의 어원적 의미는 완성입니다. 완전함이라는 뜻을 가지고 있습니다.

아카드어의 의미로는 흠 없는, 건강한, 완전한 뜻이며 이로부터 건강, 번영, 정치적이고 영적인 행복의 의미가 파생되어 나왔다고 백과사전에서 설명하고 있습니다.

메시야를 통하여 주신 평화는 그리스도를 통해 그 구원의 보증된 영혼의 평온한 상태이며 만족한 상태를 말합니다.

인간이 창조되었을 때 곧 하나님의 형상으로 창조되었을 때는 흠이 없고 완전하였으며 행복한 인간으로 하나님과 교제 속에 만족한 삶을 살 수 있었습니다.

"하나님이 자기 형상 곧 하나님의 형상대로 사람을 창조하시되 남자와

여자를 창조하시고"(창1:27). 그러나 모든 인간은 죄인이 되었고 그 죄는 하나님과 원수 사이가 되게 하였습니다.

2. 어떻게 평화를 준비하셨을까요

하나님은 처녀의 몸에서 태어날 아기를 통하여 하나님과 인간 그리고 인간과 인간 사이에 평화를 이루도록 준비 하셨습니다. 그것을 바로 알았던 모세는 그 아이를 가리켜 여자의 후손(창3:15) 이라 하였고 이사야는 "임마누엘" 이라 (사7:14) 하였습니다. 그리고 오늘 본문에서 그 아이가 하나님 나라의 통치권자 인 것을 가르쳐 주었습니다. 평화를 이루실 아이는 기묘자, 모사(위대한 스승)이며 전능하신 하나님이십니다. 영존하시는 아버지이시며 평강의 왕입니다.

천사로부터 소식을 들은 양치는 목자들은 알았습니다. 그러나 정작 하나님을 잘 섬긴다고 한 제사장들, 서기관들은 자기 땅에 오신 하나님의 아들 예수님을 알아보지 못하고 배척하였습니다. 평화를 사랑하며 언약하시고 준비하신 하나님을 바로 아는 자만이 주님을 바로 알고 평화를 누릴 수 있습니다. 하나님은 우리를 사랑하시기 때문에 평화를 준비하셨습니다.

3. 우리의 준비는 어떻게

본문 7절에서 그의 왕권과 평강이 무궁하며 영원토록 공평과 정의가 넘치는 나라 라고 밝혀졌습니다. 우리는 이제 평화의 직책을 받았으니 화목케 하는 말씀을 전하라 하였습니다. 이 놀라운 은혜를 받은 우리는 언제 어디서나 평화를 위해 준비하시고 평화를 이루는 그리스도의 대사가 되어야 겠습니다(고후5:18-20 참조).

평화를 위해 보내신 주님

《마28:16-20》

하나님은 미쁘시니라 우리가 너희에게 한 말은 예 하고 아니라 함이 없노라 우리 곧 나와 실루아노와 디모데로 말미암아 너희 가운데 전파된 하나님의 아들 예수 그리스도는 예 하고 아니라 함이 되지 아니하셨으니

한국이 이처럼 선교 대국이 될 수 있었던 것은 1866년 7월 대동강에 뿌려진 토마스 선교사의 순교의 피를 위시하여 여러 선교사님들의 희생이 기초가 되었습니다. 또한 1872년 존 로스 선교사와 이웅찬의 만남이 오늘의 한국 교회가 이루어지는 출발점이 되었습니다. 겨자씨처럼 작은 것으로 출발되었으나 생명이 있기에 1천만이 넘는 성도를 거느린 한국 교회가 되었습니다. 주님은 평화를 위해 전도자를 보내십니다. 보내신 뜻을 잘 받들어 아름다운 결과를 얻으려면 어떻게 해야 할까요?

1. 보내신 주님을 잘 알아야 합니다

언약대로 이루어 가신 주님이십니다. 16절에 "열한 제자가 갈릴리에 가서 예수께서 지시하신 산에 이르러"라고 밝히고 있습니다. 지시하신 것은 예수님이 십자가에 달리시기 전에 하신 것입니다. 그리고 주님은 십자가에 죽으시고 부활 후 그 산에 이른 것입니다. 또한 소망의 주님입니다. 부활하신 주님을 뵙는 자리에서 아직도 의심하는 제자가 있었습니다. "예수를 뵈옵고 경배하나 아직도 의심하는 사람들이 있더라"(마 28:17).

3년 동안 함께 동고동락하였고 십자가의 죽으심과 부활 후 만남이 있었음에도 불구하고 의심하고 있었던 것입니다. 그러나 주님은 이를 책망치 않습니다. 오히려 제자들을 향해 대 위임 명령을 내립니다(마 28:18-20). 예

수님은 얼마 안 있어 오순절에 받을 성령 충만을 알기 때문입니다. 하늘과 땅의 모든 권세를 가지신 주님입니다.

2. 주님의 의지를 잘 알아야 합니다

본문 속에는 명령어가 4개 있습니다. 가라, 제자 삼으라, 세례를 주라, 가르쳐 지키게 하라 입니다. 이것이 곧 주님의 의도입니다. 모이면 말씀 듣고 기도하고 흩어지면 세상 속으로 들어가 말씀 운동 일으키며, 생명 살리는 일을 하라는 것입니다. 그리고 예수님을 잘 닮아 가도록 가르치고 그 말씀대로 순종하는 자 되게 하라는 것입니다. 복음 전파와 양육을 잘 하는 것이 주님의 소원입니다. 바로 "너희" 즉 열한 제자가 해야 할 일입니다. 이것은 우리에게 주신 명령입니다. 우리 모두가 사도들과 같이 주님을 아는데 힘써야 하며 성령 충만한 자가 되기 위해 말씀과 기도에 전력해야 합니다.

3. 주님의 사랑을 잘 알아야 합니다

주님은 우리를 사랑하십니다. 부족한 점이 있더라도 사랑하십니다. 제자들을 현장에 보내시면서 "갈지어다 내가 너희를 보냄이 어린 양을 이리 가운데로 보냄과 같도다"(눅 10:3)고 말씀하셨습니다. 우리가 예수님을 믿고 순종하려 할 때 우리의 문제를 해결해 주십니다. 그리고 우리를 자신의 제자로 삼아 성령을 덧입혀 주셔서 일터로 보내십니다.

"예수께서 또 이르시되 너희에게 평강이 있을지어다 아버지께서 나를 보내신 것 같이 나도 너희를 보내노라 이 말씀을 하시고 그들을 향하사 숨을 내쉬며 이르시되 성령을 받으라"(요 20:21,22). 주님은 세상 끝날까지 너희와 항상 함께 있으리라고 약속하셨습니다(마 28:19,20). 모두 주의 뜻을 이루는 제자가 되기 바랍니다.

말씀대로 내게 이루어지이다

《눅 1:26-38》

여섯째 달에 천사 가브리엘이 하나님의 보내심을 받아 갈릴리 나사렛이란 동네에 가서 다윗의 자손 요셉이라 하는 사람과 약혼한 처녀에게 이르니 그 처녀의 이름은 마리아라

처녀인 마리아는 하나님으로부터 보내심을 받은 가브리엘 천사의 말을 듣고 어떤 결단을 하였을까요?

1. 은혜받은 자의 결단

가브리엘 천사는 요셉과 정혼한 처녀인 마리아를 찾아와 "은혜 받은 자여 평안할지어다 주께서 너와 함께 하시도다"(28절)고 말했습니다. 너무도 놀랍고 어리둥절한 마리아는 "이런 인사가 어찌함인가"(29절)하고 생각했습니다. 이때 기브리엘 천사는 하나님의 은혜로 잉태할 것을 말했습니다. 수태를 예고했습니다. 그가 낳을 아들은 하나님의 아들이요, 다윗의 언약대로 다윗의 왕통을 이어받아 영원히 왕노릇할 "만왕의 왕"이 될 것을 말했습니다. 이 말씀을 듣는 동안 은혜가 충만하여 자신을 선택하신 하나님의 은혜에 복종의 결단을 한 것입니다. 나를 선택하여 세워 일하시기를 원하시는 주의 뜻에 복종하여 죽을 각오로 실천해 갑시다.

2. 믿음의 결단

은혜 받은 마리아는 이성으로 이해되지 못하여 자신이 처녀로서 남자를 알지 못하며 잉태할 수 없음을 밝혔습니다. "마리아가 천사에게 말하되 나는 남자를 알지 못하니 어찌 이 일이 있으리이까"(34절)

그러나 은혜가 풍성하신 하나님은 가브리엘을 통하여 성령으로 잉태될 것을 알려주었고, 나이 늙어 도저히 잉태할 수 없는 엘리사벳이 하나님의 능력으로 잉태되어 벌써 6개월 된 것을 밝혔습니다. 그리고 가브리엘은 믿음의 결단을 촉구하였습니다. "대저 하나님의 모든 말씀은 능하지 못하심이 없느니라"(37절). 이 말씀을 들은 마리아는 진정으로 믿었고 하나님의 여종으로서 믿음으로 응답하였던 것입니다. 우리에게 소중한 것은 언약이며 전능하신 주님의 말씀입니다.

3. 결단의 시간

미국 겔브레이스 교수는 대통령의 경제 자문으로서 그의 집에는 에밀리 글로리아 윌슨이라는 충성스런 가정부가 있었습니다.

어느 날 교수가 피곤하여 일찍 집에 들어와 한숨 자려고 하면서 가정부에게 전화가 오면 바꾸지 말라고 당부하였습니다. 마침 그때 백악관에서 전화가 걸려 왔고 가정부는 전화를 바꿀 수 없다고 거절하였습니다. 이때 다급한 목소리로 내가 대통령이라고 말했습니다. 그러나 그 가정부는 각하 죄송합니다. 이 집에 자신을 가정부로 고용하신 분은 대통령이 아니라 저의 주인입니다. 그러므로 지금은 주인이 잠들어 있으므로 바꿀 수가 없습니다 하고 정중하게 거절하였습니다.

그후 린든 존슨 대통령은 경제 자문인 교수를 만나 자네 참으로 가정부 하나 잘 두었다고 칭찬하였고 백악관으로 그 가정부를 보낼 의향이 없느냐고 제의하였답니다. 참 충성스런 가정부의 모습입니다.

오늘 본문에 마리아는 하나님의 종으로서 충복을 다짐하는 결단을 내렸습니다. 아름다운 결단이며 축복 받은 자의 결단입니다. 진정한 주님의 종으로 어떤 말씀이 임하더라도 충성스런 종이 되어 따르시기 바랍니다.

아기께 경배한 동방 박사들

《마2:1-12》

헤롯 왕 때에 예수께서 유대 베들레헴에서 나시매 동방으로부터 박사들이 예루살렘에 이르러 말하되 유대인의 왕으로 나신 이가 어디 계시냐 우리가 동방에서 그의 별을 보고 그에게 경배하러 왔노라

과거 어느 나라에서든지 아기께 경배하는 것은 왕실에서 왕자가 태어났을 때입니다. 동방 박사들이 어떻게 위기를 극복했으며 그들이 경배한 아기는 과연 누구입니까?

1. 찾아온 목적

"유대인의 왕으로 나신 이가 어디 계시냐 우리가 동방에서 그의 별을 보고 그에게 경배하러 왔노라"(2절)고 하였습니다. 그들이 아기를 찾는 것은 경배하기 위함이었습니다. 진정한 신앙은 경배하는 신앙입니다. 은혜의 얼굴을 찾고 감사와 찬양의 자세로 겸손하게 왕께 엎드려 경배해야 합니다.

2천년 전 유대와 거리가 먼 동방으로부터 별을 연구한 박사들이 아기 예수를 찾아와 경배하고 보배합을 드렸습니다.

동방박사들이 그 별을 따라 경배하기 위해 예루살렘 성을 찾아와 질문하였을 때 헤롯왕은 소동은 일으켰으나 아기를 찾으려는 자세는 찾아볼 수 없었습니다. 오늘날 교회를 다녀도 감격 없는 성도들의 모습과 같습니다.

성경 공부를 많이 하고 제자 훈련을 시키고 있는 사역자들이 그리스도에 대한 아무런 감격이 없고 관심조차 없는 모습과 같습니다. 이에 비해 동방박사들은 멀리서 별의 인도를 받으며 멀고 힘든 여정에도 오직 유대인의 왕으로 나신 아기께 경배하기 위해 찾아 왔던 것입니다.

2. 문제가 발생하였을 때

동방박사들에게 문제가 발생하였습니다. 예루살렘 성전으로 들어가자 갑작스럽게 인도하던 별이 없어진 것이었습니다. 이 위기의 상황 때 그들은 대제사장과 서기관들에게 베들레헴이라는 말을 듣게 되는데, 무엇보다도 선지자들을 통하여 예언되었다는 말을 듣고 믿음으로 발걸음을 옮겼습니다.

이때 갑작스럽게 다시 별이 나타났으며 아기 있는 곳까지 인도하였습니다. 그들은 목적을 이룰 수 있었습니다. 여러분은 바라는 목적을 이루기 위하여 달려나가다가 위기를 만날 때 어떻게 극복하십니까? 자신의 편리한 대로 생각하고 처리하는 것은 위험합니다.

주의 기록된 말씀으로 돌아 와야 합니다. 자신이 잘 모를 때에는 목사님과 사역자들 에게 물어 보아 말씀 안에서 해답을 찾아야 합니다. 그러면 성령의 온전한 인도를 받을 수 있습니다.

3. 어떤 믿음으로 경배하였을까요

그들이 예루살렘에서 시인하였던 대로 아기 예수를 유대인의 왕으로 경배하였습니다. 보배합 속에 들어 있는 내용물은 이 믿음을 보여 주고 있습니다. 황금과 유향을 통하여 믿음의 주요 기도의 대상이요 감사와 찬양과 경배를 받으시기에 합당한 만왕의 왕으로 경배한 것입니다.

몰약은 죽은 자들에게 넣은 향입니다 그러므로 영적으로 해석한다면 죄를 대속하실 구세주로 경배한 것입니다.

우리의 신앙을 다시한번 점검해봅시다. 교회를 찾는 목적이 진정한 경배에 있습니까? 지금 교회와 개인의 어려움에 갈등과 의심을 버리고 주의 말씀 안에서 성령의 인도를 받으십니까?

자신을 드리는 성탄절

《마 2:1-12》

헤롯 왕 때에 예수께서 유대 베들레헴에서 나시매 동방으로부터 박사들이 예루살렘에 이르러 말하되 유대인의 왕으로 나신 이가 어디 계시냐 우리가 동방에서 그의 별을 보고 그에게 경배하러 왔노라 하니 헤롯 왕과 온 예루살렘이 듣고 소동한지라 왕이 모든 대제사장과 백성의 서기관들을 모아 그리스도가 어디서 나겠느냐 물으니 이르되 유대 베들레헴이오니 이는 선지자로 이렇게 기록된 바 또 유대 땅 베들레헴아 너는 유대 고을 중에서 가장 작지 아니하도다 네게서 한 다스리는 자가 나와서 내 백성 이스라엘의 목자가 되리라

신앙생활은 드리는 생활입니다. 주님이 나를 사랑하시기 때문에 나를 위해 주시기 때문에, 나를 인정해 주시고, 나를 축복해 주시기 때문에, 내 자신을 드리고 시간, 물질, 그리고 모든 것을 주님께 드리는 것입니다. 동방박사들은 어떻게 자신을 드렸고, 우리는 성탄절에 어떻게 해야 할까요?

1. 예배로 자신을 드려야 합니다

인도하는 별을 보고 가장 크게 기뻐하고 기뻐하던 동방박사 세 사람은 집에 들어가 아기를 보고 그 앞에 엎드렸습니다. 예수님이 진정한 왕이시기 때문입니다.

예배드리는 장소보다 마음 자세가 더 중요합니다. 예수님은 사마리아 여인과의 대화에서 참 예배에 대해 말씀하셨습니다.

“우리 조상들은 이 산에서 예배하였는데 당신들의 말은 예배할 곳이 예루살렘에 있다 하더이다 예수께서 이르시되 여자여 내 말을 믿으라 이 산에서도 말고 예루살렘에서도 말고 너희가 아버지께 예배할 때가 이르리라 너희는 알지 못하는 것을 예배하고 우리는 아는 것을 예배하노니 이는 구원이 유대인에게서 남이라 아버지께 참되게 예배하는 자들은 영과 진리로

예배할 때가 오나니 곧 이 때라 아버지께서는 자기에게 이렇게 예배하는 자들을 찾으시느니라 하나님은 영이시니 예배하는 자가 영과 진리로 예배할지니라"(요 4:20-24).

2. 열린 마음을 드려야 합니다

우리 모두 주님께 자신을 드려야 합니다. "그러므로 형제들아 내가 하나님의 모든 자비하심으로 너희를 권하노니 너희 몸을 하나님이 기뻐하시는 거룩한 산 제물로 드리라 이는 너희가 드릴 영적 예배니라"(롬12:1). 아벨은 믿음으로 제사를 드렸고 그 믿음의 표로 양을 드렸습니다.

보배합을 열 듯 우리의 열린 마음을 드려야 합니다. 사랑의 마음, 감사의 마음, 기쁨의 마음, 찬양의 마음 그리고 충성 된 마음을 드려야 합니다. 죄를 자복하고 통회하는 마음을 드려야 합니다(시 51:16,17 참조). 하나님이 받으시는 것은 열린 마음입니다.

3. 예물을 드려야 합니다

동방박사 세 사람은 황금, 유향, 몰약을 예물로 드렸습니다(마 2:11). 이 예물은 주님을 주님으로 인정하는 예물입니다. 정성어린 마음으로 준비하여 드린 예물입니다.

광야를 통과하여 먼 길을 온 것은 생명의 위험도 무릅쓰고 온 것입니다. 그들은 별의 인도를 받았습니다. 진정한 예물은 그리스도와 함께 동행하고 그의 인도를 받은 자가 드릴 수 있는 것입니다.

동방박사의 예물은 요셉이 마리아와 아기 예수님을 데리고 애굽으로 피난을 떠날 때 아주 요긴하게 사용되었을 것입니다.

때가 가까우니라

《계 22:10-15》

또 내게 말하되 이 두루마리의 예언의 말씀을 인봉하지 말라 때가 가까우니라 불의를 행하는 자는 그대로 불의를 행하고 더러운 자는 그대로 더럽고 의로운 자는 그대로 의를 행하고 거룩한 자는 그대로 거룩하게 하라 보라 내가 속히 오리니 내가 줄 상이 내게 있어 각 사람에게 그가 행한 대로 갚아 주리라 나는 알파와 오메가요 처음과 마지막이요 시작과 마침이라 자기 두루마기를 빠는 자들은 복이 있으니 이는 그들이 생명나무에 나아가며 문들을 통하여 성에 들어갈 권세를 받으려 함이로다 개들과 점술가들과 음행하는 자들과 살인자들과 우상 숭배자들과 및 거짓말을 좋아하며 지어내는 자는 다 성 밖에 있으리라

본문에서 천사를 통하여 주신 말씀은 다니엘에게 말씀하셨던 것과는 반대였습니다. 다니엘에게는 "다니엘아 마지막 때까지 이 말을 간수하고 이 글을 봉함하라"(단12:4)고 하였으나 예언의 내용이 성취되고 마지막 나머지 한 이래의 비밀이 성취될 것을 보이시기 위해 사도요한에게는 인봉하지 말라고 말씀하셨으니 이는 이 예언이 속히 성취될 것이며 이 예언의 말씀을 지켜 행하는 자들에게 축복하시기 위한 하나님의 뜻이었습니다.

또한 주님을 위하여 고난과 핍박을 당한 자기 백성들에게 위로와 소망을 주고 기쁨으로 세상을 이길 수 있는 힘을 더하시기 위한 사랑의 뜻이었습니다.

뿐만 아니라 속히 오실 주님을 알게 하여 잠자는 신앙에서 깨어나게 합니다. 세상길에서 회개하고 돌아서서 열심을 품고 주를 섬기고 거룩한 백성으로 바른 삶을 살 수 있게 하기 위한 주님의 깊은 의중이 들어있음을 우리 모든 성도님들은 알아야 할 것입니다.

어떤 자들에게 구원의 축복이 임하게 되는 지 알아보고 우리의 삶에 적용하시기 바랍니다.

1. 의를 행하는 자가 복이 있음을 알아야 합니다

그리스도 안에서 값없이 의롭다하심을 입은 백성들(롬3:24), 공의를 지키는 자들과 항상 의를 행하는 자가 복이 있도다(시106:3)라고 본문에서 말씀하고 있습니다.

하나님을 떠나는 자들은 더욱 범죄합니다(딤후 3:13). 하나님의 백성은 더욱 의롭고 거룩하게 살아가야 합니다. 마지막 날이 때가 가까울수록 더욱 경성할 필요가 있습니다.

2. 두루마기를 빠는 자들이 복이 있음을 알게 합니다

두루마기는 의의 옷입니다. 예수 그리스도로 말미암아 얻은 의(롬3:22)는 변함이 없습니다.

예수 그리스도를 영접하므로 상하고 통회한 심령(시51:17)이 예수님의 피에 의해 죄씻음을 받을 때(성화) 더욱더 주님과 교제가 이루어지고 복된 삶을 살 수 있음을 말씀하고 있습니다.

그 문에 들어가기로 준비된 자는 항상 두렵고 떨림으로 구원을 이루어나가야 합니다.

3. 자신을 살펴 말씀 밖에 나가지 말아야 할 것을 가르치고 있습니다

개, 술객, 행음, 살인, 우상숭배, 거짓 말하는 자의 삶은 전형적인 이방인의 모습입니다(계 22:15). 삼가 자신을 살펴봄으로 주님이 기뻐하시는 자가 되어야겠습니다. 오직 말씀을 거울로 자신의 삶을 돌아보아 옳은 길로 나아갑시다.

너희를 복되다 하리라

《말3:7-12》

만군의 여호와가 이르노라 너희 조상들의 날로부터 너희가 나의 규례를 떠나 지키지 아니하였도다 그런즉 내게로 돌아오라 그리하면 나도 너희에게로 돌아가리라 하였더니 너희가 이르기를 우리가 어떻게 하여야 돌아가리이까

하나님은 이스라엘을 책망하신 후 축복 받을 길을 가르쳐 주셨습니다. 그대로 하면 너희를 복 있는 자들이라 할 것이라고 선포하셨습니다. 하나님의 뜻에 순종하면서 물질의 복을 받을 수 있는 길은 무엇일까요?

1. 십일조를 해야 하는 이유

아브라함은 전쟁에서 승리하고 돌아올 때 떡과 포도주를 가지고 나와 자신을 축복한 멜기세덱에게 전리품에서 십분의 일을 드렸습니다. 아브라함은 범사에 함께 하셔서 승리케 하시고 복을 주신 하나님께 감사함으로 드린 것입니다(창14:17-20).

그리고 야곱은 항상 함께 하셔서 인도하신 하나님께 감사함으로 십일조 드릴 것을 서원 하였습니다(창28:20-21).

십일조는 모든 것이 하나님께로부터 온 것을 확실히 인정하는 것입니다. 또한 하나님의 명령에 의한 의무이기 때문에 십일조를 드려야 합니다.

모세를 통하여 율법에 기록케 하셨습니다. 십일조를 늦게 내는 자는 오분의 일을 더하여 내게 했습니다.

십일조는 하나님의 선하신 뜻을 이루는 곳에 쓰이도록 성전에서 하나님의 일을 할 레위지파에게 십일조가 돌아가게 한 것이며 또한 레위인이 드린 십일조로 제사장들이 살게 되어 하나님의 일을 잘 하게 하였습니다.

2. 십일조의 축복

성도는 왕 같은 제사장들이며 복음의 증인들이 되어야 할 사명을 가지고 있습니다.

그러므로 교회는 복음전파를 하여 불신자를 주께 돌아오게 하는 제사장 역할을 감당해야 합니다.

이 일이 잘 되려면 교회의 재정이 필요합니다. 이것이 성도들의 의무요 감사함으로 해야 할 일입니다. 이 일이 잘 되지 않을 때 하나님은 느헤미야를 통하여 경고 하셨고(느13:10-11) 말라기 선지자를 통해 책망 하셨습니다. 예수님은 십일조를 행하라 하셨고 히브리 기자를 통하여 상기 시켜 주셨습니다. 경건한 신앙인들은 이 십일조를 하여 복을 누리고 있습니다.

1) 황충을 금하여 토지소산을 멸하지 않게 합니다(말3:11).
2) 포도나무의 과실도 기한 전에 떨어지지 않게 합니다(말3:11).
3) 하늘 문을 열고 복을 부어 주십니다.

3. 축복의 증인들

초대 교회 성도들이 다 복을 받았으며 터툴리안은 십일조를 창조의 법칙이라고 하였습니다.

하이드라는 사업가는 1880년대 경제공황으로 말로 다할 수 없는 고생을 하면서도 십일조를 하나님께 대한 부채처럼 생각하여 먼저 드렸고 그는 십의 구조까지 하는 기독교 교회사에 불멸의 인물로 기록 될 수 있었습니다.

이 외에도 수많은 성도들이 십일조를 드림으로 축복을 받았습니다. 이와 같이 우리도 본을 받아 십일조 생활을 충실히 해야합니다.

내 생각과 하나님의 생각

《사55:6-11》

너희는 여호와를 만날 만한 때에 찾으라 가까이 계실 때에 그를 부르라 악인은 그의 길을, 불의한 자는 그의 생각을 버리고 여호와께로 돌아오라 그리하면 그가 긍휼히 여기시리라 우리 하나님께로 돌아오라 그가 너그럽게 용서하시리라 이는 내 생각이 너희의 생각과 다르며 내 길은 너희의 길과 다름이니라 여호와의 말씀이니라 이는 하늘이 땅보다 높음 같이 내 길은 너희의 길보다 높으며 내 생각은 너희의 생각보다 높음이니라 이는 비와 눈이 하늘로부터 내려서 그리로 되돌아가지 아니하고 땅을 적셔서 소출이 나게 하며 싹이 나게 하여 파종하는 자에게는 종자를 주며 먹는 자에게는 양식을 줌과 같이 내 입에서 나가는 말도 이와 같이 헛되이 내게로 되돌아오지 아니하고 나의 기뻐하는 뜻을 이루며 내가 보낸 일에 형통함이니라

우리의 삶이 복되기 위해서는 어떤 생각을 마음에 가지고 행했는지가 중요합니다.

하나님의 생각과 우리의 생각이 일치한다면 복된 삶은 보장이 됩니다. 하늘과 땅만큼 차이가 있는 하나님의 선하신 생각이 무엇인가 알아보고 그 생각을 우리의 것으로 바꾸는 이 시간되기 원합니다.

1. 구원의 긴박성

하나님은 선하신 생각을 밝히셨습니다. 하나님을 떠난 인간을 만나 주시기로 약속하셨습니다. 이사야 53장에서 메시야가 인류의 죄를 대신 짊어지시고 속죄양으로 죽을 것을 예언했습니다.

그리고 54장에서는 복된 새 하늘과 새 땅을 약속하셨고 그곳에 들어갈 수 있는 길은 오직 물로 나와(생명의 주) 오직 그를 믿음으로 된다는 사실을 55장에서 약속하셨습니다.

그리고 본문에서 여호와를 만날 만한 때를 말씀하십니다. 이것은 반드시

구원의 시간이 정해져 있으니 지금 이 시간 구원을 받으라는 것입니다. 모든 전도자들이 구원의 긴박성을 가지고 이 생명 살리는 일을 최우선 순위에 두라는 것입니다.

개인에게는 개인 종말이 있고 주님이 재림하시는 그날 구원의 시간이 끝나는 것입니다.

2. 구원의 필연성

모든 인간은 다 죄인입니다. 헤엄칠 수 없는 자가 바다에 빠질 경우 자력으로 구원될 수 없듯이 구원은 자신 스스로의 힘으로 될 수 없습니다.

그러므로 하나님은 전도의 미련한 방법을 사용하십니다(고전 1:21). 전도자는 예수님의 방법을 좇아 삶의 현장에 들어가 확실한 복음 메시지를 주어야 합니다. 그리고 그들로 자신이 죄인임을 깨닫고 주님께 돌아오게 하여 죄 사함을 받게 해야 합니다.

어떠한 죄인도 예수님 앞에 나오면 구원받을 수 있습니다. 주님의 사랑이 주어지기 때문입니다. 인간은 반드시 죄와 사탄과 세상으로부터 구원받아야 합니다.

3. 언약의 성취

주의 말씀은 반드시 이루어집니다. 그러므로 모든 사람들은 언약의 말씀을 마음에 받아야 하며 말씀의 은혜를 받아야 합니다.

비와 눈은 하늘에서 내려서 땅을 촉촉이 적시고 씨에서 생명이 솟아나게 하여 꽃피고 열매 맺게 합니다. 전도자는 자신의 생각을 오직 주님의 선한 생각에 맞추어야 합니다. 언약이 성취될 수 있도록 최선을 다해야 합니다.

꿈꾸는 자가 되라

《창 37:18-24》

요셉이 그들에게 가까이 오기 전에 그들이 요셉을 멀리서 보고 죽이기를 꾀하여 서로 이르되 꿈 꾸는 자가 오는도다 자, 그를 죽여 한 구덩이에 던지고 우리가 말하기를 악한 짐승이 그를 잡아먹었다 하자

꿈이 있는 자는 소망이 있고 소망이 있는 자는 어떤 어려움이 와도 인내하며 승리할 수 있습니다. 하나님은 요셉에게 꿈을 주었습니다, 요셉은 주님이 주시는 이 꿈으로 인하여 승리할 수 있었습니다. 요셉의 삶의 과정을 살피며 승리하시기를 소원합니다.

1. 하나님이 주신 꿈

요셉은 자기 형제들의 곡식 단들이 자신의 단에게 둘러서서 절하는 꿈을 꾸었고 해와 달과 열 한 별이 자신에게 절하는 꿈을 꾸었습니다(창37:7, 10). 이 꿈은 하나님이 주신 계시요 비전입니다. 요셉은 하나님이 주신 꿈을 반드시 이루신다는 것을 알았습니다. 자신을 일으켜 세우고 왕과 같은 존재로 사용하실 것을 믿었습니다.

그러나 이러한 요셉의 영적인 꿈을 육적인 형제들은 알 수 가 없었습니다. 오히려 미워하고 시기하였습니다(창37:8, 11). 결국 이 미움과 시기에 의해 고통을 당하게 되었습니다.

요셉은 아버지의 소식을 가지고 형제들이 있는 도단까지 갔습니다. 그러나 형들은 요셉을 멀리서 보고 꿈꾸는 자가 온다고 조롱하며 구덩이에 던졌습니다. 그리고 애굽에 팔아 넘겼습니다. 요셉이 노예로 팔려 갔지만 수 년 후 애굽 총리가 되어 하나님의 이름을 높였습니다.

2. 꿈꾸는 요셉의 삶

하나님 앞에 신실하고 꿈을 가진 자를 아무리 육에 속한 사람들이 미워하고 시기하며 죽음의 구덩이에 던진다 할지라도 하나님은 살려 내십니다.

그 이유는 고난을 통해 우리의 모습을 주님의 모습으로 닮게 하여 영광 받으시려는 것입니다.

곧 하나님이 꿈을 이루는 사람으로 만들어 가시기 위해 환난이라는 풀무 속을 통과하게 만드십니다. 그리고 그곳에 함께 하십니다. 요셉은 이것을 알았습니다. 그러므로 그는 외롭고 고통스러운 환경에서도 기도하며 성실한 삶으로 미래를 준비하였던 것입니다. 보디발의 가정에서 또한 감옥 안에서도 하나님이 함께 하셨습니다(창39:1-23).

3. 꿈꾸는 자들의 승리

그리스도인들은 먼저 주님을 바라보아야 합니다. 보내신 아버지의 뜻을 이루시기 위해 "그는 그 앞에 있는 기쁨을 위하여 십자가를 참으사 부끄러움을 개의치 아니하시더니 하나님 보좌 우편에 앉으셨느니라"(히12:2). 바울은 수많은 매를 맞고 발이 착고에 채인 채 감옥에 들어갔습니다. 그러나 비전이 있으므로 오히려 밤중에 기도하며 찬송하였습니다(행16:25).

영어성경의 내용으로 보면 밤중에 다른 죄수들이 기쁨과 즐거움으로 귀를 기울여 들었다고 되어 있습니다. 꿈을 가진 자는 다른 사람에게 소망을 줍니다.

또한 그들의 찬송과 기도는 기적을 일으킵니다. 우리에게는 다 하나님이 주신 재능과 은사가 있습니다. 이것을 통해 꿈을 꾸게 하십니다. 꿈꾸는 자가 됩시다. 그리고 함께 하신 주님을 깨닫고 기도하여 승리하는 여러분 되시길 축원합니다.

하나님의 저울

(단 5:24-28)

이러므로 그의 앞에서 이 손가락이 나와서 이 글을 기록하였나이다 기록된 글자는 이것이니 곧 메네 메네 데겔 우바르신이라 그 글을 해석하건대 메네는 하나님이 이미 왕의 나라의 시대를 세어서 그것을 끝나게 하셨다 함이요

세상에 있는 규격 저울의 정확도가 아무리 높아도 고장 날 때가 있습니다. 그러나 하나님의 저울은 단 한번도 실수하신 적이 없는 정확한 저울입니다. 하나님은 벨사살 왕의 모든 것을 달아보시고 부족함으로 그의 나라와 권세와 생명도 끝을 내셨습니다.

1. 불신자를 달아보시는 하나님

벨사살 왕은 하나님의 저울에 의해 그의 악이 입증되고 말았습니다. 그의 부친 느브갓네살 왕이 유다를 멸망시키고 예루살렘 성전에서 사용한 성물인 금, 은, 기명을 가지고 술을 마시며 우상을 찬양하는 잔치에 사용하였습니다. 그때 맞은편 벽에 한 손이 나타나 쓴 글에 의미는 곧 왕이 저울에 달려서 부족함이 보였다는 의미입니다. 그날 밤 그는 죽임을 당하고 메데 사람 다리오가 그 나라를 차지했습니다. 하나님은 천하 만민을 다 달아 보십니다.

2. 신자를 달아보시는 하나님

1) 기도의 저울 (눅18:9-14)

바리새인과 세리의 기도입니다. "두 사람이 기도하러 성전에 올라가니 하나는 바리새인이요 하나는 세리라 바리새인은 서서 따로 기도하여 이르

되 하나님이여 나는 다른 사람들 곧 토색, 불의, 간음을 하는 자들과 같지 아니하고 이 세리와도 같지 아니함을 감사하나이다 나는 이레에 두 번씩 금식하고 또 소득의 십일조를 드리나이다 하고 세리는 멀리 서서 감히 눈을 들어 하늘을 쳐다보지도 못하고 다만 가슴을 치며 이르되 하나님이여 불쌍히 여기소서 나는 죄인이로소이다 하였느니라"(눅 18:10-13).

바리새인은 자신만이 의롭고 경건하고 헌신하는 것처럼 기도하였고 세리는 감히 자신이 하나님 앞에서 부끄럽고 죄인으로서 두려워 떨며 겸손하게 기도하였습니다. 세리의 기도는 애통하며 가슴을 치는 기도입니다. 오직 하나님의 긍휼에 의지하여 기도하였습니다. "하나님이여 불쌍히 여기시옵소서 나는 죄인이로소이다" 주님은 세리를 의롭다고 판정하셨습니다.

2) 삶의 저울 (눅10:38-42)

마리아와 마르다를 달아보시는 저울입니다. 두 사람 모두 주님이 사랑하는 사람입니다. 주님이 가장 귀중히 여기시는 것이 무엇인가를 가르쳐 주신 저울입니다. 마리아는 주님의 말씀을 듣고 그의 뜻을 아는 것을 삶의 우선 순위로 살았습니다. 마리아는 주님의 죽음까지 예비하는 옥합을 깨뜨린 자가 되었습니다(요12:1-8).

3) 헌금의 저울

예수님은 눈을 들어 부자들과 가난한 과부가 헌금함에 헌금 넣는 것을 보시고 저울에 달아보시고 "이 가난한 과부가 모든 사람보다 많이 넣었도다" 고 하셨습니다. 가난한 과부는 그 구차한 중에서 자기의 생활비 전부를 넣었기 때문입니다. 곧 삶 전체가 주께 속한 것임을 믿고 사는 자들을 축복하시는 주의 저울입니다.

준비하시는 하나님

《출 2:1-10》

레위 가족 중 한 사람이 가서 레위 여자에게 장가 들어 그 여자가 임신하여 아들을 낳으니 그가 잘 생긴 것을 보고 석 달 동안 그를 숨겼으나

하나님께서 계획하시고 이루심은 너무 위대하십니다. 단 하나의 오차 없이 자신의 뜻을 이루시는 전능하신 하나님이십니다. 하나님께서 우리를 향하여 준비된 자가 되어야 한다고 말씀하십니다.

하나님께서는 이스라엘의 구원을 위하여 모세를 준비하셨습니다. 우리 또한 주님의 손에 붙들린 자 되기 위해 어떻게 준비할 것인가 결단하는 시간되시기 원합니다.

1. 준비된 사람들

요셉과 그 형제와 그 시대의 사람들은 다 죽었고 (출1:6) 요셉을 알지 못하는 새 왕이 일어나서(출1:8) 이스라엘을 학대하고 심한 노동으로 그들의 생활을 괴롭게 하였습니다. 그럴수록 더욱 번식하자 왕은 히브리 여인이 남자 아이를 낳게 되면 그 자리에서 죽이라 명령하였습니다. 이렇게 위기의 순간에도 약속의 하나님은 산파 십브라와 부아를 준비시켰습니다.

그들은 애굽 왕의 명령을 두려워하지 않고 하나님을 두려워하여 왕의 명을 어기고 남자를 살렸습니다. 그들은 왕이 묻는 엄위한 문초 앞에서도 하나님이 주신 지혜로 대답할 수 있었습니다.

히브리 여인은 애굽 여인과 같지 아니하고 건장하여 산파가 그들에게 이르기 전에 해산하였으므로 죽일 수 없었다고 고하여 위기를 넘겨 이스라엘 자손을 보존하였습니다.

2. 신앙의 부부를 준비

레위 족속 중 한 사람이 가서 레위 여자에게 장가들었더니 그 여자가 잉태하여 아들을 낳아 그 준수함을 보고 그를 석 달 동안 숨겼더니(출2:1-2). 레위 족속은 하나님의 일을 하는 족속입니다.

그러므로 이 레위인의 한 남자와 한 여자의 기록은 하나님을 잘 섬기는 신앙심이 깊은 자들을 말하고 있습니다. 아무리 이 시대가 악하여 핍박을 한다 해도 신앙인을 꺾을 수 없었습니다. 그들은 삼 개월 동안 아기를 숨겨 생명을 살려냈습니다.

이는 하나님 앞에 순교를 각오하는 신앙입니다. 오늘 우리에게 아름다운 신앙을 소유한 자들의 결혼은 시대를 살릴 수 있는 자녀를 생산할 수 있다는 하나님의 사인입니다. 오늘 본문의 젊은 부부는 모세를 생산하였고 하나님은 이스라엘의 구원자로 세우실 계획을 가졌습니다.

3. 시대를 살릴 일꾼을 준비

모세의 부모님은 삼 개월 후 나일강 갈대 사이에 모세를 담은 상자를 버렸습니다. 그러나 하나님은 그의 계획을 실현하기 위해 바로의 딸에게 발견케 하였고 모세는 어머니의 젖을 먹고 자라게 되었습니다.

그는 40년 애굽 생활에도 그후 40년간 미디안 생활 속에서도 마음에 심겨진 하나님을 향한 열정이 지워지지 않았습니다. 80년 후에는 하나님의 부름에 의해 이스라엘의 구원자가 되었습니다.

모세의 부모가 어린 모세를 믿음으로 양육했듯이 특별히 유년주일학교 학생회에 큰 관심을 가지고 저들이 장차 하나님이 쓰시는 귀한 그릇이 될 수 있도록 잘 양육하여 준비된 일꾼으로 성장하도록 해야겠습니다.

마라나타

《계 22:20》

이 두루마리의 예언의 말씀을 인봉하지 말라 때가 가까우니라

성도님들에게 가장 유일한 소망은 재림주를 기다리는 것입니다. "내가 진실로 속히 오리라" 고 계시록 22장에서는 3번씩이나 말씀하고 계십니다.

말세를 사는 성도님들이여, 때와 시를 알 수 없이 도적같이 임하시는 주님을 맞이할 준비는 되어 있습니까?(계 22:2.7,12,20)

그는 만왕의 왕으로 철장 권세를 가지고 모든 대적자를 깨뜨리고 심판하실 재판장으로 임하십니다.

우리 삶의 목표는 오직 다시 오실 예수 그리스도에게만 있어야 합니다. 주님이 언제 오실지 우리는 알 수 없습니다.

"아멘 주 예수여 오시옵소서" (마라나타)라고 말할 수 있는 성도의 삶은 어떤 신앙생활일까요?

1. 굳게 잡는 신앙생활

하나님의 아들이신 예수 그리스도에 대해 우리에게 말씀하신(히 1:2) 성경만을 믿고 신앙의 토대 위에 굳게 서야 합니다.

적그리스도와 많은 거짓 선지자들이 미혹하여도 굳건하게 말씀 위에 기초를 두고 승리해야 합니다.

신천지를 비롯한 이단들이 우리의 가까이에서 심지어는 교회 안에서도 서서히 배교가 일어나 거짓을 말하며 미혹하고 있으니 삼가 조심하여 깨어 있어야 합니다.

마귀는 우는 사자처럼 삼킬 자를 찾고 있습니다. 말씀으로 무장하시길 바랍니다.

2. 주님의 공의를 아는 신앙생활

"바다가 그 가운데에서 죽은 자들을 내주고 또 사망과 음부도 그 가운데에서 죽은 자들을 내주매 각 사람이 자기의 행위대로 심판을 받고 사망과 음부도 불못에 던져지니 이것은 둘째 사망 곧 불못이라 누구든지 생명책에 기록되지 못한 자는 불못에 던져지더라"(계 20:13-15).

장차 이런 무서운 심판이 오게 됩니다. 생명책에 내 이름이 기록되었다는 사실이 얼마나 큰 은혜입니까.

이 책의 "예언의 말씀을 지키는 자가 복이 있으리라" 고 하였습니다.

경고의 예언의 말씀을 그대로 믿고 지키는 자가 되어야 합니다.

모든 사람에게 구원을 주시는 하나님의 은혜가 나타나 세상의 정욕을 버리게 하시고 근신함과 의로움과 경건함으로 이 세상을 살게 하셨습니다.

그러므로 모든 불의를 버리고 공의로우신 주님을 의지할 때 최후의 승리는 성도님들에게 주어집니다. 불의한 자는 반드시 지옥에 던져 집니다.

3. 행함 있는 신앙생활

"각 사람에게 그의 일한 대로 갚아 주리라" 고 말씀하신 주님의 공의성을 인정하고 상급받을 일만을 힘써 하는 신앙입니다. 그의 계명을 지키고 주께서 기뻐하시는 일을 행할 때에 "내가 줄 상이 내게 있다." 고 하신 주께서 잊지 아니하시고 보상하실 것입니다.

너를 지키시는 여호와

《시 121:1-8》

내가 산을 향하여 눈을 들리라 나의 도움이 어디서 올까 나의 도움은 천지를 지으신 여호와에게서로다 여호와께서 너를 실족하지 아니하게 하시며 너를 지키시는 이가 졸지 아니하시리로다 이스라엘을 지키시는 이는 졸지도 아니하시고 주무시지도 아니하시리로다 여호와는 너를 지키시는 이시라 여호와께서 네 오른쪽에서 네 그늘이 되시나니 낮의 해가 너를 상하게 하지 아니하며 밤의 달도 너를 해치지 아니하리로다 여호와께서 너를 지켜 모든 환난을 면하게 하시며 또 네 영혼을 지키시리로다 여호와께서 너의 출입을 지금부터 영원까지 지키시리로다

어릴 때는 부모님들이 도와주시고 지켜주십니다. 그래서 누구보다도 부모님에게 감사한 것입니다.

그러나 부모님은 영원토록 우리와 함께 할 수 없고 또한 우리의 생명을 책임질 수가 없을 뿐더러 행복과 건강을 선사하지 못합니다. 이 세상의 어떤 것으로도 해결되지 않는 문제에 봉착할 수 있습니다. 여러분! 여러분의 인생을 누가 지켜주십니까? 언제까지 도와주십니까?

1. 지키시는 분이 누구입니까?

"내가 산을 향하여 눈을 들리라 나의 도움이 어디서 올까 나의 도움은 천지를 지으신 여호와에게서로다"(1,2절).

"여호와께서 너를 실족하지 아니하게 하시며 너를 지키시는 이가 졸지 아니하시리로다 이스라엘을 지키시는 이는 졸지도 아니하시고 주무시지도 아니하시리로다"(3,4절).

우리를 지키실 자는 이 세상을 창조하신 전능하시고 약속에 신실하신 여호와 하나님뿐이십니다.

2. 어떻게 지키십니까?

1) 실족치 않게 하십니다 : 하나님께서 자기 자녀들을 죄악된 세상 속에서 능력으로 붙드사 죄에서 넘어지는 것을 허락지 아니하시고 시험에 들어 좌절하도록 방관하지 아니합니다. 매순간 수많은 위험에서 안전히 지키십니다.

2) 환란을 면케 하십니다 : 세상의 모든 사람들이 끊임없는 재앙, 불운, 불행, 질병 등 고난과 환란을 당하지만 그 속에서 주님은 그 백성의 편이 되셔서 지켜주시며 해를 입지 않게 하시며 심령에 승리 할 수 있도록 힘을 주십니다. "세상에서는 너희가 환란을 당하나 담대하라 내가 세상을 이기었노라" (요 16:33).

3) 출입을 지켜주십니다 : 이 세상을 살아가는 동안 무엇을 하든지 관심을 가지시고 복 되고 성공적인 결과를 만들어 내시는 것이 그의 백성을 향하신 하나님의 뜻입니다. "세상 끝날까지 너희와 항상 함께 있으리라" (마 28:20).

3. 언제까지 지키십니까?

하나님께서 성도들을 주야로 지키시며, 지금부터 영원까지 지키십니다. 졸지도 아니하시며 매사를 지켜 보호하십니다. 여러분! 지금 어려움에 처해 있지는 않습니까?

해결 방법이 어디 있다고 생각하십니까? 생각을 여호와께로 돌리십시요. 여호와만 의지하십시요. 그리고 넘치는 감사로 찬양하십시요.

'주 너를 지키리 늘 지켜 주시리'

하나님의 생각

《렘 29:10-14》

여호와께서 이와 같이 말씀하시니라 바벨론에서 칠십 년이 차면 내가 너희를 돌보고 나의 선한 말을 너희에게 성취하여 너희를 이 곳으로 돌아오게 하리라 여호와의 말씀이니라 너희를 향한 나의 생각을 내가 아나니 평안이요 재앙이 아니니라 너희에게 미래와 희망을 주는 것이니라 너희가 내게 부르짖으며 내게 와서 기도하면 내가 너희들의 기도를 들을 것이요 너희가 온 마음으로 나를 구하면 나를 찾을 것이요 나를 만나리라 이것은 여호와의 말씀이니라 나는 너희들을 만날 것이며 너희를 포로된 중에서 다시 돌아오게 하되 내가 쫓아 보내었던 나라들과 모든 곳에서 모아 사로잡혀 떠났던 그 곳으로 돌아오게 하리라 이것은 여호와의 말씀이니라

사람이 자기의 길을 계획하여도 그 길을 인도하시는 분은 주님이십니다. 사람의 지혜와 명철만으로 모든 것을 할 수 없는 것입니다. 우리를 향하신 지혜의 근원되시는 하나님의 생각은 무엇일까요?

인간의 생각은 결코 하나님의 생각에 미치지 못합니다. "하늘이 땅보다 높음같이 내 길은 너희 길보다 높으며 내 생각은 너희 생각보다 높으니라" (사55:9)

깊고 오묘하신 하나님의 생각은 포로로 잡혀간 유다 백성들에게 어떠하였습니까?

1. 먼저 자신의 죄를 깨달아야 합니다

유대 백성들에게 79년이 차야만 돌아올 것을 말씀하신 의도는 반드시 죄에 대한 대가의 지불이 필요하다는 것입니다.

구원은 죄 문제의 해결과 소망이 오직 여호와께만 있음을 깨닫고 회개하고 전심으로 찾으며 의지할 때에 이루어질 것입니다.

하나님은 좌절하고 낙심 속에 있는 자기 백성에게 구원의 빛을 비추어 주심으로 불안에서 평안에 이르도록 하십니다.

2. 장래의 소망을 주려는 것입니다

소망이 없는 백성은 장차 멸망당할 수밖에 없습니다. 살아있다고 하나 멸망속에서 사는 것입니다.

하나님이 우리를 버리셨다고 원망하는 백성을 향해 하나님께 기도하면, 바벨론에서 다시금 본 고향으로 돌아오게 하시겠다는 것입니다.

"나 여호와가 말하노라"(10,11,14절)라고 세 번씩이나 말씀하심은 약속의 말씀이 진실로 이루어진다는 것입니다.

희망을 갖고 부르짖어 기도하고 전심으로 여호와만 찾으라는 것입니다.

3. 주님만이 참 평안을 주실 수 있습니다

평안은 반드시 그가 주어야만 받을 수 있습니다. 평안은 십자가를 통해서 오게 됩니다. 주님이 주시는 평안이 참 평안입니다.

"평안을 너희에게 끼치노니 곧 나의 평안을 너희에게 주노라 내가 너희에게 주는 것은 세상이 주는 것과 같지 아니하니라 너희는 마음에 근심하지도 말고 두려워하지도 말라"(요 14:27).

소망의 빛이 되신 주님은 오늘도 우리에게 속히 오셔서 죄악된 이 세상에서 구하시겠다고 하십니다. 주님은 지금도 오고 계십니다.

씨 뿌리는 자의 비유

《마 13:1-9》

그 날 예수께서 집에서 나가사 바닷가에 앉으시매 큰 무리가 그에게로 모여 들거늘 예수께서 배에 올라가 앉으시고 온 무리는 해변에 서 있더니 예수께서 비유로 여러 가지를 그들에게 말씀하여 이르시되 씨를 뿌리는 자가 뿌리러 나가서 뿌릴새 더러는 길 가에 떨어지매 새들이 와서 먹어버렸고 더러는 흙이 얇은 돌밭에 떨어지매 흙이 깊지 아니하므로 곧 싹이 나오나 해가 돋은 후에 타서 뿌리가 없으므로 말랐고 더러는 가시떨기 위에 떨어지매

천국을 받아들일 수 있는 자가 누구인가에 대해 예수님께서는 씨 뿌리는 자의 비유로 말씀하셨습니다. 이 씨는 네 종류의 밭에 뿌려진다고 하였습니다. 씨는 하나님의 말씀이요 밭은 우리의 마음을 가르치고 있습니다. 씨 뿌리는 자의 비유를 통하여 주의 말씀에 내가 어떻게 반응하고 있는지 돌아보시길 바랍니다. 또한 어떻게 하면 주의 말씀이 삶 전체에 고르게 퍼져 나갈 수 있는지 알아봅시다.

1. 길바닥과 같은 마음

너무도 단단하여 뿌리를 내릴 수 없을 뿐만 아니라 공중의 새가 먹어버렸다고 말씀하셨습니다. 이는 마귀가 듣는 자의 마음이 강퍅함을 알고 천국의 말씀을 듣지 못하도록 귀를 막아 버린 자 입니다. '마지못해 오는 교인, 체면보고 오는 교인, 왔다 갔다 하는 교인' 을 두고 말씀하시는 것입니다.

2. 돌짝 밭과 같은 마음

얇은 흙과 그 밑은 바위 층이므로 싹은 나오나 햇빛으로 인하여 즉시 타져 죽을 수밖에 없는 밭입니다. 이는 말씀을 들을 때 고개도 끄덕이고 기뻐

하기도 하고 흥분하기도 하나 내적인 확신과 바른 신앙고백이 없는 자이므로 아직도 마음은 바위와 같이 단단하여 시련과 고통, 환란이 닥쳐올 때 믿음을 외면해 버리는 자입니다.

3. 가시떨기와 같은 마음

말씀을 듣고 행함이 있는 것 같으나 그리고 누구보다도 신앙인으로 생각하나 자신의 마음속에는 항상 세상의 명령, 재물의 유혹, 자신의 육신을 만족케 할 수 있는 오락 등으로 가득차서 결정적인 순간에 말씀을 따르지 아니하고 세상의 법을 좇는 자입니다.

겉으로는 발견하기 쉽지 않으나 자신은 잘 알 수 있습니다. 의의 열매를 맺지 못하는 자입니다.

4. 옥토와 같은 마음

천국을 사모하며 보이지 아니하는 소망 때문에 어려운 환란이 와도 인내하는 자입니다. 말씀을 사모하고 그 말씀을 묵상하며 말씀을 전하는 자를 신뢰하여 천국의 비밀을 깨달을 뿐 아니라 말씀이 요구하는 대로 행하여 빛된 삶을 사는 자입니다.

또한 받은 말씀으로 인하여 많은 열매를 맺는 자이기도 합니다.

그리고 자신의 무능함과 죄악된 성품을 하나님 앞에 회개하여 개심하고 오직 믿음과 사랑으로 모든 것을 견디어 마음에는 참 평안이 넘치는 자입니다.

여러분은 여기에서 어떤 밭의 마음에 해당됩니까? 오직 옥토 같은 마음만이 구원에 이르는 마음입니다. 그러면 어찌해야 합니까. 이 말씀을 통하여 꼭 해결 받으시기 소원합니다.

선하신 하나님

《창 27:18-30》

야곱이 아버지에게 나아가서 내 아버지여 하고 부르니 이르되 내가 여기 있노라 내 아들아 네가 누구냐 야곱이 아버지에게 대답하되 나는 아버지의 맏아들 에서로소이다 아버지께서 내게 명하신 대로 내가 하였사오니 원하건대 일어나 앉아서 내가 사냥한 고기를 잡수시고 아버지 마음껏 내게 축복하소서 이삭이 그의 아들에게 이르되 내 아들아 네가 어떻게 이같이 속히 잡았느냐

하나님은 선하십니다. 본성 자체가 선하실 뿐 아니라, 모든 계획하심과 일을 행하심이 모두 선하십니다. 그러므로 시편 기자는 "여호와께 감사하라 그는 선하시며 그 인자하심이 영원함이로다"(시편136:1)고 하였습니다.

어떻게 그의 선하심을 나타내십니까? 오늘 본문을 통해 은혜 받기 원합니다.

1. 자기 백성을 대하시는 데 선하십니다

믿음이 좋은 이삭과 리브가지만 자식 사랑함에 있어서 편애합니다. 이삭은 에서의 사냥한 고기를 좋아 하므로 그를 사랑하고 리브가는 야곱을 사랑하였습니다(창25:27). 이삭이 죽음의 날이 가까워 옴을 보면서 에서를 사랑한 나머지 하나님의 언약을 잊고 에서에게 장자권을 축복하려 한 것입니다. 이삭과 에서의 대화를 들었던 리브가는, 사랑하는 남편에게 잘못됨을 알게 하여 야곱에게 축복하도록 하는 순리를 찾아야 했습니다. 하지만 야곱을 더 사랑한 나머지 야곱과 거짓과 속임수를 계획하고, 장자권을 얻어냈습니다. 그러나 하나님은 인격적으로 기다리며 잠잠하고 계신 것을 봅니다. 오늘도 우리 모두를 향하여 동일한 사랑으로 대하시며, 선하신 인격으로 우리 모두를 대하십니다.

2. 계획하신 바를 선하게 이루어 가십니다

본문 내용을 잘못 생각하면 거짓과 속임수로도 하나님의 축복을 얻을 수 있다고 생각할 수 있습니다. 그러나 그렇지 않습니다.

하나님의 계획은 그대로 시행됩니다. 단지 인간 편에서 위기를 느끼며, 잘못된 행동을 한 것 입니다. 이삭이 에서에게 장자권을 축복하도록 그대로 두지 않습니다. 리브가와 야곱은 하나님의 시간표를 알지 못한 나머지 범죄하게 되었고, 이삭의 잘못된 생각에 의해 가정 전체에 불신과 위기가 고조되며, 하나님의 뜻을 따르지 못함으로 영적인 모든 분위기가 다 깨어지는 부조화를 봅니다. 그렇지만 그 가운데서 선하게 주의 뜻을 이루시고 있음을 우리는 알아야 합니다.

3. 자기 백성을 징계하여 바로 세우는 데 선하십니다

야곱은 아버지 이삭을 속여서 장자권을 차지하였습니다. 그러나 장자권의 효과는 20년 후에 나타납니다. 여러 모양으로 징계하며, 야곱을 이스라엘되게 만들어 갑니다. 그는 애굽에 내려가 바로왕 앞에서 험한 세상을 살았다고 고백하였습니다.

하나님은 인간들의 거짓과 속임수에 넘어가지 않습니다. 자기 백성들이 범죄할 때 징계하여 거룩한 백성으로서의 삶을 살아가게 하십니다. 야곱은 삼촌에게 속임을 당합니다. 라헬 대신 레아를 주었고, 품삯을 열 번이나 속였습니다. 심지어 자기 자식들에게 속아 넘어갑니다.

요셉의 일로 눈물의 삶을 13년 동안 살아갑니다. 너무도 힘들고 고통스러운 일들을 많이 당합니다. 야곱 가정에 여러 차례 좋지 않은 일이 발생했습니다. 이런 가운데 하나님은 약속대로 떠나지 아니하시고, 야곱을 이스라엘로 만들어 축복 하셨습니다.

하나님이 생각하는 사람

《창19:23-29》

롯이 소알에 들어갈 때에 해가 돋았더라 여호와께서 하늘 곧 여호와께로부터 유황과 불을 소돔과 고모라에 비같이 내리사 그 성들과 온 들과 성에 거주하는 모든 백성과 땅에 난 것을 다 엎어 멸하셨더라 롯의 아내는 뒤를 돌아보았으므로 소금 기둥이 되었더라 아브라함이 그 아침에 일찍이 일어나 여호와 앞에 서 있던 곳에 이르러 소돔과 고모라와 그 온 지역을 향하여 눈을 들어 연기가 옹기 가마의 연기같이 치솟음을 보았더라

하나님이 생각하는 사람은 복있는 사람입니다. 도대체 어떤 사람을 하나님께서 원하실까요. 롯과 아브라함을 중심으로 답을 얻기 원합니다.

1. 동기가 순수한 사람

어떤 일을 하든지 동기가 순수해야 합니다. 그래야 처음에는 연약해 보여도 나중에는 창대해 집니다.

롯은 아브라함과 함께 있을 때에는 삶이 순수하지 못했던 것을 알 수 있습니다. 또한 헤어져야 할때, 삼촌으로부터 먼저 선택권을 얻었습니다.

이때도 선택은 신앙의 순수한 동기에서 나온 것이 아니고, 오직 잘 살아보려는 동기로 하나님이 미워하는 요단들을 선택하여 소돔까지 이르게 되었습니다.

소돔 사람들은 악하여 여호와 앞에 큰 죄인이었다고 성경을 밝히고 있습니다.

그러나, 아브라함은 오직 하나님 중심, 언약 중심으로 가나안 땅을 사수하였습니다. 동기가 신앙중심으로 순수하면 선택 또한 바르고 좋은 결과를 가져옵니다. 하나님이 옳게 생각하기 때문입니다.

2. 기회를 붙잡은 사람

신앙인들에게는 실패의 자리에서도 다시금 회복할 수 있는 축복의 기회가 주어집니다. 이때에 기회를 붙잡고 일어서는 사람을 하나님이 좋게 보십니다.

롯은 수차례 회복의 기회가 있었습니다. 아브라함의 목자들과 다툼으로 헤어질 제의가 왔을 때, 또한 포로로 잡혀가고 모든 제물을 다 빼앗겼을 때 아브라함을 통해 구원받았습니다.

그러나, 다시금 죄악의 도성으로 들어가 큰 손실을 입었습니다.

아브라함은 여러 번 실패하였으나 주의 도움을 받아 즉시 회개하고 돌아서므로 안정되었습니다.

3. 축복의 비결을 아는 사람

롯은 세상의 방법과 지혜, 그리고 부지런함으로 세상에서 제법 성공한 사람이 되었습니다.

신앙의 양심은 있어서 우상이 가득한 소돔과 고모라를 보며 탄식하였습니다. 그렇지만 단 한 사람도 구할 수 없고 자신과 가족 전체가 소돔 문화에 젖어들어 죽은 자처럼 되었습니다.

결국 아내마저 잃어버리고 문란한 딸들로 인해 가장 처참한 신세가 되고 말았습니다.

그러나 아브라함은 하나님의 축복의 비밀을 알았습니다. 말씀의 권능과 언약의 신실성을 믿고 하나님의 인도를 받기 위해서 기도로 살았습니다.

그러므로 조카 롯이 멸망당할 때 하나님이 아브라함의 기도를 들으셨습니다. 아브라함을 생각하셔서 성을 멸망시키고 엎으시는 중에서도 살려냈습니다.

영생을 아십니까?

《엡 2:8-10》

너희는 그 은혜에 의하여 믿음으로 말미암아 구원을 받았으니 이것은 너희에게서 난 것이 아니요 하나님의 선물이라 행위에서 난 것이 아니니 이는 누구든지 자랑하지 못하게 함이라 우리는 그가 만드신 바라 그리스도 예수 안에서 선한 일을 위하여 지으심을 받은 자니 이 일은 하나님이 전에 예비하사 우리로 그 가운데서 행하게 하려 하심이니라

무슨 일에든지 기초가 튼튼해야 더 발전할 수 있습니다. 기초라는 것은 뼈대라고 말할 수도 있습니다. 집을 지을 때에도 기초 공사가 제일 중요합니다.

성도의 가장 중요한 기초는 무엇이겠습니까? 그리스도인이 되려면 어떻게 해야 하는지 바르게 알 때 확신에 찬 신앙생활과 복된 삶을 누리며 살아갈 수 있습니다.

영생을 어떻게 얻느냐는 질문에 거의 모든 사람들은 무엇인가를 행해야 얻는 것으로 착각하기 쉽습니다. 그러나 명쾌하고 분명하게 대답해 주고 있습니다. 그러므로 이 내용을 확실히 믿고 의지할 때 샘솟는 평안과 기쁨을 누리며 소망의 생을 살아갈 수 있습니다.

1. 구원은 하나님의 은혜로 얻습니다

"너희가 그 은혜로 인하여 믿음으로 말미암아 구원을 얻었나니"(8절). 구원은 값없이 선물로 주시는 하나님의 전적인 은혜에 의해 이루어집니다. "허물과 죄로 죽었던 우리", "세상에서 소망이 없고 하나님이 없는 자", "육체와 마음이 원하는 것을 좋아하며 마음에 하나님 두기를 싫어한 자", "본질상 진노의 자녀"가 된 인간은 구원을 주장할 만한 어떤 형태의 권리

도 소유하지 못하였습니다. 그 뿐만 아니라 죽은 존재이기 때문에 요구할 수조차도 없습니다.

오직 하나님의 원수로 행할 뿐입니다. 하나님은 죄 많은 인간들의 구원을 위해 독생자 예수를 십자가에 달려 죽게 하기까지 사랑하셨습니다. 이 사랑을 구원 은혜라고 합니다.

2. 구원은 하나님의 사랑입니다

하나님의 전적인 사랑입니다. 댓가 없이 주신 것이며 오직 믿음의 수단으로만 우리의 것으로 만들 수 있는 것입니다. 그래서 "믿음으로 말미암아 구원을 얻었나니" 하였습니다. 믿음이 은혜를 받는 수단이며 도구요 방법이라는 것입니다.

그래서 "오직 의인은 믿음으로 말미암아 살리라" (롬1:17)고 바울은 로마서에서 밝히고 있습니다. 이 값없이 주신 영생을 아십니까?

3. 구원을 주시는 목적은 선한 일을 위함입니다

목적을 설명하기 전에 꼭 알아야 할 것은 "그 은혜를 선물로 주신 마음에 대해 밝히고 있습니다. 이는 누구든지 자랑치 못하게 함이며 또한 넘치는 은혜를 값없이 믿음으로 감사가 넘치는 사람이 되게 하신 것입니다. 그러므로 구원의 목적을 이룰 수가 있습니다.

구원을 주신 목적은 10절에서 "선한 일을 위하여" 라고 말씀하고 있습니다. 선한 일은 그리스도의 사랑으로 사랑하는 것입니다. 이 큰 사랑을 이웃에 전하고 그리스도의 본을 보아야 합니다. 곧 소금과 빛의 사명을 감당하는 일입니다.

여러분의 삶의 전부는?

《합 3:17-19》

비록 무화과나무가 무성하지 못하며 포도나무에 열매가 없으며 감람나무에 소출이 없으며 밭에 먹을 것이 없으며 우리에 양이 없으며

우리는 전도하다 보면 생활이 좀 풀리고 일이 잘되면 예수 믿겠다고 하신 분들을 종종 만날 수 있습니다. 그들에게는 무엇보다도 의식주 해결이 우선이 되며 천지의 대주재이신 하나님을 알지 못하기 때문입니다.

1. 모든 것이 부족한 환경입니다

오늘 본문 비록 무화가 나무가 무성치 못하며 포도나무에 열매가 없으며 감람나무에 소출이 없으며 밭에 식물이 없으며 외양간에 소가 없으며 모든 것이 없고 없는 환경입니다. 땅이 황폐하여 소출이 나오지 않을 뿐 아니라 음료와 옷가지를 해 입을 수 있는 모든 것들이 없다는 전제입니다.

그러나 아모스 선지자는 기뻐할 수 있는 이유가 있음을 밝힙니다. 우리의 초점을 이런 사고에 맞춰야 합니다.

하나님께서는 우리의 통치자가 되시고 우리의 모든 환란에서 구원주가 되십니다. 따라서 무엇이 부족할지라도 이 모든 환경을 통해 우리를 통해 하시고자 하는 하나님의 큰 뜻이 있음을 깨달아야 한다는 것이다. 겸손한 마음으로 구원주 하나님만 의지해야 합니다. 모든 것이 주께로부터 오는 것을 확실히 믿는 믿음 속에 참 안식이 있습니다.

여호와는 나의 힘이 되셔서 어려운 환경에서 나를 붙잡아 일으켜 힘을 더하여 줌으로 주의 일을 감당케 하십니다. 우리의 모든 것을 주 여호와 하나님이 주관하셔야 됩니다.

2. 내게 주어진 모든 것이 주님이 허락하신 것입니다.

우리의 삶 속에 있는 것 바로 내게 주어진 모든 것이 주님께서 허락하신 것입니다. 그러므로 자족해야 합니다. 바울과 같이 감사와 자족하는 자세로 살아가야 합니다. "나는 비천에 처할 줄도 알고 풍부에 처할 줄도 알아 모든 일 곧 배부름과 배고픔과 풍부와 궁핍에도 처할 줄 아는 일체의 비결을 배웠노라 내게 능력 주시는 자 안에서 내가 모든 것을 할 수 있느니라" (빌 4:12,13).

적은 일에 충실하게 그리고 진실되게 살아갈 뿐 아니라 기쁨으로 감당해야 합니다. 주님께서는 하나님의 말씀을 가까이 접할 때 아름다운 일꾼으로 사용하십니다(출3:1 성실한 삶; 행7:30 발견, 31 가까이감, 32 언약의하나님 만남, 33 명령).

3. 복된 삶을 함께 누리도록 하는 일입니다

생명을 얻은 자는 그리스도 안에서 참 안식을 누리며 복된 삶을 누리게 되어 있습니다.

그러므로 교회생활(창2:1-3)과 가정생활(창2:24-25) 그리고 사회생활(창2:15)이 복음 안에서 잘 이루어지도록 해야 합니다. 언약 가운데 살게 하며(창2:16-17) 창조 질서를 지켜 나가야 합니다(창1:28, 2:15).

하나님의 말씀으로 잘 무장된 메신저가 되게해야 합니다. 이는 가만히 머물러서 이루어지는 것이 아니라 예수님의 방법대로 교회 공동체를 이끌어 가야하며 직접 삶의 현장에서 본을 보여 주어야 합니다.

범사에 감사하는 삶, 자족하는 마음을 지닐 때 삶이 더욱 풍부해질 것입니다.

형제를 미워해서는 안 됩니다

《마 5: 21-26》

옛 사람에게 말한 바 살인하지 말라 누구든지 살인하면 심판을 받게 되리라 하였다는 것을 너희가 들었으나 나는 너희에게 이르노니 형제에게 노하는 자마다 심판을 받게 되고 형제를 대하여 라가라 하는 자는 공회에 잡혀가게 되고 미련한 놈이라 하는 자는 지옥 불에 들어가게 되리라 그러므로 예물을 제단에 드리려다가 거기서 네 형제에게 원망들을 만한 일이 있는 것이 생각나거든 예물을 제단 앞에 두고 먼저 가서 형제와 화목하고 그 후에 와서 예물을 드리라 너를 고발하는 자와 함께 길에 있을 때에 급히 사화하라 그 고발하는 자가 너를 재판관에게 내어 주고 재판관이 옥리에게 내어 주어 옥에 가둘까 염려하라 진실로 네게 이르노니 네가 한 푼이라도 남김이 없이 다 갚기 전에는 결코 거기서 나오지 못하리라

하나님의 계명을 소중히 여기며 반드시 행하고 가르칠 것을 말씀하신 주님은 살인에 대한 교훈을 본문에서 가르치십니다. 무엇이 살인이라고 말씀하셨습니까?

1. 형제를 미워하는 것은 살인과 같다고 했습니다

"나는 너희에게 이르노니 형제에게 노하는 자마다 심판을 받게 되고 형제를 대하여 라가라 하는 자는 공회에 잡혀가게 되고 미련한 놈이라 하는 자는 지옥 불에 들어가게 되리라"(22절).

하나님의 말씀의 의도를 바르게 알지 못하고 유전의 가르침대로 알고 가르치는 그들을 "옛 사람" 이라고 21절에 말씀하고 있습니다. 이와는 대조적으로 역력히 강조하는 표현으로 바른 진리를 가르치는 예수님 자신을 "나" 라고 22절에서 표현하고 있습니다. 살인은 외형적으로 나타나는 것 자체가 중요한 것이 아니라 살인의 동기가 되는 내적인 마음의 의향이 중

요하다는 것을 가르치시고 있습니다. 이것이 곧 구약에서 하나님이 말씀하시는 살인하지 말라는 계명의 참뜻임을 예수님은 말씀하고 계신 것입니다. 최초의 살인자 가인이 아벨을 쳐 죽이기 전 그의 마음에 상태는 이미 살인에 이르고 있었습니다. "심히 분하여 안색이 변하니"(창 4:5). 형제를 마음속에서 분노와 증오를 일으켜 미워함은 곧 살인에 이르게 됨을 말씀하고 있음을 명심하십시다.

2. 형제를 미워함은 곧 하나님을 미워하는 것입니다

형제와 불화 된 상태에서는 하나님과의 화목이 이루어지지 못합니다. 눈에 보이는 형제를 사랑치 않는 자는 하나님을 사랑하지 않는 자요, 빛 가운데 있다 하면서 그 형제를 미워하는 자는 지금까지 어둠에 있는 자요"(요일 2:9)라고 성경은 말하고 있습니다. 그렇기 때문에 예물을 드림을 기뻐하시는 하나님은 먼저 형제와의 사랑을 점검하십니다.

"새 계명을 너희에게 주노니 서로 사랑하라 내가 너희를 사랑한 것 같이 너희도 서로 사랑하라"(요 13:34).

3. 형제와의 화목은 항상 이루어져야 합니다

"그러므로 예물을 제단에 드리려다가 거기서 네 형제에게 원망들을 만한 일이 있는 것이 생각나거든 예물을 제단 앞에 두고 먼저 가서 형제와 화목하고 그 후에 와서 예물을 드리라"(23,24절).

그릇된 삶을 허용치 않은 예수님은 급히 사화할 것을 말씀하셨습니다. 예수를 믿노라 하면서 형제의 허물을 용서치 아니하고 끝까지 증오와 분노를 품은 자는 자신도 용서받을 수가 없습니다.